U0943301

高等职业教育“十三五”规划教材

基础审计

主　编　邓　芳　高晓明
副主编　许立卿

中国铁道出版社有限公司
CHINA RAILWAY PUBLISHING HOUSE CO., LTD.

内容简介

本书以实现注册会计师年度财务报表审计为主线，按照实际的审计工作流程安排教学内容，体现了“项目驱动、过程导向”的高等职业教育新理念。全书以风险导向审计为依据，共分9个项目，包括审计概述、审计职业规范与法律责任、获取审计证据与编制审计工作底稿、初步业务活动与审计目标、编制审计计划、实施风险评估程序、执行风险应对措施、进行审计抽样、出具审计报告。

本书适合作为高等职业院校会计、审计、财务管理等专业的教学用书，也可作为专升本、自学考试、注册会计师考试及审计专业技术资格考试参考用书。

图书在版编目(CIP)数据

基础审计/邓芳，高晓明主编．—北京：中国铁道出版社有限公司，2020.8（2023.2重印）
高等职业教育“十三五”规划教材
ISBN 978-7-113-27157-2

Ⅰ．①基… Ⅱ．①邓…②高… Ⅲ．①审计学-高等学校-教材 Ⅳ．①F239.0

中国版本图书馆CIP数据核字(2020)第147400号

书　　名：基础审计
作　　者：邓　芳　高晓明

策　　划：潘星泉　　**编辑部电话**：(010)51873371
责任编辑：潘星泉　包　宁
封面设计：刘　颖
责任校对：张玉华
责任印制：樊启鹏

出版发行：中国铁道出版社有限公司(100054，北京市西城区右安门西街8号)
网　　址：http://www.tdpress.com/51eds
印　　刷：三河市燕山印刷厂
版　　次：2020年8月第1版　2023年2月第2次印刷
开　　本：787 mm×1 092 mm 1/16　印张：11.75　字数：263千
书　　号：ISBN 978-7-113-27157-2
定　　价：38.00元

版权所有　侵权必究

凡购买铁道版图书，如有印制质量问题，请与本社教材图书营销部联系调换。电话：(010)63550836
打击盗版举报电话：(010)63549461

前　言

审计是社会经济组织结构中的一项重要的制度安排，通过其特有的功能服务于经济建设。在中国特色社会主义市场经济体制下，我国的经济和社会状况正发生着深刻的变化，审计的地位和作用越来越突出，人们对审计的要求也越来越高。

基础审计是高等职业院校财经类专业的核心课程之一，具有综合性强、逻辑性强及实践性强等特点。本书以注册会计师财务报表审计为主线，着重介绍注册会计师审计的业务流程，同时兼顾政府审计、内部审计的相关内容，全面系统地分析、介绍审计的基本原理、观点和方法。

本书结构清晰、思路独特，既涵盖了审计职业基本理论，又突出了审计实务的具体操作。在编写过程中，本书力图体现以下特点。

(1)前沿性。根据国内外审计和会计最新的发展态势、研究成果、业务实践和准则规定，既阐述审计的理论知识和工作流程，也介绍了审计的历史沿革与最新动态。

(2)针对性。本书按照工学结合的思想，突出职业教育特色，立足审计工作岗位技能、知识与素质需要，准确把握注册会计师审计准则，强调“教、学、做”三者的统一。

(3)实用性。本书在编写时注重贴近实务操作，内容丰富多彩，图表并茂。在每个项目开篇都明确了学习目标和学习重点，在每个典型的工作任务中又设置了大量的案例，帮助读者加深对所学知识的理解和记忆。同时，在每个项目的末尾又增加了“案例讨论”和“技能训练”，有助于培养读者的分析能力、判断能力和创新能力，进而形成职业技能。

本书由保定职业技术学院邓芳、高晓明任主编，许立卿任副主编。具体分工如下：邓芳编写项目1和项目8；高晓明编写项目6、项目7和项目9；许立卿编写项目2、项目3、项目4和项目5。全书由邓芳负责拟定编写大纲、设计整体框架并统筹定稿。

尽管编者在编写过程中力求谨慎准确，但因自身水平及其他主客观条件的限制，书中肯定存在不足和缺憾，恳请广大读者批评指正，以便日后再行修订完善！

编　者

2020年5月

目　　录

项目 1　审计概述 ………………………………………… **1**

任务 1.1　审计的产生与发展 ………………………………… 1

任务 1.2　审计的概念、对象与职能 ………………………… 5

任务 1.3　审计的分类 ……………………………………… 7

任务 1.4　审计组织与审计人员 …………………………… 11

案例讨论 ………………………………………………… 15

技能训练 ………………………………………………… 16

项目 2　审计职业规范与法律责任 ………………………… **18**

任务 2.1　注册会计师执业准则概述 ……………………… 18

任务 2.2　注册会计师的职业道德 ………………………… 25

任务 2.3　注册会计师的法律责任 ………………………… 34

案例讨论 ………………………………………………… 36

技能训练 ………………………………………………… 37

项目 3　获取审计证据与编制审计工作底稿 ……………… **42**

任务 3.1　审计证据 ……………………………………… 42

任务 3.2　审计方法 ……………………………………… 46

任务 3.3　审计工作底稿 ………………………………… 54

案例讨论 ………………………………………………… 60

技能训练 ………………………………………………… 60

项目 4　初步业务活动与审计目标 ………………………… **64**

任务 4.1　审计过程 ……………………………………… 64

任务 4.2　初步业务活动 ………………………………… 65

任务 4.3　审计目标 ……………………………………… 75

案例讨论 ………………………………………………… 80

技能训练 ………………………………………………… 80

项目 5　编制审计计划 …………………………………… **83**

任务 5.1　总体审计策略与具体审计计划 ………………… 83

任务 5.2　审计重要性 …………………………………… 88

任务 5.3　审计风险 ……………………………………… 92

案例讨论 ………………………………………………… 95

技能训练 ………………………………………………… 97

项目 6　实施风险评估程序 …… 100

任务 6.1　了解被审计单位及其环境 …… 100

任务 6.2　了解被审计单位的内部控制 …… 110

任务 6.3　识别和评估重大错报风险 …… 119

案例讨论 …… 122

技能训练 …… 123

项目 7　执行风险应对措施 …… 127

任务 7.1　财务报表层次重大错报风险与总体应对措施 …… 127

任务 7.2　针对认定层次重大错报风险的进一步审计程序 …… 128

任务 7.3　风险应对的实务应用——以销售与收款循环审计为例 …… 134

案例讨论 …… 146

技能训练 …… 146

项目 8　进行审计抽样 …… 151

任务 8.1　审计抽样的基本概念 …… 151

任务 8.2　审计抽样的运用 …… 153

案例讨论 …… 158

技能训练 …… 158

项目 9　出具审计报告 …… 161

任务 9.1　审计报告概述 …… 161

任务 9.2　非无保留意见审计报告 …… 168

任务 9.3　在审计报告中增加强调事项段和其他事项段 …… 174

案例讨论 …… 177

技能训练 …… 178

参考文献 …… 182

项目1 审计概述

学习目标

通过本章的学习，了解审计的产生与发展；掌握审计的概念、要素构成和特征；明确审计的对象、职能；理解并掌握审计的分类及标准；区分并掌握各种审计组织及对人员素质的要求。

学习重点

审计的概念、审计的分类、审计的组织和人员。

任务1.1 审计的产生与发展

审计是经济社会发展到一定阶段的产物。当社会经济出现资源财产的所有权和经营管理权分离及管理者内部分权制时，授权委托者，也就是资源财产的所有者，为了维护其利益，有必要对受托管理者或受托经营者所担负的经济责任履行情况进行审查、评价，确认或解脱其经济责任。但是，在实际生活中，基于地理上、法律上，特别是技术上的限制，授权委托者无法自行完成经常性的监督和检查，因而需要独立的审计人员代行承担起监督和检查的职责，这就构成审计活动，审计也逐渐成为了联系各方经济责任，保障经济社会正常、有序运行的重要机制。

1.1.1 国家审计的产生与发展

1. 我国国家审计的产生与发展

我国国家审计经历了一个漫长的发展过程。大体分为六个阶段：西周初步形成阶段、秦汉明确设立阶段、隋唐宋日渐完善阶段、元明清停滞不前阶段、中华民国不断演进阶段、新中国规范振兴阶段。

我国西周初期，在中央政权设置的官职中，就设有“宰夫”一职，负责审查“财用之出入”，并拥有“考其出入，而定刑赏”的职权。由此可见，宰夫是独立于财计部门之外的官职，标志着我国国家审计的产生。

秦汉时期是我国审计的确立阶段。秦、汉两代都曾采用“上计制度”，即由皇帝亲自听取和审核各级官吏的财政会计报告,以审查监督财物收支有无错弊,并借以来评价有关官吏的政绩。但秦汉官制中,尚无专司审计职责的官员,也无专职审计机构。

隋唐宋时期审计制度日渐完善。隋唐至宋,中央集权不断加强,官僚系统进一步完善,审计制度也随之日臻健全。隋朝开创一代新制,在刑部下设“比部”,掌管国家财计监督,行使审计职权。到了唐朝,“比部”的审计之权通达国家财经各领域,审计范围极广、项目众多。宋朝专门设置审计司和审计院,标志着我国用“审计”一词命名的审计机构的产生。从此,“审计”一词便成为财政监督的专用名词。

元明清停滞不前阶段。元明清各个朝代,君主专制日益强化,审计虽有发展,但总体上是停滞不前的。元朝取消“比部”,明朝初期重设“比部”,但不久即取消了。清继承明制设置督察院,是当时最高的监察监督机构。但独立性太差,其财计监督和审计职能被严重削弱,审计制度出现了倒退。

辛亥革命后,北洋政府于1912年在国务院下设“审计处”,各省设立了“审计分处”,1914年又改为“审计院”,同年颁布《审计法》及《审计实施细则》等法规。1928年,国民政府颁布《审计法》和实施细则,同年又将“审计院”改为“审计部”,隶属于监察部,各省设立相应的审计组织,形成了一个垂直领导的审计网。

新中国成立后国家没有设置审计机构,对财政经济的监督由财政、银行、税务等部门通过其业务分别在一定范围内进行。1982年,修改颁布的《中华人民共和国宪法》明确规定:建立国家审计机关,实行审计监督。1983年,我国成立了最高审计机关——审计署,在县以上各级人民政府设置了各级审计机关。1995年1月1日,实施了《中华人民共和国审计法》,标志着我国国家审计正式跨入了法制化的轨道。2006年,对该法进行了修订,从法律上进一步确立了国家审计的法律地位。2010年5月1日,国务院实施了《中华人民共和国审计法实施条例》,进一步明确了审计监督的范围。同时,《中华人民共和国国家审计准则》于2010年7月8日经审计长会议审议通过,自2011年1月1日起施行,审计准则的制定和颁布,是完善我国审计法律制度的重大举措。所有这些都表明,在社会主义市场经济持续发展的推动下,我国国家审计正朝着法制化、制度化和规范化的方向前进。

2. 西方国家审计的发展

在西方国家,审计的产生与发展同样经历了一个漫长的过程。其中,国家审计的产生早于注册会计师审计和内部审计。据考证,早在奴隶制度下的古罗马、古埃及和古希腊时代,已有官厅审计机构,审计人员以“听证”方式,对掌管国家财物和赋税的官吏进行审查和考核。但当时的审计,无论从组织机构上还是方法上,都还处于很不完善的阶段。到了资本主义时期,西方的国家审计在审计理论和实务上都有了长足的进步,已从传统的财务审计向现代的经济效益审计发展。

1.1.2 注册会计师审计的产生与发展

1. 西方注册会计师审计的产生与发展

西方审计真正的崛起,主要还是以伴随着商品经济的发展而产生的注册会计师审计为代表。注册会计师审计起源于企业所有权和经营权的分离,是市场经济发展到一定阶段的产物。从注册会计师审计发展的历程来看,注册会计师审计最早起源于意大利的合伙企业，在英国股份公司出现后得以形成，伴随着美国资本市场的发展而逐步完善起来。

1)注册会计师审计的起源

注册会计师审计起源于 16 世纪意大利的合伙制企业。当时意大利的威尼斯已经成为东西方贸易的枢纽，商业经营规模不断扩大，合伙制企业应运而生。尽管合伙制企业的合伙人都是出资者，但是有的合伙人参与企业的经营管理，有的则不参与企业的经营管理，于是出现了财产所有权与经营权的分离。所有者希望了解企业的经营情况，经营者又有义务提供企业经营情况的资料，在这种情况下，客观上需要独立的第三方对合伙企业进行监督、检查，以消除合伙人之间的相互猜疑，促进合伙制关系的巩固。因此这种早期的由一批具有良好的会计知识、专门从事查账和公证工作的专业人员所进行的审查方式得以确立并发展。这就是西方注册会计师审计的起源。随着会计专业人员的数量增多，他们于 1581 年在威尼斯创立了威尼斯会计协会。

2)注册会计师审计的确立

注册会计师审计确立于英国的股份制企业制度。18 世纪的工业革命使英国的社会经济发生了巨大变化，英国资本主义经济得到迅速发展，随着以发行股票筹集资金为特征的股份公司的大量出现，企业的所有权与经营权进一步分离。大部分股东完全脱离公司的经营管理，他们出于自身的利益，非常关心公司的经营成果；同时证券市场上的潜在投资者和债权人也十分关心企业的经营情况。因此，在客观上产生了由独立的会计师对公司财务报表进行审计，以保证财务报表真实可靠。值得一提的是，注册会计师审计产生的“催产剂”是 1721 年英国“南海公司”事件。当时的南海公司以虚假的会计信息诱骗投资人上当，其股票价格一路上涨，但好景不长，南海公司未能逃脱破产的厄运，使股东和债权人损失惨重。为了查明南海公司破产的原因，英国议会聘请会计师查尔斯·斯耐尔(Charles Snell)对南海公司进行审计。查尔斯·斯耐尔以会计师名义出具了“查账报告书”，从而宣告了注册会计师的正式诞生。1853 年，苏格兰爱丁堡创立了第一个注册会计师的专业团体——爱丁堡会计师协会。该协会的成立，标志着注册会计师职业的诞生。

3)注册会计师审计的发展

从 19 世纪初期开始，美国南北战争结束后，英国巨额资本流入美国，极大促进了美国经济的发展。为了保护投资者和债权人的利益，英国执业会计师远涉重洋到美国开展民间审计业务，同时美国本身也很快形成了自己的民间审计队伍。1887 年美国会计师工会成立，1916 年该会改组为美国会计师协会，后来发展为美国注册公共会计师协会，成为世界上最大的民间审计专业团体。

20 世纪早期的美国，经济形势发生了很大的变化。企业与银行的利益关系更加紧密，银行主要把企业资产负债表作为了解企业信用的主要依据，于是美国产生了帮助贷款人及其他债权人了解企业信用的资产负债表审计。1929—1933 年，资本主义世界经历了严重的经济危机，大批企业倒闭，投资人和债权人蒙受了巨大的经济损失。这在客观上促使企业利益相关者更加关心企业的盈利水平。从此，美国注册会计师审计的重点从以保护债权人为目的的资产负债表审计转向了以保护投资者为目的的利润表审计。1933 年美国证券法规定，在证券交易所上市企业的会计报表必须接受注册会计师审计。美国开创了财务报表审计的新时代，至今长盛不衰。

4)注册会计师审计的完善

第二次世界大战以后,经济发达国家通过各种渠道推动本国的企业向海外拓展,跨国公司得到空前发展。国际资本的流动带动了注册会计师审计的跨国界发展,形成了一批国际会计师事务所。先是“八大”国际会计师事务所于20世纪80年代末合并为“六大”,之后又合并成为“五大”。2001年,美国出现了安然公司会计造假丑闻,出具审计报告的安达信会计师事务所宣告破产,目前尚存“四大”国际会计师事务所,即普华永道(Pricewater-houseCoopers)、安永(Emst & Young)、毕马威(KPMG)、德勤(Deloitte Tou-che Tohm-atsu)。同时,审计技术不断发展,抽样审计方法得到普遍运用,风险导向审计方法得到推广,计算机辅助审计技术日渐成熟。

2. 我国注册会计师审计的产生与发展

我国注册会计师审计的历史比西方国家要短得多,始于辛亥革命后。1918年,在谢霖等一批会计专家的力谏下,北洋政府农商部颁布了我国第一部注册会计师法规——《会计师暂行章程》,并于同年批准谢霖成为中国的第一位注册会计师。谢霖在北京创办了中国第一家会计师事务所——正则会计师事务所,标志着我国注册会计师事业的正式起步。1927年,国民政府又颁布了《会计师注册章程》和《会计条例》。至1947年,全国已拥有注册会计师2 619人,并建立了一批会计师事务所。

在新中国成立初期,注册会计师审计在经济恢复工作中发挥了积极作用。但后来由于我国推行苏联高度集中的计划经济模式,注册会计师便悄然退出了经济舞台。

1978年,党的十一届三中全会以后,商品经济得到了迅速发展,为注册会计师制度的恢复创造了客观条件。1980年12月23日,财政部颁发了《关于成立会计顾问处的暂行规定》,标志着我国注册会计师制度的正式恢复。1981年1月1日,“上海会计师事务所”成立,成为新中国第一家会计师事务所。1986年7月,国务院发布了《中华人民共和国注册会计师条例》,首次确立了注册会计师的法律地位,使注册会计师行业建设进入了一个新时期。1993年10月31日,全国人大颁布了《中华人民共和国注册会计师法》。2006年2月15日,财政部颁布了48项注册会计师审计准则,标志着适应我国市场经济发展要求,与国际准则趋同的注册会计师审计准则体系正式建立。2010年11月至2019年2月陆续对其中的审计准则进行了修订,保持了与国际审计准则的全面趋同。

1.1.3 内部审计的产生与发展

1. 西方内部审计的产生和发展

内部审计在受托经济责任关系下,基于经济监督的需要而产生和发展,它是经营管理实行分权制的产物。现代内部审计20世纪40年代末才形成,但是传统的内部审计早就出现了,甚至可以追溯到古代和中世纪,例如古老的庄园审计、宫廷审计等。

20世纪40年代,内部审计进入现代发展时期。主要标志:一是审计的方法,从过去的详细审计转变为以评价内部控制系统为基础的抽样检查;二是审计的领域从财务收支扩大到经营管理;三是建立内部审计理论体系,指导内部审计实践;四是制定内部审计标准;五是建立内部审计职业,创建内部审计团体。1941年,美国成立了“国际内部审计师协会”(IIA),标志着内部审计师有了自己的职业组织。

目前,内部审计除开展传统的财务审计外,还从健全管理、提高工作效率、防止贪污浪费等方面开拓了许多新的审计领域,如对管理制度、经营目标等进行审计。总之,内部审计越来越受到各类组织决策者的重视。

2. 我国内部审计的产生和发展

我国的内部审计是伴随国家审计的恢复和重建而产生与发展的。在国家审计和注册会计师审计大力发展的同时,我国为了完善审计监督体系,加强部门、单位内部的经济监督和管理,1985 年 12 月,国家审计署发布了《关于内部审计工作的若干规定》,明确提出"内部审计是部门、单位加强财政财务监督的重要手段,是国家审计体系的组成部分。国家行政机关、国营企事业组织应建立内部审计监督制度"。1989 年 12 月,审计署出台了《审计署关于内部审计工作的规定》,明确提出"内部审计是我国审计体系的组成部分"。1995 年、2003 年和 2018 年又进行了几次修订,不断拓展了内部审计的职责和使命,强化了审计的独立性。

实践证明,内部审计已成为我国审计体系的一个重要组成部分,并且正在成为企事业单位自我发展和自我约束的重要机制,在加强内部经济管理和监督,遵守国家财经法纪,促进廉政建设,维护单位合法权益,提高效率方面发挥着重要作用。

任务 1.2　审计的概念、对象与职能

1.2.1　审计的概念和特征

1. 审计的概念

审计的定义是对审计实践的总结,应揭示审计的本质特征,适用于国家审计、内部审计、社会审计等各类审计主体。

对于审计的概念,笔者比较认同的是:审计是由独立的专职机构或人员接受委托或授权,以被审计单位的经济活动为对象,对被审计单位在一定时期的全部或一部分经济活动的有关资料,按照一定的标准进行审核检查、收集和整理证据,以判明有关资料的合法性、公允性、一贯性和经济活动的合规性、效益性,并出具审计报告的一项独立的经济监督、评价和鉴证活动。

可见,审计概念由以下几个要素构成:

(1)审计主体——专职机构或人员。专职机构是指国家审计机关、内部审计机构和社会审计组织,专职人员则指专门从事国家审计、内部审计和社会审计的工作人员。

(2)审计客体——审计行为的接受者。是指接受审查、监督与评价的被审计单位,包括各级政府机关、金融机构和企事业单位等。

(3)审计对象——被审计单位在一定时期的全部或一部分经济活动的有关资料。由于审计主体不同,审计对象也不完全相同。

(4)审计的关系——接受委托或根据授权。通常情况下,国家审计和内部审计是根据授权进行的,而社会审计是接受委托进行的。

(5)审计的本质和职能——独立性是审计的本质;经济监督、评价和鉴证活动反映了审计的职能,并且三大职能的发挥要建立在独立性的基础之上。

(6)审计的目的——审计的目的就在于通过经济监督、评价和鉴证来维护财经法纪、改善经营管理和提高经济效益。

2. 审计的特征

1)独立性

独立性是审计的本质特征,也是保证审计工作顺利进行的必要条件。它要求审计人员在审计过程中独立于审计利害关系人之外,不受任何组织和个人的干涉。要保持审计机构和审计人员的独立性,必须做到以下四点:

(1)组织独立。组织独立是指审计应独立于被审计单位之外,不能受制于其他部门和单位,尤其是不能成为国家财政部门和各机构财务部门的下属机构。

(2)人员独立。人员独立要求审计人员与被审计单位应当不存在任何经济利益关系,不参与被审计单位的经营管理活动;如果审计人员与被审计单位或者审计事项有利害关系,应当回避;审计人员依法行使审计职权应当受到国家法律保护。

(3)工作独立。工作独立首先是指审计工作不能受任何部门、单位和个人的干涉,应独立地对被审查的事项做出评价和鉴定;其次又指审计人员要保持精神上的独立,坚持客观公正、实事求是的精神,自觉抵制干扰,对审计事项做出客观公正的结论。

(4)经济独立。经济独立是保证机构独立和业务工作独立的物质基础。审计机构应有自己专门的经费来源或一定的经济收入,以保证有足够的经费独立自主地进行审计工作,不受被审计单位的牵制。

2)权威性

权威性是指审计工作有法律保障,且审计结果具有法律效力。审计的权威主要来自两个方面:一方面是法律赋予的权威,另一方面是自身工作树立的权威。二者缺一不可。但是审计的权威性总是与独立性相关,它离不开审计组织的独立地位和审计人员的独立执业。

3)公正性

与权威性密切相关的是审计的公正性。从某种意义上讲,没有公正性,也就不存在权威性。审计的公正性反映了审计工作的基本要求。审计人员理应站在第三者的立场上,进行实事求是的检查,做出不带任何偏见的、符合客观实际的判断,最后做出公正的评价和处理。

1.2.2 审计的对象

随着社会经济的不断发展,现代审计从以会计账目为审查对象的账项基础审计,发展为强调对内部控制进行测试和评价的制度基础审计,最后过渡到以控制审计风险为主的风险导向审计。审计的对象最终概括为被审计单位在一定时期的全部或部分经济活动及其相关资料。具体而言,它包括以下两个方面的内容。

1. 被审计单位的财政、财务收支及其有关的经营管理活动

审计主体不同,审计对象的内容也不尽相同。但不论是国家审计还是社会审计、内部审计,都要求以被审计单位的财政、财务收支及其有关的经营管理活动为审计对象,对其真实性、合法性、效益性进行审查和评价。根据宪法规定,国家审计对象为国务院各部门、地

方各级人民政府及其各部门的财政收支，国有金融机构、国有企事业单位的财务收支。社会审计的对象主要为国家审计机关、企事业单位和个人的这些委托人指定的被审计单位的财务收支及其有关的经济活动。内部审计的对象为本部门、本单位的财务收支、经营管理活动及其制度的执行情况，以及单位领导所关心的其他重要问题。

2. 记录被审计单位财政、财务收支及其有关经营管理活动的会计资料及其相关资料

被审计单位的财政、财务收支及其有关的经营管理活动需要通过财务报表和其他有关资料等信息载体反映出来。因此审计对象还包括记载和反映被审计单位财政、财务收支，提供被审计单位经营管理活动信息的会计凭证、账簿、报表，以及相关的计划、预算和经济合同等资料。除上述会计、计划、统计等资料以外，提供被审计单位经济活动信息的载体还有经营目标、预测、决策方案、经济活动分析资料、技术资料等其他资料，以及计算机的磁带、磁盘等会计信息载体。

1.2.3　审计的职能

审计的职能，是指审计本身所固有的内在功能。它不以人们的主观意志为转移，而是随着社会经济发展的客观需要而产生和变化。根据前述审计的概念，审计具有经济监督、经济评价和经济鉴证三项基本职能。

1. 经济监督职能

经济监督是审计最基本的职能，也是固有职能，它是其他审计职能的基础。经济监督是指审计组织和审计人员监察和督促被审计单位的财政、财务收支及有关经济活动，使之符合国家法律法规的规定，在规定的范围内、在正常的轨道上运转，以保证被审计单位的财政、财务收支及有关经济活动的合法性和有效性。在审计实务中，审计机关和审计人员从依法检查到依法评价，从依法做出审计处理决定到督促决定的执行，无不体现着审计的经济监督职能。

2. 经济评价职能

经济评价是审计的新兴职能。经济评价就是在审核检查的基础上，对被审计单位的经济决策、财政财务收支、经济效益、经济责任的履行及其内部控制制度等进行分析和判断，肯定成绩，揭露矛盾，总结经验，从而改善经营管理，寻求提高效率和效益的途径。在现代审计实务中，经济效益审计最能体现审计的经济评价职能。

3. 经济鉴证职能

经济鉴证是现代审计的重要职能。经济鉴证是指审计机构和审计人员依法对被审计单位的会计资料及其他相关资料进行审核检查，确定其财务状况和经营成果的合法性、公允性和真实性，并出具书面证明，为审计授权者或委托者提供真实的信息资料，以取信于政府和社会公众的一种职能。比如，注册会计师接受委托并通过财务报表审计出具的审计报告就体现了审计的经济鉴证职能；国家审计机关经授权提交的审计结果报告也体现了这一职能。

任务1.3　审计的分类

审计分类是指将社会经济生活中的各种审计活动按照一定的特征、标志进行归类。研究审计分类的意义在于从各个不同角度加深对审计的认识，以便有效地组织和运用各种类型的审计，充分发挥审计的职能作用。

1.3.1 按审计主体分类

审计的主体是指执行审计的专职机构或专职人员，即审计活动的执行者。按审计主体分类，审计分为国家审计、社会审计和内部审计。

1. 国家审计

国家审计是由政府审计机关执行的审计，也称政府审计。我国的国家审计机关分为中央和地方两个层次，依法独立行使审计监督权，对国务院各部门和地方各级人民政府及其各部门、国有企事业单位以及其他国有资产的管理单位的财政、财务收支的真实、合法和经济效益进行的检查监督。

国家审计的特点包括以下几点。

1)政治性

2018 年 5 月 23 日，中央审计委员会第一次会议明确提出加强党对审计工作的领导。审计机关首先是政治机关，在中国共产党的领导下，依法独立行使审计监督权。

2)法定性

职权法定性是国家审计权威性和强制性的保障。《中华人民共和国宪法》、《中华人民共和国审计法》及其实施条例、《国务院关于加强审计工作的意见》等都对审计监督的职责、监督范围做出了明确的规定。

3)独立性

独立性是国家审计机关行使职权的基础。审计机关不具有干部管理权、资金分配权、项目审批权，没有具体的行政管理职能。这种独立的角色和地位，是审计机关能够客观公正地进行审计监督的重要条件。

4)宏观性

国家审计在整个监督体系中处于较高的层次，具有宏观性。国家审计不仅对经济管理部门和企业事业单位进行审计，而且对财政预算执行的情况和决算进行审计。国家审计不仅对国有资产及国家建设项目实施具体的业务监督，同时还对综合经济管理部门和专业监督部门的监督工作实施再监督。

5)专业性

审计人员开展审计工作必须具备扎实的专业知识、职业胜任能力和工作经验，其中精通财政财务、计算机及相关业务知识、熟悉国家大政方针政策更是必要的基本素质，同时还必须严格遵守法律和国家审计准则，恪守审计职业道德。

2. 社会审计

社会审计是指由依法成立的社会审计组织接受政府审计机关、国家行政机关、企事业单位和个人委托，依法对被审计单位的财务收支及其经济效益承办审计鉴证、经济案件鉴定、注册资本验证和年检、管理咨询服务等各项业务，也称为民间审计或注册会计师审计。社会审计组织主要是经政府有关主管部门审核批准成立的会计师事务所。社会审计组织所出具的审计报告具有法律效力，在社会上具有公证作用。

社会审计的特点如下。

1)独立性

社会审计组织完全独立于审计委托人和被审计人,注册会计师对审计对象不带任何偏见,对依靠审计结果的人保持客观态度。

2)委托性

社会审计组织所要办理的每一个审计项目及其审计的内容和目的,均须取决于委托人的要求。

3)有偿性

社会审计组织实行企业化的管理方式,根据"有偿服务、自收自支、独立核算、依法纳税"的原则,对其接受委托承办的独立审计业务,按照规定的收费标准向委托人收费。

3. 内部审计

内部审计是指本单位或本部门专职的审计机构或人员所实施的审计。这种专职的审计机构和人员,独立于财会部门之外,直接接受本部门、本单位董事会下设的审计委员会或主要负责人的领导。

内部审计的审计委托人、审计主体和审计对象都来自于组织内部,这就决定了内部审计具有自身的特点:

1)服务的内向性

内部审计的目的在于促进本部门、本单位经营管理和经济效益的提高,因而内部审计既是本单位的审计监督者,也是根据单位管理要求提供专门咨询服务者。服务的内向性是内部审计的基本特征。

2)相对有限的独立性

内部审计在本单位主要负责人(董事会)的直接领导下开展工作,在对本单位各部门及所属单位进行审计时,由于其本身不参与业务经营管理活动,在组织上也不受这些部门和机构的领导,所以能够保持一定程度上的独立性。但是由于内部审计人员本身为该单位职工,个人利益又与单位利益息息相关,又受本单位主要负责人的领导,因此其独立性是有限的。

3)审查范围的广泛性

内部审计既可进行内部财务审计和内部经济效益审计,又可进行事后审计和事前审计;既可进行防护性审计,又可进行建设性审计。一般应做到,本部门、本单位的领导要求审查什么,内部审计人员就应审查什么。

4)审计报告的内部使用性

由于内部审计的对象是组织自身,内部审计不具有对外鉴证功能,内部审计的审计报告一般只在单位内部使用,未经授权不得对外公开和使用。

此外,内部审计还具有审计程序较简便、审查工作及时、审计建议较易被采纳等特点。

1.3.2　按审计内容分类

1. 财政财务审计

财政财务审计是指对被审计单位的财政预算及收支情况、财务收支及有关经济活动进行的审计,其目的在于检查财政财务收支的真实性、合法性,借以保护国有资产的安全完整，维护各方的合法权益，并促进加强财政和财务管理。

2. 合法合规审计

合法合规审计主要是通过审计确定被审计单位在其财政财务收支及经营管理活动中是否遵循了国家的法律法规和组织的章程、政策。与财政财务审计相比较，合法合规审计更加突出合法性、合规性目标。

3. 效益审计

效益审计是指审计机构对被审计单位资源管理和使用的有效性进行检查和评价的审计。有效性具体包括经济性、效率性、效果性和合规性。例如，对被审单位资金使用、投资项目、资源利用等方面进行的审查和分析。

1.3.3 按审计实施时间分类

1. 事前审计

事前审计是指在被审计单位经济业务发生前所进行的审计。一般对预算或计划的编制和对经济事项的预测及决策进行的审计，都属于事前审计。例如，投资方案可行性研究、固定资产更新改造决策、产品生产或个别部件加工方案的选择以及行政事业单位经费预算等。

2. 事中审计

事中审计是指在被审计单位经济业务执行过程中进行的审计。例如，在固定资产投资项目施工过程中，对施工进度、投资完成情况进行的审计。事中审计的时效性较强，可以及时发现并纠正偏差，保证经济活动的合法性、合理性和有效性。

3. 事后审计

事后审计是指在被审计单位经济业务完成以后所进行的审计。例如，对某项建设工程项目竣工交付使用的审计、年度财务决算审计、领导干部任期经济责任审计等。由于事后审计能够审查整个经济活动，因而它的监督作用较强，对于研究问题、纠正错弊，挽回已造成的损失和改进工作，都具有重要意义。

1.3.4 按审计范围分类

1. 全部审计

全部审计又称全面审计，是指对被审单位一定期间的全部的财政、财务收支及有关经济活动及其资料进行的全面的审计。其优点是审查详细彻底，容易查出问题。缺点是工作量大，花费时间长，审计成本较高。一般适合规模较小、业务简单、会计资料较少或内部控制薄弱及会计核算工作质量差的单位。

2. 局部审计

局部审计是指对被审单位一定时期的部分经济活动及相关资料所进行的有目的、有重点的审计，如库存现金审计、存货审计等，都属于局部审计。局部审计的特点是范围小，审查重点突出，审计成本较低，但审计覆盖面有限，较容易遗漏问题。

1.3.5 按审计是否通知被审计单位分类

1. 预告审计

预告审计是指在进行审计以前，把审计的目的、主要内容和日期预先通知被审计单位的审计方式。一般进行财务审计和经济效益审计时，多采用这种形式，事前向被审计单位下达审计通知书或签订审计业务约定书。

2. 突击审计

突击审计是指审计组织在进行审计之前，不预先把审计的目的、日期及主要内容等通知被审计单位及有关人员，而采用突然袭击的方式所进行的审计。这种审计主要适用于保密性较强的专案审计，如对于贪污挪用资产行为以及违法乱纪行为所进行的审计。

任务1.4 审计组织与审计人员

我国的审计组织体系是由国家审计、内部审计和社会审计组成。这三种审计组织无论在机构设置、职权范围、人员安排，还是相关职责方面都有较大不同。

1.4.1 国家审计机关与审计人员

1. 国家审计机关

国家审计机关是代表国家依法行使审计监督权的行政机关，它具有国家法律赋予的独立性和权威性。

1)国家审计机关的设置

我国的政府审计机关是根据《中华人民共和国宪法》《中华人民共和国审计法》及其他有关法律设置的，共分国务院和地方两级。国务院设立的审计署，是我国最高的国家审计机关。在国务院总理领导下，主管全国的审计工作。县级以上各级人民政府设立审计机关，分别在省长、自治区主席、市长、县长、区长和上一级审计机关的领导下，负责本级审计机关范围内的审计事项。

2)国家审计机关的职责

根据《中华人民共和国审计法》的规定，国家审计机关的主要职责如下：

(1)审计机关对党和国家重大政策措施的贯彻落实情况进行审计。

(2)审计机关对本级各部门(含直属单位)和下级政府预算的执行情况和决算以及其他财政收支情况进行审计监督。

(3)审计署对中央预算执行情况和其他财政收支情况进行审计监督，地方各级审计机关对本级预算执行情况和其他财政收支情况进行审计监督。

(4)审计署对中央银行的财务收支以及有关经济活动进行审计监督。

(5)审计机关对国家的事业组织和使用财政资金的其他事业组织的财务收支进行审计监督。

(6)审计机关对国有和国有资本占控股地位或者主导地位的企业、金融机构的审计监督，由国务院规定。

(7)审计机关对政府投资和以政府投资为主的建设项目的预算执行情况和决算进行审计监督。

(8)审计机关对政府部门管理的和其他单位受政府委托管理的社会保障基金、社会捐赠资金以及其他有关基金、资金的财务收支进行审计监督。

(9)审计机关对国际组织和外国政府援助、贷款项目的财务收支进行审计监督。

(10)审计机关按照国家有关规定,对国家机关和依法属于审计机关审计监督对象的其他单位的主要负责人,在任职期间对本地区、本部门或者本单位的财政收支、财务收支以及有关经济活动应负经济责任的履行情况进行审计监督。

(11)除《中华人民共和国审计法》规定的审计事项外,审计机关对其他法律、行政法规规定应当由审计机关进行审计的事项,依照《中华人民共和国审计法》和有关法律、行政法规的规定进行审计监督。

(12)审计机关有权对与国家财政收支有关的特定事项,向有关地方、部门、单位进行专项审计调查,并向本级人民政府和上一级审计机关报告审计调查结果。

(13)依法属于审计机关审计监督对象的单位,应当按规定建立健全内部审计制度;其内部审计工作应当接受审计机关的业务指导和监督。

(14)社会审计机构审计的单位依法属于审计机关审计监督对象的,审计机关按照国务院的规定,有权对该审计机构出具的相关审计报告进行核查。

3)国家审计机关的权限

根据《中华人民共和国审计法》的规定,国家审计机关的权限如下:

(1)要求报送资料权。被审计单位不得拒绝、拖延、谎报。

(2)监督检查权。

(3)调查取证权。

(4)行政强制权。

(5)建议纠正权。

(6)提请协助权。

2. 国家审计人员

国家审计人员是指在各级人民政府的审计机关中从事审计的人员。国家审计人员属于国家公务员,执行国家公务员制度,国家审计人员实行专业技术资格制度,一般包括高级(高级审计师)、中级(审计师)和初级(助理审计师和审计员)三级专业技术资格。职称资格实行国家统一考试制度。

1.4.2 社会审计组织与注册会计师

1. 社会审计组织

1)社会审计组织的设立

社会审计组织,是依法设立并承办注册会计师业务的机构。在我国,主要形式是会计师事务所。综观注册会计师行业在各国的发展,会计师事务所主要有独资、普通合伙、有限责任、有限责任合伙四种组织形式。

(1)独资会计师事务所。又称个人会计师事务所,由具有注册会计师执业资格的个人独立开业,承担无限责任。

(2)普通合伙会计师事务所。一般由两位或两位以上合伙人组成的合伙组织,合伙人以各自的财产对事务所的债务承担无限连带责任。

(3)有限责任会计师事务所。由注册会计师认购会计师事务所股份,并以其所认购股份对会计师事务所承担有限责任。

(4)有限责任合伙会计师事务所。在我国又称特殊的普通合伙会计师事务所,这种形式下事务所以全部资产对其债务承担责任,各合伙人只对个人执业行为承担无限责任。其中无过失的合伙人对于其他合伙人的过失或不当执业行为,以自己在事务所的财产为限承担责任,不承担无限责任,除非该合伙人参与了过失或不当执业行为。它的最大特点在于既融入了普通合伙和有限责任会计师事务所的优点,又摒弃了它们的不足。这种组织形式是为顺应经济发展对注册会计师行业的要求,于 20 世纪 90 年代初期兴起的。有限责任合伙会计师事务所已成为当今注册会计师职业界组织形式发展的趋势。

根据《中华人民共和国注册会计师法》的规定,我国会计师事务所分为合伙会计师事务所和有限责任会计师事务所两种形式,不准个人设立独资会计师事务所。

2)社会审计组织的业务范围

目前,我国社会审计组织的业务范围主要有审计业务和会计咨询、会计服务业务。此外,还根据委托人的委托,从事审阅业务、其他鉴证业务和相关服务业务。

(1)审计业务:

①审查企业会计报表,出具审计报告。按照中国注册会计师审计准则的规定,对财务报表发表审计意见是注册会计师的责任。在社会主义市场经济条件下,会计信息质量是非常重要的。注册会计师审计正是保证会计信息质量的重要防线,其主要职能之一就是通过对财务会计报表的审计,为社会提供经济监督和鉴证服务。

②验证企业资本,出具验资报告。根据《中华人民共和国公司法》《中华人民共和国公司登记管理条例》等国家法律法规的规定,公司及其他企业在设立审批时,必须提交注册会计师出具的验资报告。公司及其他企业申请变更注册资本时,也要提交验资报告。

③办理企业合并、分立、清算事宜中的审计业务,出具有关的报告。按照国家有关的规定,企业在合并、分立或终止清算时,应当分别编制合并或分立会计报表以及清算会计报表。为了帮助会计报表使用者确定这些报表的可信程度,企业就需要委托注册会计师对其编制的会计报表进行审计。

④办理法律、行政法规规定的其他审计业务,并出具相应的审计报告。

(2)审阅业务:

审阅业务的目标,是注册会计师在实施审阅程序的基础上,说明是否注意到某些事项,使其相信财务报表没有按照适用的会计准则和相关会计制度的规定编制,未能在所有重大方面公允反映被审阅单位的财务状况、经营成果和现金流量。相对审计而言,审阅程序简单,保证程度有限,审阅成本也较低。因此,小企业可聘请注册会计师对年度财务报表进行审阅。

(3)其他鉴证业务:

除财务报表审计或审阅业务外,还包括如内部控制审核、预测性财务信息审核等其他鉴证业务,这些鉴证业务可以增强使用者的信任程度。

(4)相关服务:

随着经济的发展,社会对注册会计师的要求越来越高,客观上要求注册会计师利用其专门知识和专业经验及专业判断能力提供多种服务。例如:代编财务信息、税务服务、管理咨询、对会计政策的选择和运用提供建议、担任常年的会计顾问等。

2. 社会审计的人员

注册会计师是依法取得注册会计师证书并接受委托从事审计和会计咨询、会计服务等业务的执业人员。在社会审计中，只有取得了注册会计师资格才能独立执行审计业务，签署审计报告。未取得注册会计师资格的其他人员，只能在注册会计师的指导下开展工作。

1)注册会计师考试

我国的注册会计师全国统一考试制度创始于1991年。注册会计师全国统一考试办法，由国务院财政部门制定，并经中国注册会计师协会组织实施。2009年经过全面改革，实现了考试制度的国际趋同。

2)注册会计师注册

根据《中华人民共和国注册会计师法》的规定，参加注册会计师全国统一考试成绩合格，并从事审计业务工作两年以上的，可以向省、自治区、直辖市注册会计师协会申请注册。注册会计师协会应当将准予注册的人员名单报国务院财政部门备案。准予注册的申请人，由注册会计师协会发给国务院财政部门统一制定的注册会计师证书。

1.4.3 内部审计机构与审计人员

1. 内部审计机构

1)内部审计机构的设置

在我国，国家机关、金融机构、企事业单位、社会团体以及其他单位，应当按照国家有关规定建立健全内部审计制度。法律、行政法规规定设立内部审计机构的单位，必须设立独立的内部审计机构。有内部审计工作需要且不具有设立独立的内部审计机构条件和人员编制的单位可以授权本单位内设机构履行内部审计职责。

2)内部审计机构的职责

根据审计署发布的《审计署关于内部审计工作的规定》，内部审计机构按照本单位主要负责人或权利机构的要求，履行下列职责：

(1)对本单位及所属单位的财政收支、财务收支及其有关的经济活动进行审计。

(2)对本单位及其所属单位预算内、预算外资金的管理和使用情况进行审计。

(3)对本单位内设机构及所属单位领导人员的任期经济责任进行审计。

(4)对本单位及所属单位固定资产投资项目进行审计。

(5)对本单位及所属单位内部控制制度的健全性和有效性以及风险管理进行评审。

(6)对本单位及所属单位经济管理和效益情况进行审计。

(7)法律、法规规定和本单位主要负责人或权利机构要求办理的其他审计事项。

3)内部审计机构的权限

根据审计署发布的《审计署关于内部审计工作的规定》，单位主要负责人或权利机构应当制定相应规定，确保内部审计机构具有履行职责所必需的权限：

(1)要求报送资料权。

(2)参加及召开有关会议权。

(3)参与研究、制定有关规章制度权。

(4)检查权。

(5)调查取证权。

(6)临时制止权。

(7)建议改进权。

(8)建议处理权。

2. 内部审计人员

内部审计人员是指单位内部审计机构专门从事内部审计工作的人员。内部审计人员实行岗位资格和后续教育制度。

为了学习借鉴国外内部审计的先进经验和技术方法，提高我国内部审计人员素质，经审计署批准，中国内部审计协会于1998年6月与国际内部审计师协会签署在中国开展国际注册内部审计师资格考试的协议。

案例讨论

世界上第一份民间审计报告

尽管在“南海公司事件”以前，审计史上已存在民间审计，但世界范围内还是公认英国会计师查尔斯·斯耐尔是世界注册会计师第一人，他所撰写的“查账报告书”是世界上第一份民间审计报告，而英国南海公司的舞弊案也被列为世界上第一宗比较正式的民间审计案例。

1710年，随着英国殖民主义的扩张，英国政府在银行家的建议下，使用发行中奖债券所募集到的资金创立了南海股份有限公司，从事盈利前景可观的殖民地贸易。但是经过10年的经营，该公司业绩平平。1719年，英国政府允许中奖债券总额的70%，即约1 000万英镑，可与南海公司股票进行转换。该年底，公司的董事们开始对外散布各种所谓的好消息，即南海公司在年底将有大量利润可实现，并煞有其事地预计，在1720年的圣诞节，公司可能要按面值的60%支付股利。这一消息的宣布，加上公众对股价上扬的预期，促进了债券转换，进而带动了股价上升。1719年中，南海公司股价为114英镑，1720年3月，股价劲升至300英镑以上，到了1720年7月，股票价格已高达1 050英镑。此时，南海公司老板布伦特又想出了新主意：以数倍于面额的价格，发行可分期付款的新股。同时，南海公司将获取的现金，转贷给购买股票的公众。这样，随着南海股价的扶摇直上，一场投机浪潮席卷全英。由此，170多家新成立的股份公司股票以及原有的公司股票，都成了投机对象。

1720年6月，股份公司的组织形式基本上名存实亡。英国国会通过了《泡沫公司取缔法》，该法对股份公司的成立进行了严格的限制，依照此法，许多公司被解散，公众开始清醒过来，对一些公司的怀疑逐渐扩展到南海公司身上。从7月份开始，外国投资者首先抛出南海公司股票，撤回资金。随着投机热潮的冷却，南海公司股价一落千丈，到1720年12月份最终仅为124英镑。当年底，政府对倒闭的南海公司资产进行清理，发现其实际资本已所剩无几。

“南海公司”倒闭的消息传出，惊呆了正陶醉在黄金美梦中的债权人和投资者。迫于舆论的压力，1720 年 9 月，英国议会组织了一个由 13 人参加的特别委员会，对“南海泡沫”事件进行秘密查证。在调查过程中，特别委员会发现该公司的会计记录严重失实，明显存在蓄意篡改数据的舞弊行为，于是特邀了一名叫查尔斯·斯耐尔的资深会计师，对南海公司的会计账目进行检查。查尔斯·斯耐尔通过对南海公司账目的查询、审核，开创了民间会计师行业的先河，他于 1721 年向英国议会提交了一份“查账报告书”。在报告中，查尔斯指出了南海公司存在舞弊行为、会计记录严重不实等问题。该报告被公认为世界上第一份民间审计报告。

议会根据这份查账报告，将南海公司董事之一的雅各希·布伦特以及他的合伙人的不动产全部予以没收。其中一位叫乔治·卡斯韦尔的爵士被关进了著名的伦敦塔监狱。

直到 1828 年，英国政府在充分认识到股份有限公司利弊的基础上，通过设立民间审计的方式，将股份公司中因所有权与经营权分离所产生的不足予以制约，才完善了这一现代化的企业制度。据此，英国政府撤销了《泡沫公司取缔法》，重新恢复了股份公司这一现代企业制度的形式。

（资料来源：根据网络相关资料整理）

要求：英国南海股份公司破产审计案例对审计行业有何重大影响？

技能训练

一、单项选择题

1. 我国“审计”的正式命名源于（　　）。

A. 唐代　　B. 宋代　　C. 元代　　D. 西周

2. 审计的最基本职能是（　　）。

A. 经济监督　　B. 经济评价　　C. 经济鉴证　　D. 经济咨询

3. 从独立性来看，注册会计师审计（　　）。

A. 仅仅与委托人独立，与被审计单位不独立

B. 仅仅与被审计单位独立，与委托人不独立

C. 与审计委托人和被审计单位都独立

D. 与审计委托人和被审计单位都不独立

4. 下列项目中，不属于注册会计师审计业务的是（　　）。

A. 代理记账

B. 验证企业资本，出具验资报告

C. 办理企业合并、分立、清算事宜中的审计业务，出具有关的报告

D. 审查企业会计报表，出具审计报告

5. 关于国家审计下列说法正确的是（　　）。

A. 国家审计关系是经过授权形成的

B. 国家审计是独立性最强的审计

C. 国家审计是我国审计监督体系的主体

D. 国家审计是有偿审计

6. 审计的最本质特征是(　　)。

A. 客观性　B. 公正性　C. 完整性　D. 独立性

7. 下列不属于注册会计师审计特点的是(　　)。

A. 审计的强制性　B. 审计的独立性　C. 审计的有偿性　D. 审计的委托性

8. 注册会计师审计是商品经济发展到一定阶段的产物，其产生的直接原因是(　　)。

A. 财产所有权与经营权的分离　B. 货币的产生

C. 垄断资本主义的产生　D. 借贷资本与产业资本的融合

二、多项选择题

1. 我国审计组织包括(　　)构成。

A. 国家审计机关　B. 内部审计机构

C. 社会审计组织　D. 资产评估机构

2. 按审计的内容分类，审计可以分为(　　)。

A. 财政财务审计　B. 效益审计

C. 突击审计　D. 合法合规审计

3. 我国会计师事务所的组织形式主要有(　　)。

A. 个人独资　B. 合伙制　C. 合营制　D. 有限责任制

4. 审计形式上的独立主要表现为(　　)。

A. 组织独立　B. 人员独立

C. 工作独立　D. 经济独立

5. 下列项目中，属于内部审计机构的权限的是(　　)。

A. 检查权　B. 建议改进权　C. 调查取证权　D. 处理处罚权

6. 注册会计师要保持其独立性，必须做到(　　)。

A. 与被审计单位的主要负责人在血缘上没有亲密关系

B. 不与被审计单位沟通

C. 与被审计单位在经济上没有利害关系

D. 不参与被审计单位的经济活动

三、判断题

1. 审计是经济发展到一定阶段的产物。(　　)

2. 现代审计就是查账，其主要目的就是查错揭弊。(　　)

3. 审计对象的本质就是被审单位的财政、财务收支及其有关的经营管理活动。(　　)

4. 审查企业会计报表、出具审计报告是注册会计师的法定业务，非注册会计师不得承办。(　　)

5. 按审计的目的和内容分类可以分为国家审计、内部审计和民间审计。(　　)

6. 经济评价是审计的基本职能。(　　)

四、简答题

1. 简述审计概念的要素构成。

2. 简述审计按主体分类的内容。

3. 简述我国民间审计组织的业务范围。

项目2 审计职业规范与法律责任

学习目标

通过本章的学习，掌握我国注册会计师执业准则的框架体系及其包含的主要内容。掌握中国注册会计师职业道德守则的含义与基本原则；能对影响注册会计师职业道德基本原则的情形进行正确判断；掌握注册会计师法律责任的认定和种类。

学习重点

注册会计师鉴证业务准则、中国注册会计师职业道德。

任务 2.1 注册会计师执业准则概述

2.1.1 注册会计师执业准则体系

中国注册会计师执业准则体系受注册会计师职业道德守则统御，包括注册会计师业务准则和会计师事务所质量控制准则，如图 2-1 所示。注册会计师业务准则和会计师事务所质量控制准则有着本质的区别，见表 2-1。

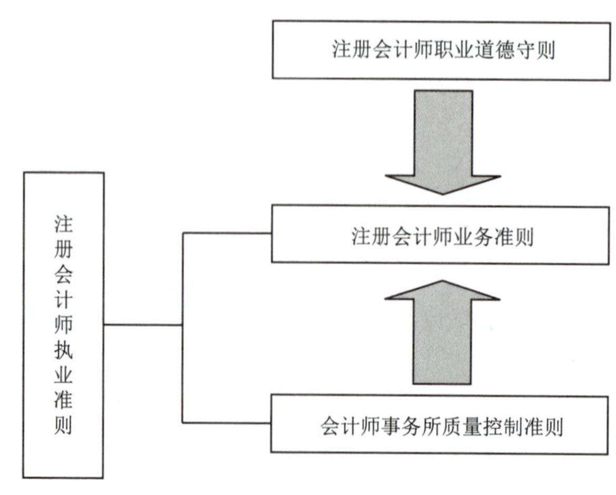

图 2-1 注册会计师执业准则体系宏观框架

表 2-1　注册会计师业务准则和会计师事务所质量控制准则区别

区别＼类型	注册会计师业务准则	会计师事务所质量控制准则
性质	技术标准	管理标准
作用	按照标准，指导具体业务工作，衡量工作本身好坏	建立内部控制，指导质量控制工作，衡量质量控制的有效性
内容	专业胜任能力和业务过程及报告质量的要求	各项质量控制应达到的要求
对象	执业人员的执业作为	会计师事务所的管理

中国注册会计师业务准则体系包括鉴证业务准则和相关服务准则，如图 2-2 所示。鉴证业务准则和相关服务准则是按照注册会计师所从事业务是否具有鉴证职能、是否需要提出鉴证结论加以区分的。质量控制准则是会计师事务所和注册会计师执行各类业务均应当遵循的。

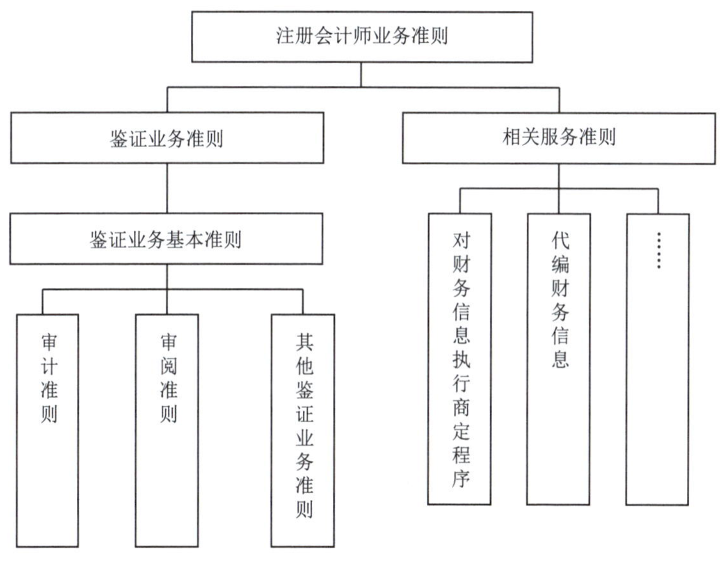

图 2-2　注册会计师业务准则体系具体框架

鉴证业务准则由鉴证业务基本准则统领，按照鉴证业务提供的保证程度和鉴证对象的不同，分为注册会计师审计准则、注册会计师审阅准则和注册会计师其他鉴证业务准则（以下分别简称审计准则、审阅准则和其他鉴证业务准则）。其中，审计准则是整个执业准则体系的核心。

审计准则用以规范注册会计师执行历史财务信息的审计业务。在提供审计服务时，注册会计师对所审计信息是否不存在重大错报提供合理保证，并以积极方式提出结论。

审阅准则用以规范注册会计师执行历史财务信息的审阅业务。在提供审阅服务时，注册会计师对所审阅信息是否不存在重大错报提供有限保证，并以消极方式提出结论。

其他鉴证业务准则用以规范注册会计师执行历史财务信息审计或审阅以外的其他鉴证业务，根据鉴证业务的性质和业务约定的要求，提供有限保证或合理保证。

相关服务准则用以规范注册会计师代编财务信息、执行商定程序、提供管理咨询等其他服务。在提供相关服务时，注册会计师不提供任何程度的保证。

会计师事务所质量控制准则用以规范会计师事务所在执行各类业务时应当遵守的质量控制政策和程序，是对会计师事务所质量控制提出的制度要求。

按照审计过程、业务性质和规范的内容，又将审计准则划分为一般原则与责任、风险评估与风险应对、审计证据、利用其他主体的工作、审计结论与报告以及特殊领域六个部分内容，这六个部分内容分布于财务报表审计的目的和一般原则等具体审计准则中。内容见表 2-2。

表 2-2 中国注册会计师执业准则

中国注册会计师审计准则第 1101 号——财务报表审计的目标和一般原则
中国注册会计师审计准则第 1111 号——审计业务约定书
中国注册会计师审计准则第 1121 号——历史财务信息审计的质量控制
中国注册会计师审计准则第 1131 号——审计工作底稿
中国注册会计师审计准则第 1141 号——财务报表审计中对舞弊的考虑
中国注册会计师审计准则第 1142 号——财务报表审计中对法律法规的考虑
中国注册会计师审计准则第 1151 号——与治理层的沟通
中国注册会计师审计准则第 1152 号——前后任注册会计师的沟通
中国注册会计师审计准则第 1201 号——计划审计工作
中国注册会计师审计准则第 1211 号——了解被审计单位及其环境并评估重大错报风险
中国注册会计师审计准则第 1212 号——对被审计单位使用服务机构的考虑
中国注册会计师审计准则第 1221 号——重要性
中国注册会计师审计准则第 1231 号——针对评估的重大错报风险实施的程序
中国注册会计师审计准则第 1301 号——审计证据
中国注册会计师审计准则第 1311 号——存货监盘
中国注册会计师审计准则第 1312 号——函证
中国注册会计师审计准则第 1313 号——分析程序
中国注册会计师审计准则第 1314 号——审计抽样和其他选取测试项目的方法
中国注册会计师审计准则第 1321 号——会计估计的审计
中国注册会计师审计准则第 1322 号——公允价值计量和披露的审计
中国注册会计师审计准则第 1323 号——关联方
中国注册会计师审计准则第 1324 号——持续经营
中国注册会计师审计准则第 1331 号——首次接受委托时对期初余额的审计
中国注册会计师审计准则第 1332 号——期后事项
中国注册会计师审计准则第 1341 号——管理层声明
中国注册会计师审计准则第 1401 号——利用其他注册会计师的工作
中国注册会计师审计准则第 1411 号——考虑内部审计工作
中国注册会计师审计准则第 1421 号——利用专家的工作
中国注册会计师审计准则第 1501 号——审计报告
中国注册会计师审计准则第 1502 号——非标准审计报告
中国注册会计师审计准则第 1511 号——比较数据

续上表

中国注册会计师审计准则第 1521 号——含有已审计财务报表的文件中的其他信息
中国注册会计师审计准则第 1601 号——对特殊目的审计业务出具审计报告
中国注册会计师审计准则第 1602 号——验资
中国注册会计师审计准则第 1611 号——商业银行财务报表审计
中国注册会计师审计准则第 1612 号——银行间函证程序
中国注册会计师审计准则第 1613 号——与银行监管机构的关系
中国注册会计师审计准则第 1621 号——对小型被审计单位审计的特殊考虑
中国注册会计师审计准则第 1631 号——财务报表审计中对环境事项的考虑
中国注册会计师审计准则第 1632 号——衍生金融工具的审计
中国注册会计师审计准则第 1633 号——电子商务对财务报表审计的影响
中国注册会计师审阅准则第 2101 号——财务报表审阅
中国注册会计师其他鉴证业务准则第 3101 号——历史财务信息审计或审阅以外的鉴证业务
中国注册会计师其他鉴证业务准则第 3111 号——预测性财务信息的审核
中国注册会计师相关服务准则第 4101 号——对财务信息执行商定程序
中国注册会计师相关服务准则第 4111 号——代编财务信息
会计师事务所质量控制准则第 5101 号——业务质量控制

2.1.2　鉴证业务基本准则

鉴证业务基本准则是鉴证业务准则概念框架，旨在规范注册会计师执行鉴证业务，明确鉴证业务的目标和要素，确定审计准则、审阅准则、其他鉴证业务准则适用的鉴证业务类型。

1. 鉴证业务的定义

鉴证业务是指注册会计师对鉴证对象信息提出结论，以增强除责任方之外的预期使用者对鉴证对象信息信任程度的业务。鉴证对象信息是按照标准对鉴证对象进行评价和计量的结果。例如，责任方按照会计准则和相关会计制度对其财务状况、经营成果和现金流量进行确认、计量和列报而形成的财务报表。

鉴证业务包括历史财务信息审计业务、历史财务信息审阅业务和其他鉴证业务。注册会计师执行历史财务信息审计业务、历史财务信息审阅业务和其他鉴证业务时，应当遵守鉴证业务基本准则以及依据该准则制定的审计准则、审阅准则和其他鉴证业务准则。

2. 鉴证业务的要素

鉴证业务要素，是指鉴证业务的三方关系、鉴证对象、标准、证据和鉴证报告。如图 2-3 所示。

(1)三方关系。三方关系分别是注册会计师、责任方和预期使用者。三方之间的关系是，注册会计师对由责任方负责的鉴证对象或鉴证对象信息提出结论，以增强除责任方之外的预期使用者对鉴证对象信息的信任程度。财务报表审计业务的三方关系人：分别指注册会计师、被审计单位管理层(责任方)、财务报表预期使用者，其中最核心的是注册会计师。

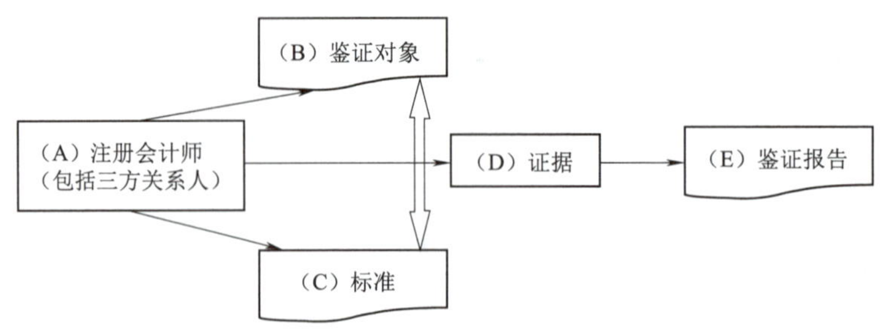

图 2-3 鉴证业务要素

(2)鉴证对象。鉴证对象是一个客观事实,而鉴证对象信息是以人类能理解的形式对鉴证对象某方面性质所做的描述。鉴证对象具有多种不同的表现形式,相应地鉴证对象信息也具有多种不同的形式。在财务报表审计业务中,鉴证对象是指历史的财务状况、经营业绩和现金流量。鉴证对象信息即财务报表,包括附注。

(3)标准。标准即用来对鉴证对象进行评价或计量的基准,当涉及列报时,还包括列报的基准。标准是对所要发表意见的鉴证对象进行"度量"的一把"尺子",责任方和注册会计师可以根据这把"尺子"对鉴证对象进行"度量",如图 2-4 所示。适当的标准应当具备相关性、完整性、可靠性、中立性、可理解性的特征。在中国境内主板上市公司财务报表审计业务中,标准就是"适用的财务报表编制基础"即为"企业会计准则"。

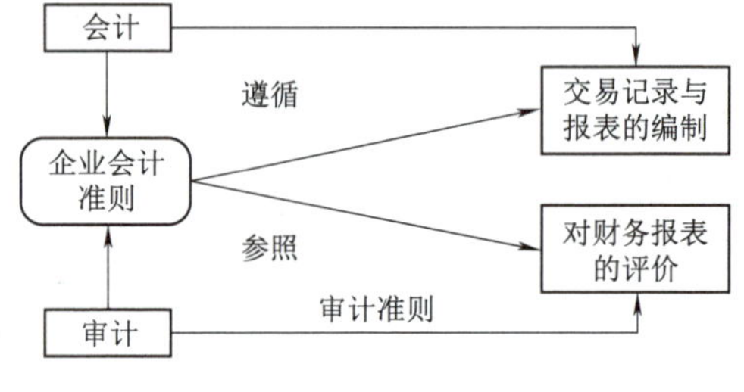

图 2-4 标准

(4)证据。获取充分、适当的证据是注册会计师提出鉴证结论的基础。在财务报表审计业务中注册会计师依照"企业会计准则"这把"尺子",结合被审计单位的实际情况,判断"财务报表"是否符合"企业会计准则",从而获取财务报表是否不存在重大错报的审计证据。

(5)鉴证报告。注册会计师应当针对鉴证对象信息(或鉴证对象)在所有重大方面是否符合适当的标准,以书面报告的形式发表能够提供一定保证程度的结论。

3. 鉴证业务的分类

鉴证业务分为基于责任方认定的业务和直接报告业务。

在基于责任方认定的业务中,责任方对鉴证对象进行评价或计量,鉴证对象信息以责任方认定的形式为预期使用者获取。例如在财务报表审计中,被审计单位管理层(责任方)对财务状况、经营成果和现金流量(鉴证对象)进行确认、计量和列报(评价或计量)而形成的财务报表(鉴证对象信息)即为责任方的认定,该财务报表可为预期使用者获取,注册会计师针对财务报表出具审计报告。这种业务属于基于责任方认定的业务。

在直接报告业务中,注册会计师直接对鉴证对象进行评价或计量,或者从责任方获取对鉴证对象评价或计量的认定,而该认定无法为预期使用者获取,预期使用者只能通过阅读鉴证报告获取鉴证对象信息。例如在内部控制鉴证业务中,注册会计师可能无法从管理层(责任方)获取其对内部控制有效性的评价报告(责任方认定),或虽然注册会计师能够获取该报告，但预期使用者无法获取该报告，注册会计师直接对内部控制的有效性（鉴证对象）进行评价并出具鉴证报告，预期使用者只能通过阅读该鉴证报告获得内部控制有效性的信息（鉴证对象信息）。这种业务属于直接报告业务。

4. 鉴证业务的目标

鉴证业务的保证程度分为合理保证和有限保证。合理保证是高水平的保证（一般保证水平＞90％），它的保证水平要高于有限保证（一般保证水平＞50％）的保证水平。

合理保证的鉴证业务的目标是注册会计师将鉴证业务风险降至该业务环境下可接受的低水平，以此作为以积极方式提出结论的基础。在历史财务信息审计中，要求注册会计师将审计风险降至该业务环境下可接受的低水平，对审计后的历史财务信息提供高水平保证（合理保证），在审计报告中对历史财务信息采用积极方式提出结论。

有限保证的鉴证业务的目标是注册会计师将鉴证业务风险降至该业务环境下可接受的水平，以此作为以消极方式提出结论的基础。在历史财务信息审阅中，要求注册会计师将审阅风险降至该业务环境下可接受的水平（高于历史财务信息审计中可接受的低水平），对审阅后的历史财务信息提供低于高水平的保证（有限保证），在审阅报告中对历史财务信息采用消极方式提出结论。

合理保证和有限保证的区别见表 2-3。

表 2-3　合理保证和有限保证的区别

区别/业务类型	合理保证（财务报表审计）	有限保证（财务报表审阅）
目标	在可接受的低审计风险下，以积极方式对财务报表整体发表审计意见，提供高水平的保证	在可接受的审阅风险下，以消极方式对财务报表整体发表审阅意见，提供有意义水平的保证。该保证水平低于审计业务的保证水平
证据收集程序	通过一个不断修正的、系统化的执业过程，获取充分、适当的证据，证据收集程序包括检查记录或文件、检查有形资产、观察、询问、函证、重新计算、重新执行、分析程序等	通过一个不断修正的、系统化的执业过程，获取充分、适当的证据，证据收集程序受到有意识的限制，主要采用询问和分析程序获取证据
所需证据数量	较多	较少
检查风险	较低（从而更能信赖）	较高
财务报表的可信性	较高	较低
提出结论的方式	以积极方式提出结论 例如："我们认为，ABC 公司财务报表在所有重大方面按照企业会计准则和的规定编制，公允反映了 ABC 公司 2015 年 12 月 31 日的财务状况以及 2015 年度的经营成果和现金流量。"	以消极方式提出结论 例如："根据我们的审阅，我们没有注意到任何事项使我们相信，ABC 公司财务报表没有按照企业会计准则的规定编制，未能在所有重大方面公允反映被审阅单位的财务状况、经营成果和现金流量。"

2.1.3　会计师事务所质量控制准则

会计师事务所质量控制准则旨在规范会计师事务所的业务质量控制，明确会计师事务所及其人员的质量控制责任，适用于会计师事务所执行历史财务信息审计和审阅业务、其他鉴证业务及其相关服务业务。

1. 质量控制制度的目的

会计师事务所应当根据会计师事务所质量控制准则，制定质量控制制度，以合理保证业务质量。质量控制制度的目的主要在以下两个方面提出合理保证：

(1)会计师事务所及其人员遵守法律法规、职业道德规范以及审计准则、审阅准则、其他鉴证业务准则和相关服务准则的规定。

(2)会计师事务所和项目负责人根据具体情况出具恰当的报告。项目负责人，是指会计师事务所中负责某项业务及其执行，并代表会计师事务所在业务报告上签字的主任会计师或经授权签字的注册会计师。

2. 质量控制制度的要素

会计师事务所的质量控制制度应当包括针对下列7项要素而制定的政策和程序：

(1)对业务质量承担的领导责任。会计师事务所应当制定政策和程序，要求主任会计师对质量控制制度承担最终责任。

(2)职业道德规范。会计师事务所及其人员执行任何类型的业务，都应当遵守相关职业道德要求。值得说明的是，执行鉴证业务还应当遵守独立性要求。

(3)客户关系和具体业务的接受与保持。会计师事务所应当制定有关客户关系和具体业务接受与保持的政策和程序，以合理保证只有在下列情况下，才能接受或保持客户关系和具体业务：①已考虑客户的诚信，没有信息表明客户缺乏诚信；②具有执行业务必要的素质、专业胜任能力、时间和资源；③能够遵守职业道德规范。

(4)人力资源。会计师事务所明确各部门不同级别、职位对应的工作内容、职责范围和技能要求，并在业绩评价过程中使员工充分了解提高业务质量及遵守职业道德规范是晋升的主要途径。

(5)业务执行。业务执行是编制和实施业务计划，形成和报告业务结果的总称。由于业务执行对业务质量有直接的重大影响，是业务质量控制的关键环节，因此，会计师事务所应当要求项目负责人负责组织对业务执行的实施指导、监督与复核。

(6)业务工作底稿。业务工作底稿的所有权属于会计师事务所，保存期限要满足法律规定和会计师事务所的需要。

(7)监控。会计师事务所可以委派主任会计师、副主任会计师或具有足够、适当经验和权限的其他人员履行监控责任。会计师事务所应当周期性地选取已完成的业务进行检查，周期最长不得超过三年。在每个周期内，应对每个项目合伙人的业务至少选取一项进行检查。

会计师事务所应当将质量控制政策和程序形成书面文件，并传达到全体人员。在记录和传达时，应清楚地描述质量控制政策和程序及其拟实现的目标，包括用适当信息指明每个人都负有各自的质量责任，并被期望遵守这些政策和程序。

【例2-1】A上市公司通过伪造购销合同、伪造出口报关单、虚开增值税专用发票、伪造免税文件和伪造金融票据等手段，虚构主营业务收入，虚增利润高达7.7亿元。面对这样一家超级造假公司，为它审计的B会计师事务所是如何审计办案的呢？B会计师事务所规模很大,执业注册会计师近 100 人,经批准获得证券业务资格的注册会计师有 40 余名,承担国内 60 多家上市公司的审计业务。对 A 上市公司年度报表进行审计的注册会计师刘明、徐红,在 A 公司年度利润和每股收益过度增长的不合理情况下,缺乏应有的职业谨慎,审计态度随意。对一些自己没有把握的,又对报表有重大影响的事项,没有向专家请教和聘请专家协助,直接发表无保留意见的审计报告。该事务所也没有建立相应的政策和制度对审计项目的质量进行监控和复核。

真相大白后,A 上市公司进入"ST"公司的行列。B 会计师事务所信誉全失,已经解体。签字注册会计师刘明、徐红被吊销注册会计师资格;事务所的执业资格被吊销,其证券、期货相关业务许可证被吊销。

请问:在对 A 上市公司的审计中,注册会计师存在的缺陷有哪些?

【答案】

(1)迷信客户。在审计执业过程中注册会计师应时刻保持合理的职业怀疑态度,不盲目相信客户。

(2)事务所质量控制混乱。质量控制的好坏直接关系着事务所的存亡。B 事务所根本未履行项目质量控制复核,审核工作实际上流于形式,事务所的质量控制存在严重问题。

(3)自身素质不过硬,难以做到胜任。合格的注册会计师必须是胜任的注册会计师,精通专业知识是对其基本要求。在该案例中,注册会计师在审计的过程中连伪造的合同、出口报关单都没有识别出来,更惶论其他。

任务 2.2 注册会计师的职业道德

为了规范中国注册会计师协会会员的职业行为,进一步提高职业道德水平,维护职业形象,中国注册会计师协会于 2009 年 10 月制定了《中国注册会计师职业道德守则》和《中国注册会计师协会非执业会员职业道德守则》,自 2010 年 7 月 1 日起施行。其中,《中国注册会计师职业道德守则》具体包括《中国注册会计师职业道德守则第 1 号——职业道德基本原则》、《中国注册会计师职业道德守则第 2 号——职业道德概念框架》、《中国注册会计师职业道德守则第 3 号——提供专业服务的具体要求》、《中国注册会计师职业道德守则第 4 号——审计和审阅业务对独立性的要求》、《中国注册会计师职业道德守则第 5 号——其他鉴证业务对独立性的要求》。这次发布的职业道德守则,是在认真总结以往职业道德实践经验,吸取借鉴新修订国际职业会计师职业道德守则的基础上制定的,既体现了中国国情,又实现了与国际职业会计师道德守则的趋同。

2.2.1 注册会计师职业道德的含义

职业道德是某一职业组织以公约、守则等形式公布的,其会员自愿接受的职业行为标准。注册会计师职业道德是指注册会计师职业品德、职业纪律、专业胜任能力及职业责任等的总称。

中国注册会计师协会会员包括注册会计师和非执业会员。非执业会员是指加入中国注册会计师协会但未取得中国注册会计师证书的人员,通常在工业、商业、服务业、公共部门、教育部门、非营利组织、监管组织或职业团体从事专业工作。中国注册会计师协会会员职业道德守则规定了职业道德基本原则和职业道德概念框架，会员应当遵守职业道德基本原则，并能够运用职业道德概念框架解决职业道德的问题。

2.2.2 注册会计师职业道德守则的基本原则

注册会计师为实现执业目标，必须遵守一系列前提或一般原则。这些基本原则包括下列职业道德基本原则：诚信、独立性、客观和公正、专业胜任能力和应有的关注、保密、良好的职业行为。

1. 诚信

诚信，是指诚实、守信。也就是说，一个人言行与内心思想一致，不虚假；能够履行与别人的约定而取得对方的信任。诚信原则要求会员应当在所有的职业关系和商业关系中保持正直和诚实，秉公处事、实事求是。注册会计师不得与有问题的信息发生牵连，如果发生牵连，则应当消除牵连。

2. 独立性

独立性，是指不受外来力量控制、支配，按规行事。独立性通常情况下是对执业注册会计师而不是对非执业会员提出的要求，是对鉴证业务而不是对服务业务提出的要求。独立性包括实质上的独立和形式上的独立：

（1）实质上的独立性是一种内心状态，要求注册会计师在提出结论时不受有损于职业判断的因素影响，能够诚实公正行事，并保持客观和职业怀疑态度。

（2）形式上的独立，是对第三者而言的。即注册会计师必须在第三者面前呈现一种独立于委托单位的身份，即在他人看来是独立的。

3. 客观和公正

客观，是指按照事物的本来面目去考察，不添加个人的偏见。公正，是指公平、正直，不偏袒。客观和公正原则要求会员不应因偏见、利益冲突以及他人的不当影响而损害职业判断。如果存在导致职业判断出现偏差，或对职业判断产生不当影响的情形，会员不得提供相关专业服务。

4. 专业胜任能力和应有的关注

1）专业胜任能力

专业胜任能力是指注册会计师应当将专业知识和技能始终保持在应有的水平上，以适应当前实务、法律和技术的发展，确保客户或雇佣单位能够得到合格的专业服务。

专业胜任能力可分为两个独立的阶段：一是专业胜任能力的获取；二是专业胜任能力的保持。会员应当持续了解和掌握相关的专业技术和业务的发展，以保持专业胜任能力。为保证专业服务符合国内和国际规定，我国还针对专业胜任能力引入质量控制管理措施，主要包括以下内容：

（1）注册会计师不得宣称自己具有本不具备的专业知识、技能或经验；

（2）注册会计师不得提供不能胜任的专业服务；

（3）在提供专业服务时，注册会计师可以在特定领域利用专家协助其工作；

（4）在利用专家工作时，注册会计师应当对专家遵守职业道德的情况进行监督和指导。

2)应有的关注

应有的关注,要求会员遵守执业准则和职业道德规范要求,勤勉尽责,认真、全面、及时地完成工作任务。在审计过程中,会员应当保持职业怀疑态度,运用专业知识、技能和经验,获取和评价审计证据。同时,会员应当采取措施以确保在其授权下工作的人员得到适当的培训和督导。在适当的情况下,会员应当使客户、雇佣单位和专业服务的其他使用者了解专业服务的固有局限性。

5. 保密

会员能否与客户维持正常的关系,有赖于双方能否自愿而充分地进行沟通和交流,不掩盖任何重要的事实和情况。只有这样,会员才能有效地完成工作。保密原则要求会员应当对因职业关系和商业关系而获知的信息予以保密,一旦涉密信息被泄露或被利用,往往会给客户造成损失。要求会员不得有下列行为:

(1)未经客户授权或法律法规允许,向会计师事务所以外的第三方披露其所获知的涉密信息;

(2)利用所获知的涉密信息为自己或第三方谋取利益。

会员在社会交往中应当履行保密义务。会员应当警惕无意泄密的可能性,特别是警惕无意中向近亲属或关系密切的人员泄密的可能性。近亲属是指配偶、父母、子女、兄弟姐妹、祖父母、外祖父母、孙子女、外孙子女。

此外,在终止与客户或雇佣单位的关系之后,会员仍然应当对在职业关系和商业关系中获知的信息保密。如果变更雇佣单位或获取新客户,会员可以利用以前的经验,但不应利用或披露任何由于职业关系和商业关系获得的涉密信息。

注册会计师在下列情况下可以披露涉密信息:

(1)法律法规允许披露,并且取得客户或工作单位的授权;

(2)根据法律法规的要求,为法律诉讼、仲裁准备文件或提供证据,以及向有关监管机构报告发现的违法行为;

(3)法律法规允许的情况下,在法律诉讼、仲裁中维护自己的合法权益;

(4)接受注册会计师协会或监管机构的执业质量检查,答复其询问和调查;

(5)法律法规、执业准则和职业道德规范规定的其他情形。

6. 良好的职业行为

职业行为原则要求会员应当遵守相关法律法规,避免发生任何会员已知悉或应当知悉的有损职业声誉的行为。在向公众传递信息以及推介自身和工作时,会员不应损害职业形象。会员应当诚实、实事求是,不应存在下列行为:

(1)对其能够提供的服务、拥有的资质以及积累的经验进行夸大宣传;

(2)对其他会员的工作进行贬低或比较。

【例 2-2】ABC 会计师事务所通过招投标程序接受委托,负责审计上市公司 XYZ 公司 2019 年度财务报表,并委派 A 注册会计师为审计项目组负责人,在招投标阶段和审计过程中,ABC 会计师事务所遇到下列与职业道德有关的事项:

(1)应邀投标时,ABC 会计师事务所在其投标书中说明,如果中标,需与前任注册会计师沟通后,才正式考虑是否与 XYZ 公司签订审计业务约定书。

(2)签订审计业务约定书时,ABC会计师事务所根据有关部门的要求,与XYZ公司商定按七折收取审计费用,据此,审计项目组计划相应缩小审计范围,并就此事与XYZ公司董事会达成一致意见。

(3)审计开始前,应XYZ公司要求,ABC会计师事务所指派一名审计项目组以外的员工根据XYZ公司的账户资料编制2019年度财务报表。

(4)审计过程中,适逢XYZ公司招聘高级管理人员,A注册会计师应XYZ公司的要求对可能录用人员的证明文件进行检查,并就是否录用形成书面意见。

(5)审计过程中,A注册会计师应XYZ公司要求制定公司财务战略。

要求:针对上述(1)至(5)项,分别指出ABC会计师事务所是否违反中国注册会计师职业道德守则,并阐述其理由。

【答案】

(1)不违反注册会计师职业道德守则。中国注册会计师职业道德中规定,在接受委托前,现任注册会计师应该有与前任注册会计师进行必要的沟通,并对沟通结果进行评价,以确定是否接受委托。

(2)违反注册会计师职业道德守则。因为审计收费明显低于前任注册会计师或其他会计师事务所相应报价,会计师事务所应当确保:一是提供专业服务时,工作质量不会受到威胁;二是客户了解专业服务范围的收费基础。本题审计收费打折就相应缩小审计范围,将可能影响审计工作质量。

(3)违反会计师职业道德守则。因为财务报表应该由被审计单位XYZ公司编制,而不应该由ABC会计师事务所指派员工编制,违反独立性原则。

(4)违反注册会计师道德守则。根据规定对于上市公司的审计客户而言,招聘董事、高级管理人员,或所处职位能够对客户会计记录或被审计单位财务报表的编制实施重大影响的高级管理人员,会计师事务所不应提供对可能录用的候选人的证明文件进行核查的服务。

(5)违反会计师职业道德守则。制定公司的财务战略,属于被审计公司的管理层的职责,是职业道德不允许的。

2.2.3 注册会计师对职业道德概念框架的具体应用

1. 职业道德概念框架的内涵

职业道德概念框架是指解决职业道德问题的思路和方法,用以指导注册会计师:①识别对职业道德基本原则的不利影响;②评价不利影响的严重程度;③必要时采取防范措施消除不利影响或将其降低至可接受的水平。职业道德概念框架的工作思路如图2-5所示。

职业道德概念框架具有普遍适用性,指导会员处理对职业道德基本原则产生不利影响的各种情形,能够防止会员错误地认为只要守则未明确禁止的情形就是允许的。

运用职业道德概念框架时,应当运用职业判断评价违反职业道德基本原则的不利影响的严重程度。如果某些不利影响是重大的,可能无法采取适当防范措施,注册会计师应拒绝或终止专业服务,必要时与客户解除合约关系,或向其工作单位辞职。

2. 可能对职业道德基本原则产生不利影响的五种因素

注册会计师对职业道德基本原则的遵循可能受到多种因素的不利影响。不利影响的性质和严重程度因注册会计师提供服务类型的不同而不同。可能对注册会计师遵循职业道德基本原则产生不利影响的因素包括自身利益、自我评价、过度推介、密切关系和外在压力。

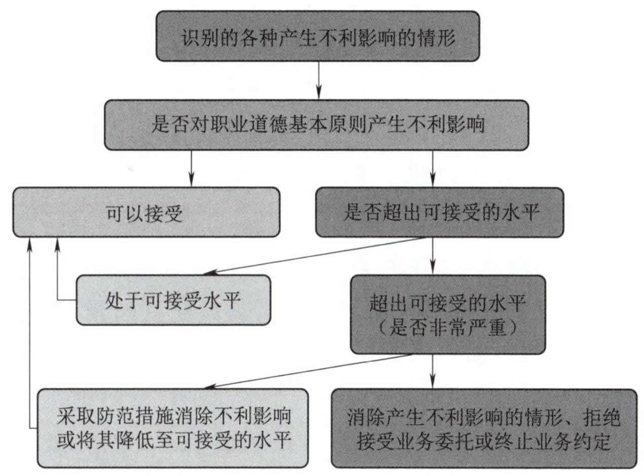

图 2-5　职业道德概念框架的工作思路

1)自身利益导致不利影响的情形

(1)鉴证业务项目组成员在鉴证客户中拥有直接经济利益。

(2)会计师事务所的收入过分依赖某一客户。

(3)鉴证业务项目组成员与鉴证客户存在重要且密切的商业关系。

(4)会计师事务所担心可能失去某一重要客户。

(5)鉴证业务项目组成员正在与鉴证客户协商受雇于该客户。

(6)会计师事务所与客户就鉴证业务达成或有收费的协议。

(7)注册会计师在评价所在会计师事务所以往提供的专业服务时,发现了重大错误。

2)自我评价导致不利影响的情形

(1)会计师事务所在对客户提供财务系统的设计或操作服务后,又对系统的运行有效性出具鉴证报告。

(2)会计师事务所为客户编制原始数据,这些数据构成鉴证业务的对象。

(3)鉴证业务项目组成员担任或最近曾经担任客户的董事或高级管理人员。

(4)鉴证业务项目组成员目前或最近曾受雇于客户,并且所处职位能够对鉴证对象施加重大影响。

(5)会计师事务所为鉴证客户提供直接影响鉴证对象信息的其他服务。

3)过度推介导致不利影响的情形

(1)会计师事务所推介审计客户的股份。

(2)在审计客户与第三方发生诉讼或纠纷时,注册会计师担任该客户的辩护人。

4)密切关系导致不利影响的情形

(1)项目组成员的近亲属担任客户的董事或高级管理人员。

(2)项目组成员的近亲属是客户的员工,其所处职位能够对业务对象施加重大影响。

(3)客户的董事、高级管理人员或所处职位能够对业务对象施加重大影响的员工,最近曾担任会计师事务所的项目合伙人。

(4)注册会计师接受客户的礼品或款待。

(5)会计师事务所的合伙人或高级员工与鉴证客户存在长期业务关系。

这里的项目合伙人是指会计师事务所中负责某项业务及其执行,并代表会计师事务所在报告上签字的合伙人。在有限责任制的会计师事务所,项目合伙人是指主任会计师、副主任会计师或具有同等职位的高级管理人员。如果项目合伙人以外的其他注册会计师在业务报告上签字,该规定也适用于该签字注册会计师。

5)外在压力导致不利影响的情形

(1)会计师事务所受到客户解除业务关系的威胁。

(2)审计客户表示,如果会计师事务所不同意对某项交易的会计处理,则不再委托其承办拟议中的非鉴证业务。

(3)客户威胁将起诉会计师事务所。

(4)会计师事务所受到降低收费的影响而不恰当地缩小工作范围。

(5)由于客户员工对所讨论的事项更具有专长,注册会计师面临服从其判断的压力。

(6)会计师事务所合伙人告知注册会计师,除非同意审计客户不恰当的会计处理,否则将影响晋升。

3. 应对不利影响的防范措施

注册会计师应当运用判断,确定如何应对超出可接受水平的不利影响:最好是采取措施消除不利影响或将其降低至可接受水平,否则拒绝接受业务委托或终止业务约定。在具体工作中,应对不利影响的防范措施包括会计师事务所层面的防范措施和具体业务层面的防范措施。

1)会计师事务所层面的防范措施

(1)领导层强调遵循职业道德基本原则的重要性。

(2)领导层强调鉴证业务项目组成员应当维护公众利益。

(3)制定有关政策和程序,实施项目质量控制,监督业务质量。

(4)制定有关政策和程序,识别对职业道德基本原则的不利影响,评价不利影响的严重程度,采取防范措施消除不利影响或将其降低至可接受的水平。

(5)制定有关政策和程序,保证遵循职业道德基本原则。

(6)制定有关政策和程序,识别会计师事务所或项目组成员与客户之间的利益或关系。

(7)制定有关政策和程序,监控对某一客户收费的依赖程度。

(8)向鉴证客户提供非鉴证服务时,指派鉴证业务项目组以外的其他合伙人和项目组,并确保鉴证业务项目组和非鉴证业务项目组分别向各自的业务主管报告工作。

(9)制定有关政策和程序,防止项目组以外的人员对业务结果施加不当影响。

(10)及时向所有合伙人和专业人员传达会计师事务所的政策和程序及其变化情况,并就这些政策和程序进行适当的培训。

(11)指定高级管理人员负责监督质量控制系统是否有效运行。

(12)向合伙人和专业人员提供鉴证客户及其关联实体的名单,并要求合伙人和专业人员与之保持独立。

(13)制定有关政策和程序,鼓励员工就遵循职业道德基本原则方面的问题与领导层沟通。

(14)建立惩戒机制,保障相关政策和程序得到遵守。

2)具体业务层面的防范控制

(1)对已执行的非鉴证业务,由未参与该业务的注册会计师进行复核,或在必要时提供建议。

(2)对已执行的鉴证业务,由鉴证业务项目组以外的注册会计师进行复核,或在必要时提供建议。

(3)向客户审计委员会、监管机构或注册会计师协会咨询。

(4)与客户治理层讨论有关的职业道德问题。

(5)与客户治理层说明提供服务的性质和收费的范围。

(6)由其他会计师事务所执行或重新执行部分业务。

(7)轮换鉴证业务项目组合伙人和高级管理人员。

4. 可能对职业道德基本原则产生不利影响的八种具体情形

1)专业服务委托

(1)接受客户关系。在接受客户关系前,注册会计师应当考虑客户的主要股东、关键管理人员和治理层是否诚信,以及客户是否涉足非法活动(如洗钱)或存在可疑的财务报告问题等。客户的问题可能对诚信原则或良好职业行为原则产生不利影响。

防范措施包括:①了解客户及其主要股东、关键管理人员、治理层和负责经营活动的人员;②要求客户对完善公司治理结构或内部控制作出承诺。如果不能将不利影响降低至可接受水平,拒绝接受或解除客户关系。

(2)承接业务。注册会计师应当遵循专业胜任能力和应有的关注原则,仅向客户提供能够胜任的专业服务。

防范措施主要包括:①了解客户的业务性质、经营的复杂程度,以及所在行业的情况;②了解专业服务的具体要求和业务对象,以及注册会计师拟执行工作的目的、性质和范围;③了解相关监管要求或报告要求;④分派足够的具有胜任能力的员工;⑤必要时利用专家的工作;⑥就执行业务的时间安排与客户达成一致意见;⑦遵守质量控制政策和程序,以合理保证仅承接能够胜任的业务。

(3)客户变更委托。如果应客户要求或考虑以投标方式接替前任注册会计师,由于客户变更委托的表面理由可能并未完全反映事实真相,采取的防范措施包括:①根据业务性质,注册会计师可能需要与前任注册会计师核实与变更委托相关的事实和情况,以确定是否适宜承接该业务,与前任沟通前,最好征得客户的书面同意。②如果不能与前任注册会计师沟通,注册会计师应当采取适当措施,通过询问第三方或调查客户的高级管理人员、治理层的背景等方式获取有关信息。

2)利益冲突的处理

如果会计师事务所的商业利益或业务活动可能与客户存在利益冲突,应当告知客户,并在征得同意的情况下执行业务;如果为存在利益冲突的两个以上客户服务,注册会计师应当告知所有已知相关方,并在征得他们同意的情况下执行业务;如果为某一特定行业或领域中的两个以上客户提供服务，注册会计师应当告知客户，并在征得他们同意的情况下执行业务。

除征得同意以外，注册会计师还应当采取下列一种或多种防范措施：

(1)分派不同的项目组为相关客户提供服务；

(2)实施必要的保密程序，防止未经授权接触信息。例如，对不同的项目组实施严格的隔离程序，做好数据文档的安全保密工作；

(3)向项目组成员提供有关安全和保密问题的指引；

(4)要求会计师事务所的合伙人和员工签订保密协议；

(5)由未参与执行相关业务的高级员工定期复核防范措施的执行情况。

如果客户不同意为存在利益冲突的其他客户提供服务，应终止为其中一方或多方服务。

3)应客户的要求提供第二次意见

在某客户运用会计准则对特定交易和事项进行处理，且已由前任注册会计师发表意见的情况下，如果注册会计师应客户的要求提供第二次意见，可能对职业道德基本原则产生不利影响。必要时采取防范措施：

(1)征得客户同意与前任注册会计师沟通；

(2)在与客户沟通中说明注册会计师发表专业意见的局限性；

(3)向前任注册会计师提供第二次意见的副本。

如果客户不允许与前任沟通，应在考虑所有情况后决定是否适宜提供第二次意见。

4)收费

(1)报价过低。在专业服务得到良好的计划、监督及管理的前提下，收费通常以每一专业人员适当的小时收费标准或日收费标准为基础计算。如果收费报价明显低于前任注册会计师或其他会计师事务所的相应报价，应当确保在提供专业服务时，使工作质量不受损害并使客户了解专业服务的范围和收费基础。

防范措施主要包括让客户了解业务约定条款，特别是确定收费的基础以及在收费报价内所能提供的服务、安排恰当的时间和具有胜任能力的员工执行任务。

(2)或有收费。收费与否或收费多少不得以鉴证工作结果或实现特定目的为条件。或有收费可能产生不利影响。采取的防范措施包括：①预先就收费的基础与客户达成书面协议；②向预期的报告使用者披露注册会计师所执行的工作及收费的基础；③实施质量控制政策和程序；④由独立第三方复核注册会计师已执行的工作。

除法律法规允许外，注册会计师不得以或有收费方式提供鉴证服务。

(3)介绍费或佣金。注册会计师不得收取与客户相关的介绍费或佣金，否则可能对客观和公正原则以及专业胜任能力和应有的关注原则产生非常严重的不利影响，导致没有防范措施能够消除不利影响或将其降低至可接受的水平。

5)专业服务营销

注册会计师在营销专业服务时，不得有下列行为：

(1)夸大宣传提供的服务、拥有的资质或获得的经验；

(2)贬低或无根据地比较其他注册会计师的工作；

(3)暗示有能力影响有关主管部门、监管机构或类似机构；

(4)做出其他欺骗性的或可能导致误解的声明。

注册会计师不得采用强迫、欺诈、利诱或骚扰等方式招揽业务。注册会计师不得对其能力进行广告宣传以招揽业务，但可以利用媒体刊登设立、合并、分立、解散、迁址、名称变更和招聘员工等信息。

6)礼品和款待

如果客户向注册会计师(或其近亲属)赠送礼品或给予款待，将对职业道德基本原则产生不利影响。注册会计师不得向客户索取、收受委托合同约定以外的酬金或其他财物，或者利用执行业务之便，牟取其他不正当的利益。如果款待超出业务活动中的正常往来，注册会计师应当拒绝接受。

7)保管客户资产

除非法律法规允许或要求，注册会计师不得提供保管客户资金或其他资产的服务。如果某项业务涉及保管客户资金或其他资产，注册会计师应当根据有关接受与保持客户关系和具体业务政策的要求，适当询问资产的来源，并考虑应当履行的法定义务。如果客户资金或其他资产来源于非法活动(如洗钱)，注册会计师不得提供保管资产服务，并应当向法律顾问征询进一步的意见。

8)对客观和公正原则的要求

在提供专业服务时，注册会计师如果在客户中拥有经济利益，或者与客户董事、高级管理人员或员工存在家庭和私人关系或商业关系，应当确定是否对客观和公正原则产生不利影响。

在必要时采取防范措施消除不利影响或将其降低至可接受的水平，防范措施主要包括：

(1)退出项目组；

(2)实施督导程序；

(3)终止产生不利影响的经济利益或商业关系；

(4)与会计师事务所内部较高级别的管理人员讨论有关事项；

(5)与客户治理层讨论有关事项。

如果防范措施不能消除不利影响或将其降低至可接受的水平，注册会计师应当拒绝接受业务委托或终止业务。

【例 2-3】ABC 会计师事务所委派 A 注册会计师担任上市公司甲公司 2019 年度财务报表审计项目合伙人。审计项目组在审计中遇到下列事项：

(1)会计师事务所与甲公司约定，如果注册会计师发表了无保留意见的审计报告，审计收费要在原本的基础上增加 20%。

(2)注册会计师向甲公司管理层说明本所的优势及其他会计师事务所注册会计师所处的劣势，以期能够与甲公司有更多的业务往来。

(3)A 注册会计师在审计过程中获知甲公司拟收购乙公司，因其表弟在乙公司工作，随即将该消息告知了其表弟。

(4)在所审计期间，被审计单位正在接受监管机构的调查，注册会计师应监管机构的要求告知了自己获知的被审计单位的违法行为。

(5)因为审计期间适逢甲公司成立 60 周年，故 A 注册会计师取得了甲公司为员工准备的礼品。

(6)A 注册会计师在审计过程中发现甲公司与自己和朋友开立的一家公司存在直接竞

争关系。

(7)审计项目组成员B的妻子在审计期间加入审计客户担任财务总监。

要求:针对上述(1)至(7)项,逐项指出是否存在违反中国注册会计师职业道德守则有关职业道德的情况,并简要说明理由。

【答案】

(1)违反。除法律法规允许外,注册会计师不得以或有收费方式提供鉴证服务。

(2)违反。注册会计师在营销专业服务时不得贬低或无根据地比较其他注册会计师的工作。

(3)违反。注册会计师未经客户授权或法律法规允许,不得向事务所以外的第三方披露其获知的涉密信息,否则违反保密原则。

(4)不违反。根据法律法规的要求,注册会计师可以在向有关监管机构报告发现的违法行为时披露涉密信息,此时不违反保密原则。

(5)违反。审计项目组成员不得接受审计客户的礼品。

(6)违反。注册会计师与客户存在直接竞争关系,可能对客观和公正原则产生不利影响。

(7)违反。注册会计师在提供专业服务时,与客户高级管理人员存在家庭和私人关系,可能会对客观和公正原则产生不利影响。

任务 2.3 注册会计师的法律责任

2.3.1 法律责任的成因

近年来,注册会计师被指控民事侵权事件越来越多,导致注册会计师可能承担法律责任的原因可归结为两大方面:一是受到被审计单位经营失败的牵连;二是注册会计师自身审计失败。

1. 经营失败

经营失败是指因产业不景气、管理决策失误或出现非预期的竞争因素等企业无法达到投资人的期望或无力偿还债务的情况。企业经营失败的极端情况是破产。

经营风险源于对被审计单位实现目标和战略产生不利影响的重大情况、事项、环境和行动,或源于不恰当的目标和战略。不同的企业可能面临不同的经营风险,经营风险可能导致经营失败。

注册会计师比较关注经营风险,因为经营风险与财务报表发生重大错报的风险密切相关。许多经营风险最终都会有财务后果,因而影响到财务报表,进而对财务报表审计产生影响。在经营风险引起经营失败时,可能促使被审计单位管理层通过财务报表舞弊对此加以掩盖。当然,并非所有经营风险都与财务报表相关,注册会计师应当重点关注可能影响财务报表的经营风险。

从理论上讲,注册会计师是否承担法律责任最终取决于注册会计师是否保持了应有的职业谨慎(自身是否有过错)。被审计单位的经营失败不应是注册会计师承担法律责任的根本原因。

2. 审计失败

审计失败就是指在企业财务报表存在重大错报或漏报的情况下，注册会计师没能按照中国注册会计师执业准则的要求而发表了不适当的审计意见。当发生审计失败时，可能导致对他人权利的损害，注册会计师理应为其未能恪守应有的职业谨慎承担相应的法律责任。

2.3.2 法律责任的认定和种类

1. 注册会计师法律责任的认定

1）违约

所谓违约，是指合同的一方或多方未能达到合同条款的要求。当违约给他人造成损失时，注册会计师应负违约责任。例如，会计师事务所在商定的期间内未能提交纳税申报表，或违反了与被审计单位订立的保密协议等。《中华人民共和国注册会计师法》第四十二条就规定了注册会计师违约给被审计单位造成损失应承担的民事赔偿责任。

2）过失

在我国刑法学中，过失是指行为人应当预见自己的行为可能发生危害社会的结果，因为疏忽大意而没有预见，或者已经预见而轻信能够避免的一种心理态度。在注册会计师职业中，主要表现在缺少应具有的合理的谨慎。评价注册会计师的过失，是以其他合格注册会计师在相同条件下可以做到的谨慎为标准的。在审计中通常又将过失分为：

（1）普通过失。普通过失也称一般过失，通常是指没有保持职业上应有的合理的谨慎，没有完全遵循专业准则的要求。例如，注册会计师在没有取得必要和充分审计证据的情况下做出肯定的无保留审计意见。

（2）重大过失。重大过失是指不保持起码的职业谨慎，根本没有遵循专业准则或没有按专业准则的基本要求执行审计。例如，监盘属于公认的审计程序，如果注册会计师没有执行必要程序，就属于根本没有遵循专业准则或没有按专业准则的基本要求执行审计，所以被认定为重大过失。我国现行法律中主要用"严重不负责任""重大失实""重大遗漏"等词。

3）欺诈

欺诈又称舞弊，是以欺骗或坑害他人为目的的一种故意的错误行为。作案具有不良动机是欺诈的重要特征，也是欺诈与普通过失和重大过失的主要区别之一。对于注册会计师而言，欺诈就是注册会计师主观"故意"行为，为了达到欺骗他人的目的，明知委托单位的财务报表有重大错报，却加以虚伪的陈述，出具无保留意见的审计报告。我国现行法律中主要用"弄虚作假""虚假陈述""故意提供"等词，并未直接使用欺诈一词。

2. 注册会计师承担法律责任的种类

注册会计师因违约、过失或欺诈给被审计单位或其他利害关系人造成损失的，按照有关法律规定，可能被判承担行政责任、民事责任或刑事责任。这三种责任可单处，也可并处。

行政处罚对注册会计师个人来说，包括警告、暂停执业、吊销注册会计师证书；对会计师事务所而言，包括警告、没收违法所得、罚款、暂停执业、撤销等。民事责任主要是指赔偿受害人损失，既针对注册会计师个人，也适用于会计师事务所。刑事责任是指触犯刑法所必须承担的法律后果，其种类包括罚金、有期徒刑以及其他限制人身自由的刑罚。其中会计师事务所承担刑事责任只适用于罚金。

一般来说，因违约和过失可能注册会计师承担行政责任和民事责任，因欺诈可能会使注册会计师承担民事责任和刑事责任。

3. 注册会计师如何避免法律诉讼

注册而会计师的职业性质决定了它是一个容易遭受法律诉讼的职业，那些蒙受损失的受害人总想通过起诉注册会计师，以便尽可能使损失得到补偿。注册会计师避免法律诉讼的具体措施，可以概括为以下几点：

(1)严格遵循职业道德和执业准则的要求。

(2)建立、健全会计师事务所质量控制制度。

(3)与委托人签订业务约定书。

(4)审慎选择客户。

(5)深入了解被审计单位的业务。

(6)提取风险基金或购买责任保险。

(7)聘请熟悉注册会计师法律责任的律师。

(8)按规定妥善保管审计工作底稿，索取管理层声明书。

【例 2-4】D 注册会计师负责对上市公司丁公司 2019 年度财务报表进行审计。2019 年，丁公司管理层通过与银行串通编造虚假的银行进账单和银行对账单，虚构了一笔大额营业收入。D 注册会计师实施了向银行函证等必要审计程序后，认为丁公司 2019 年度财务报表不存在重大错报，出具了无保留意见审计报告。

在丁公司 2019 年度已审计财务报表公布后，股民甲购入了丁公司股票。随后，丁公司财务舞弊案件曝光，并受到证券监管部门的处罚，其股票价格大幅下跌。为此，股民甲向法院起诉 D 注册会计师，要求其赔偿损失。D 注册会计师以其与股民甲未构成合约关系为由，要求免于承担民事责任。要求：

①为了支持诉讼请求，股民甲应当向法院提出哪些理由？

②D 注册会计师提出的免责理由是否正确？并简要说明理由。

【答案】

(1)股民甲应当向法院提出的诉讼理由包括：丁公司报表存在重大错报但是注册会计师出具的审计报告是无保留意见；注册会计师在丁公司财务报表的审计中仅执行了银行函证等必要的审计程序，没有保持合理的谨慎，存在过失；股民甲由于丁公司股价下跌，存在损失；股民甲是由于信任了丁公司报出的 2019 年度的财务报表和注册会计师的审计报告而购买的丁公司股票。

(2)D 注册会计师提出的免责理由是不正确的，会计事务所因在审计业务活动中对外出具不实报告给利害关系人造成损失的，应当承担侵权赔偿责任，能够证明自己没有过错的除外。不能够以没有与利害关系人建立合约关系为由要求免于承担民事责任。

案 例 讨 论

“安然事件”引发的对全球注册会计师职业道德的质疑

1985 年 7 月，美国休斯顿天然气公司与奥马哈的安然天然气公司合并，成立了后来的安然石油天然气公司。15 年以后，该公司成为美国、一度也是全球的头号能源交易商，其市值曾高达 700 亿美元、年收入达 1 000 亿美元。2000 年 12 月 28 日，安然公司的股票价格达到 84.87 美元(有资料说是 90.75 美元)。2001 年初，被美国《财富》杂志连续四年评为美国“最具创新精神的公司”。

然而，2001 年 10 月 16 日，“安然”公布其第三季度亏损 6.38 亿美元；11 月“安然”向美国证券交易委员会承认，自 1997 年以来，共虚报利润 5.86 亿美元；当月 29 日，“安然”股价一天之内猛跌超过 75%，创下纽约股票交易所和纳斯达克市场有史以来的单日下跌之最；次日，“安然”股票暴跌至每股 0.26 美元，成为名副其实的垃圾股，其股价缩水近 360 倍！两天后，即 12 月 2 日，“安然”向纽约破产法院申请破产保护，其申请文件中开列的资产总额 498 亿美元。“安然”又创造两个之最——美国(或许是世界)有史以来最大宗的破产申请记录；最快的破产速度。

“安然”到底做了什么。一是在财务报表上隐瞒并矫饰公司的真实财务状况；二是利用错综复杂的关联方交易虚构利润，利用现行财务规则漏洞“不进入资产负债表”隐藏债务，以其回避法律和规则对其提出的信息披露要求；三是夸大公司业绩并向投资者隐瞒公司业务等违法手段来误导投资者。

而以上安然公司所做的这些都与一个世界顶级的国际会计公司相关——安达信国际会计公司。自 20 世纪 90 年代中期以来，“安达信”既是“安然”的外部审计人，又是内部审计人和提供管理咨询服务人；既一只手教其做账，另一只手证明这只做账的手。换言之，“安达信”既是“安然”的裁判员，又是“安然”的运动员。为此，“安达信”每年从“安然”得到上千万美元的丰厚报酬，就这样，“安达信”还能保持最起码的独立性吗？因此，“安然”的丑闻同时也必定成为“安达信”的丑闻。“安然”轰倒后，安然公司销毁重要文件，为“安然”出具审计报告的安达信首席审计师大卫·邓肯(已被解雇)也在销毁资料。

随着当时“五大”之一的安达信倒闭，美国证券与交易委员会(SEC)介入调查剩余的其他四大国际会计公司，发现它们都不同程度地存在违规、严重违反“职业道德”的情形。从而，全球范围内引发了对执业注册会计师遵守职业道德的质疑。

(资料来源：根据网络相关资料整理)

要求：分析注册会计师界争论颇多的“两业分离”(即鉴证业与服务业分离)对注册会计师遵守职业道德有何影响。

技 能 训 练

一、单项选择题

1. 以下关于注册会计师承担法律责任内容的描述中，不恰当的是(　　)。

   A. 一旦出现审计失败，注册会计师就要承担相应的责任

   B. 法律责任的出现，通常是因为注册会计师在执业时没有保持应有的职业谨慎

   C. 注册会计师应当具备足够的专业知识和业务能力，按照执业准则的要求执业

   D. 如果注册会计师没有保持应有的职业谨慎，就会出现审计失败

2. 注册会计师由于没有遵守审计准则的要求而发表了错误的审计意见，是指(　　)。

A. 控制风险　　B. 审计失败　　C. 经营失败　　D. 经营风险

3. 对于注册会计师的欺诈行为，法院可判其承担(　　)。

A. 民事责任　　B. 刑事责任

C. 行政责任和刑事责任　　D. 民事责任和刑事责任

4. 下列各项中，属于注册会计师违反职业道德规范行为的是(　　)。

A. 注册会计师应按照业务约定和专业准则的要求完成委托业务

B. 注册会计师应当对执行业务过程中知悉的商业秘密保密，并不得利用其为自己或他人谋取利益

C. 除有关法规允许的情形外，会计师事务所不得以或有收费方式为客户提供各种鉴证服务

D. 注册会计师可以对其能力进行广告宣传，但不得诋毁同行

5. 会计师事务所对无法胜任或不能按时完成的业务，应该(　　)。

A. 聘请其他专业人员帮助　　B. 转包给其他会计师事务所

C. 减少业务收费　　D. 拒绝接受委托

6. 未按特定审计项目获取充分、适当的审计证据就出具审计报告，这种情况视为(　　)。

A. 违约　　B. 普通过失　　C. 重大过失　　D. 欺诈

7. 在审计实务中，对质量控制制度承担最终责任的是(　　)。

A. 会计师事务所质量控制委员会　　B. 主任会计师

C. 签字注册会计师　　D. 项目经理

8. 中国注册会计师鉴证业务基本准则是鉴证业务准则的概念性框架，旨在规范注册会计师执行鉴证业务。在该基本准则确定的适用范围中，不包括(　　)。

A.《中国注册会计师审阅准则》　　B.《中国注册会计师审计质量控制准则》

C.《中国注册会计师审计准则》　　D.《中国注册会计师其他鉴证业务准则》

9. 注册会计师接受委托对 2019 年 ABC 股份有限公司财务报表进行了审计，下列选项中属于“鉴证对象”的是(　　)。

A. ABC 公司 2019 年财务报表

B. ABC 公司 2019 年 12 月 31 日的财务状况和该年度的经营成果和现金流量

C. ABC 公司 2019 年度的财务状况、经营成果和现金流量

D. ABC 公司 2019 年利润表

10. 下列各项中，不违背职业道德基本原则的是(　　)。

A. 在报刊上刊登迁址公告

B. 项目合伙人在被审计单位拥有 1 000 股股票

C. 担任被审计单位的辩护人

D. 审计收费取决于被审计单位是否能够上市

11. 以下关于保密原则的表述中，不恰当的是(　　)。

A. 注册会计师在执行审计业务时要对涉密信息保密

B. 在终止审计服务起 10 年以后可以不再对涉密信息保密

C. 注册会计师应当警惕向近亲属或关系密切的人员无意泄密的可能性

D. 注册会计师应当明确在会计师事务所内部保密的必要性

12. 根据职业道德基本原则，以下关于独立性的说法中，不恰当的是(　　)。

A. 独立性是针对执业会员和非执业会员提出的要求

B. 在执行鉴证业务时，注册会计师应该保持实质上的独立性和形式上的独立性

C. 独立性要求注册会计师不受外来力量的控制和支配

D. 会计师事务所应当从整体层面和具体业务层面采取措施，以保持会计师事务所和项目组的独立性

二、多项选择题

1. 注册会计师职业道德守则的基本原则包括(　　)。

A. 诚信、独立、客观　　B. 专业胜任能力

C. 应有的关注　　D. 保守商业保密

2. 行政处罚对注册会计师个人来说包括(　　)。

A. 警告　　B. 暂停执业

C. 吊销注册会计师证书　　D. 撤销

3. 注册会计师法律责任的认定包括(　　)。

A. 违约责任　　B. 普通过失责任

C. 欺诈责任　　D. 重大过失责任

4. 以下哪些内容是注册会计师职业道德中保密责任的体现(　　)。

A. 除非法律法规和职业规范允许或要求，在未经适当且特别授权的情况下，向会计师事务所或雇佣单位以外的第三方披露由于职业关系和商业关系获知的涉密信息

B. 利用因职业关系和商业关系而获知的涉密信息为自己或第三方谋取利益

C. 在终止与客户或雇佣单位的关系之后，注册会计师仍然对在职业关系和商业关系中获知的信息保密

D. 对其能够提供的服务、拥有的资质以及积累的经验进行夸大宣传

5. 注册会计师因违约、过失或欺诈给被审计单位或其他利害关系人造成损失的，按照有关法律规定，可能被判承担行政责任、民事责任或刑事责任。以下属于对注册会计师个人的处罚有(　　)。

A. 警告　　B. 没收违法所得　　C. 罚款　　D. 暂停执业

6. 下列具体情形中，被认定事务所存在过失的有(　　)。

A. 负责审计的注册会计师以低于行业一般成员应具备的专业水准执业

B. 制订的审计计划存在明显疏漏

C. 明知对总体结论有重大影响的特定审计对象缺少判断能力，未能寻求专家意见而直接形成审计结论

D. 错误判断和评价审计证据

7. 基于责任方认定的业务和直接报告业务的区别主要是(　　)。

A. 责任方的责任不同

B. 一个属于鉴证业务一个属于非鉴证业务

C. 预期使用者而获取鉴证对象信息的方式不同

D. 注册会计师提出结论的对象不同

8. 下列情况中，可能会对注册会计师职业道德的遵循产生不利影响的有(　　)。

A. 接受客户提供的礼品或款待

B. 持有被审计单位的股票

C. 代为保管客户资金或其他资产

D. 与客户的高级管理人员之间存在主要近亲属关系

9. 下列关于注册会计师执业道德的描述中，不正确的有(　　)。

A. 注册会计师在执行鉴证业务时，不得因任何利害关系影响其客观、公正的立场

B. 前任注册会计师未经被审计单位同意提供给后任注册会计师工作底稿

C. 在终止与客户或雇佣单位的关系之后，会员无须对在职业关系和商业关系中获知的信息保密

D. 注册会计师接受客户赠送的别墅，这种情况属于自我评价导致不利影响的情形

10. 下列关于注册会计师对职业道德概念框架的具体运用的描述中，正确的有(　　)。

A. 如果会计师事务所的商业利益与客户存在利益冲突，注册会计师应当告知客户这一情况，并获得客户同意以在此情况下执行业务

B. 任何情况下，注册会计师均应拒绝承担保管客户资金或其他资产的责任

C. 注册会计师不应通过广告或其他不恰当的营销方式拓展业务

D. 如果注册会计师为获得某一客户支付介绍费，将对客观性、专业胜任能力和应有的关注产生自身利益导致的不利影响

三、判断题

1. 注册会计师专业胜任能力可分为专业胜任能力的获取和专业胜任能力的保持两个方面。(　　)

2. 中国注册会计师职业道德守则只适用于执业会员。(　　)

3. 应有的关注，要求注册会计师在审计过程中保持职业怀疑态度，运用专业知识、技能和经验，获取和评价审计证据。(　　)

4. 收费是否对职业道德基本原则产生不利影响，仅仅取决于收费报价水平。(　　)

5. 注册会计师只要考取了注册会计师证书，就说明其具备了专业胜任能力。(　　)

四、实训题

上市公司甲公司系ABC会计师事务所的常年审计客户。在对甲公司2018年度财务报表审计中，ABC会计师事务所遇到下列与职业道德相关的事项：

(1)A注册会计师与甲公司副总经理H同为京剧社票友，经H介绍，A注册会计师从其他企业筹得款项，成功举办个人专场演出。

(2)B注册会计师与甲公司基建处处长I是战友，I将甲公司职工集资建房的指标转让给B，B按照甲公司职工的付款标准交付了集资款。

(3)甲公司与ABC会计师事务所签订协议，由甲公司向其客户推荐ABC会计师事务所的服务。每次推荐成功后，由ABC会计师事务所向甲公司支付少量的业务介绍费。

(4)审计项目组成员C与甲公司财务经理J毕业于同一所财经院校。

(5)审计项目组成员D的多年未见的普通朋友于2018年2月购买了甲公司发行的公司债券20万元。

(6)甲公司系乙上市公司的子公司。2015年末,审计项目组成员F的父亲拥有乙上市公司300股流通股股票,该股票每股市值为12元。

要求:

针对上述事项(1)～(6),分别指出是否违反中国注册会计师职业道德守则,并简要说明理由。

项目3 获取审计证据与编制审计工作底稿

学习目标

通过本章学习，了解审计证据的含义、种类，熟悉审计证据取得、收集、整理的方法；理解审计工作底稿的作用，熟悉审计工作底稿的形成，掌握审计工作底稿编制方法和审计工作底稿的复核制度及归档等相关问题。

学习重点

审计方法、审计证据的特征、审计工作底稿的复核。

任务3.1 审计证据

3.1.1 审计证据的含义

《中国注册会计师审计准则第1301号——审计证据》规定，审计证据是指注册会计师为得出审计结论，形成审计意见而使用的所有信息，包括财务报表依据的会计记录中含有的信息和其他信息。

1. 会计记录中含有的信息

依据会计记录编制财务报表是被审计单位管理层的责任，注册会计师应当测试会计记录以获取审计证据。财务报表依据的会计记录一般包括对初始分录的记录和支持性记录，如支票、发票、合同、总账、明细账、记账凭证，以及支持成本分配、计算、调节和披露的手工计算表和电子数据表等。

2. 其他信息

会计记录中含有的信息本身并不足以提供充分的审计证据作为对财务报表发表审计意见的基础，注册会计师还应当获取用做审计证据的其他信息。可用作审计证据的其他信息包括：注册会计师从被审计单位外部或内部获取的会计记录以外的信息，如被审计单位会议记录、内部控制手册、询证函回函等；通过询问、观察和检查等审计程序获取的信息，如监盘存货获取存货存在的证据等；注册会计师自己编制或获取的可以通过合理推断得出结论的信息，如注册会计师编制的各种计算表、分析表等。

财务报表依据的会计记录中包含的信息和其他信息共同构成了审计证据，两者缺一不可。如果没有前者，审计工作将无法进行；如果没有后者，可能无法识别重大错报风险。只有将两者结合在一起，才能将审计风险降至可接受的低水平，为注册会计师发表审计意见提供合理的基础。

3.1.2 审计证据的特征与整理分析

审计证据是注册会计师得出审计结论、支撑审计意见的基础。因此，注册会计师应当保持职业怀疑态度，运用职业判断，获取充分、适当的审计证据。审计证据的基本特征是充分性和适当性。

1. 审计证据的充分性

审计证据的充分性，又称足够性，是关于审计证据的数量特征，主要是指审计证据的数量能足以使审计人员形成审计意见，这主要与注册会计师确定的样本量有关。例如，对某个审计项目实施某一选定的审计程序，从 100 个样本中获取的证据要比从 50 个样本中获取的证据更充分。客观公正的审计意见必须建立在足够数量的审计证据的基础上，但这并不是说，审计证据的数量可以无限制地增多，应以满足注册会计师形成审计意见的需要为标准。一般情况下，注册会计师需要获取的审计证据的数量受其对重大错报风险评估的影响，并受审计证据质量的影响，仅靠获取更多的审计证据可能无法弥补其质量上的缺陷。审计人员判断审计证据是否充分，应当考虑下列影响因素：

(1)审计风险。错报风险越大，需要的审计证据越多。

(2)具体审计项目的重要性。审计项目越重要，审计人员就越需要获取充分的审计证据以支持其审计结论或意见。对于不太重要的审计项目，即使审计人员出现判断上的偏差，也不至于引发整体判断失误，因而可减少审计证据的数量。

(3)审计人员的经验。经验丰富的审计人员，往往可从较少的审计证据中判断出被审计事项是否存在错误或舞弊行为，从而可减少对审计证据数量的依赖程度。

(4)审计过程中是否发现错误或舞弊。一旦审计过程中发现被审计事项存在错误或舞弊行为，则被审计单位整体财务报表存在问题的可能性就增大，因此需要增加审计证据的数量，以确保能做出合理的审计结论，形成恰当的审计意见。

(5)审计证据的类型与获取途径。如果审计人员获取的大多数是外部证据，则审计证据的质量较高，故可适当减少证据的数量；反之，数量就应相应增加。

2. 审计证据的适当性

审计证据的适当性是关于审计证据质量的衡量，即审计证据在支持各类交易、账户余额、列报的相关认定，或发现其中存在错报方面具有的相关性和可靠性。相关性和可靠性是审计证据适当性的核心内容，只有相关且可靠的审计证据才是高质量的。

1)相关性

审计证据的相关性是指审计证据应当与审计目标相关。如果取得的证据与审计目标没有联系，即使其说服力很强，也不能用以证明或否定被审计事项。例如，存货监盘结果只能证明存货是否存在，是否有毁损短缺，而不能证明存货的计价和所有权情况。注册会计师在确定审计证据相关性时，应当考虑下列因素：

(1)特定的审计程序可以只为某些认定提供相关的审计证据,而与其他认定无关。例如,检查期后应收账款收回的记录和文件可以提供有关存在和计价的审计证据,但不一定与期末截止是否适当相关。

(2)针对同一项认定可以获取不同来源的审计证据或不同性质的审计证据。例如,注册会计师可以分析应收账款账龄和应收账款期后的收款情况,以获取与坏账准备计提有关的审计证据。

(3)只与特定认定相关的审计证据不能替代与其他认定相关的审计证据。例如,有关存货实物存在的审计证据并不能够替代与存货计价相关的审计证据。

2)可靠性

审计证据的可靠性是指审计证据应能如实反映客观事实。审计证据的可靠性受其来源、及时性和客观性的影响。审计证据的可靠程度判断时应考虑下列因素:

(1)从外部独立来源获取的审计证据比从其他来源获取的审计证据更可靠。

(2)内部控制有效时内部生成的审计证据比内部控制薄弱时内部生成的审计证据更可靠。

(3)直接获取的审计证据比间接获取或推论得出的审计证据更可靠。例如,注册会计师观察某项内部控制的运行得到的证据比询问被审计单位某项内部控制的运行得到的证据更可靠。

(4)以文件、记录形式(无论是纸质、电子或其他介质)存在的审计证据比口头形式的审计证据更可靠。例如,会议的同步书面记录比讨论事项时候的口头表述更可靠。

(5)从原件获取的审计证据比从传真件或复印件获取的审计证据更可靠。注册会计师可审查原件是否有被涂改或伪造的迹象,排除伪证,提高证据的可信赖程度。

不同来源或不同形式的审计证据相互印证时,审计证据较具可靠性。如果不同来源和不同形式的审计证据存在不一致或者不能相互印证时,审计人员应当追加必要的审计措施,确定审计证据的可靠性。

3. 充分性与适当性之间的关系

充分性和适当性是审计证据的两个重要特征,两者缺一不可,只有充分且适当的审计证据才是有证明力的。

尽管审计证据的充分性和适当性相关,但如果审计证据的质量存在缺陷,那么注册会计师仅靠获取更多的审计证据可能无法弥补其质量上的缺陷。例如,注册会计师应当获取与销售收入完整性相关的证据,而实际获取到的却是有关销售收入准确性的证据,审计证据与完整性目标不相关,即使获取的证据再多,也证明不了收入的完整性。

审计人员需要获取的审计证据的数量也受审计证据质量的影响。审计证据质量越高,需要的审计证据数量就越少。例如,被审计单位内部控制健全时生成的审计证据更可靠,审计人员只需要获取适量的审计证据,就可以为发表审计意见提供合理的基础。

4. 审计证据的整理分析

为了获取充分、适当的审计证据,注册会计师应该对获得的证据进行整理和分析,使其形成系统、有序、彼此联系的审计证据,进而支持审计结论。

收集和分析证据有时是交替进行的,审计人员通常在收集证据时就做过一些分析工作。但是,无论在审计过程中是否对审计证据进行分析,现场审计结束时整理审计证据并对其进行分析仍然是必须的。审计证据整理分析的方法主要有分类、计算、比较、小结、综合。

3.1.3　审计证据的种类

审计证据的分类可以加深对审计证据的理解,使审计人员提高收集证据的效率,也有利于对证据的筛选和综合分析。

1. 审计证据按其外形特征分类

审计证据按照其外形特征可分为实物证据、书面证据、口头证据、视听或电子证据、鉴定和勘验证据、环境证据六大类。

1)实物证据

实物证据是指在审计对象作为实物形态而存在的情况下,审计人员通过实际观察或清查盘点所获取的、用以确定某些实物资产是否确实存在的证据。例如,库存现金、各种存货和固定资产等可以通过监盘或实地观察来证明其是否确实存在。在审计实务中,最典型的实物证据就是各类盘点表。

2)书面证据

书面证据是审计人员在审计过程中所获取的各种以书面文件为存在形式的证据。在审计过程中,审计人员往往需要大量地获取和利用这些书面证据。其内容主要包括与审计有关的各种原始凭证、会计记录(记账凭证、会计账簿和各种明细表)、各种会议记录和文件,以及各种合同、通知书,报告书及函件等。

3)口头证据

口头证据是由被审计单位职员或其他人员对审计人员的提问作口头答复所形成的审计证据,例如在审计过程中,审计人员通常会向被审计单位的有关人员询问会计记录、文件的存放地点,采用特别会计政策和方法的理由等。对于这些问题的口头答复,就构成了口头证据。相对而言,口头证据一般可能带有个人成见和片面观点,证明力较弱,但它具有一定的旁证作用,特别是通过这类证据的收集,可以发现一些线索,从而便于进一步调查。在取得口头证据时,应将其转换成书面记录,并取得提供证据者的签字盖章。一般情况下,口头证据需要得到其他相应证据的支持。

4)视听或电子证据

视听或电子证据是指以录音带、录像带、磁盘及其他电子计算机储存形式存在的用于证明审计事项的证据。例如:与审计事项相关的当事人讲话的录音带、经济业务发生时现场的录像带、计算机中储存的资料等。

5)鉴定和勘验证据

鉴定和勘验证据是指因特殊需要,审计机关指派或聘请专门人员对某些审计事项进行鉴定而产生的证据。这种证据实际上是书面证据的特殊形式。例如:对某些书面资料字迹的鉴定,票据真伪的鉴定,产品或工程质量的鉴定证明等。

6)环境证据

环境证据也称状况证据,是指对被审计单位产生影响的各种环境事实。如,有关企业内部控制情况，被审计单位管理人员的素质，各种管理条件和管理水平。必须指出，环境证据一般不属于基本证据，但它可以帮助审计人员了解被审计单位及其经济活动所处的环境，是审计人员进行判断时所必须掌握的资料。

2. 审计证据按相互关系分类

审计证据按相互关系可分为基本证据、辅助证据。

1）基本证据

基本证据是指对被审计事项具有主体证明力的证据。它可以直接证明被审计事项，与所要证实的目标有极为密切的关系。例如，证明账簿登记的正确性，登记账簿的记账凭证是基本证据；证明资产负债表各项数字的正确性，据以编表的各账户余额是基本证据。

2）辅助证据

辅助证据是指能够支持基本证据证明力的证据，它是基本证据的必要补充。环境证据通常作为辅助证据。例如，记账凭证是证明账簿登记正确的基本证据，辅助证据就是记账凭证所附的原始凭证。一般情况下，辅助证据不能直接证实被审计事项，没有作为定案依据的效力。

基本证据是证实审计事项的直接证据，因此，取得基本证据最为重要。但是要获取充分、可靠的证据体系，单靠基本证据是不够的，因为基本证据虽然重要，但未必可靠。例如，记账凭证在编制时歪曲原始凭证所反映的经济业务，此时还应收集验证经济业务真实情况的其他辅助证据。

3. 审计证据按其来源不同分类

审计证据按其来源不同分为亲历证据、内部证据和外部证据。

1）亲历证据

亲历证据是指审计人员在被审计单位执行审计工作时亲眼目击、亲自参加或亲自动手取得的证据。例如，审计人员监督财产物资盘点而取得的审计证据，审计人员观察被审计单位经济业务执行情况时取得的审计证据。

2）内部证据

内部证据是指审计人员在被审计单位内部取得的审计证据。例如，被审计单位提供的其他单位填制的书面资料，如其他单位填制的发票、收据、对账单等。

3）外部证据

外部证据指审计人员从被审计单位以外的其他单位取得的审计证据，包括其他单位陈述和外来资料。其他单位陈述指其他单位应审计人员的要求对被审计单位所寄存的财物的说明、经济业务往来情况的说明、债权债务的说明等。外来资料指审计人员从其他单位取得的证明审计事项的凭证、账目、报表、合同、文件的摘录等。

任务 3.2 审 计 方 法

审计方法是指审计人员为了达到审计目标，对审计对象进行检查、分析，收集证据，形成审计结论和意见的各种专门手段的总称。正确运用审计方法对提高审计工作质量和效益,顺利完成审计任务具有重要意义。

3.2.1 审计取证的基本方法

审计取证的基本方法是指与取证的顺序和范围有关的方法。审计人员进行任何一项审计时,首先就应该考虑到从哪些查起,按照什么样的顺序去进行检查;应该检查哪些内容,在什么样的范围内进行取证。其实质上就是审计的基本思路问题,这种基本思路虽然不是直接用来取证,但它是从系统的整体出发去构想应采取的一般方法。

1.顺查法和逆查法

审计取证方法按其取证顺序与记账程序的关系可分为顺查法和逆查法。审计人员可以根据需要酌情选用这两种方法。

1)顺查法

顺查法又称正查法,是指按照会计核算的先后处理顺序,依次对证、账、表各个环节进行审查的方法。具体操作是:首先,审查原始凭证是否真实正确、合理合法,并核对记账凭证;其次,再以记账凭证核对账簿,审查账证是否一致,总分类账余额同所属明细分类账余额的合计是否一致;最后,以账簿核对财务报表,审查调整结账事项同所编制的报表是否一致。

顺查法是从审查原始凭证入手,其优点是审查仔细而全面,不易发生疏忽和遗漏之处,并且容易发现会计记录及财务处理上的弊端,方法简单、易于核对,能取得较为准确的审计结果。其缺点是面面俱到,不能突出重点、容易忽视重大问题,费时费力,工作量大,不利于提高审计工作效率。因此,顺查法一是适用于规模较小、业务量少的被审计单位;二是适用于内部控制制度不健全、管理混乱的被审计单位;三是适用于重要的审计事项和贪污舞弊的专案审计。

2)逆查法

逆查法又称倒查法,是指按照会计核算相反的处理顺序,依次对表、账、证各个环节进行审查的方法。具体做法是:根据审计人员所掌握的线索,先从审阅、分析财务报表入手,从中发现异常变动和问题线索,确定审计重点。其次,根据分析中发现的问题,有重点地和有关总账、明细账、日记账核对,通过账账、账实的检查核对,进一步确定需要重点检查的记账凭证。再次,审查记账凭证,直至审查原始凭证,以最终查明问题的原因和过程。

逆查法先从审查财务报表入手,其优点是不仅取证的范围小,而且有一定的审查重点,能够节约审计的时间和精力,有利于提高审计的工作效率,是现代审计实务中较为普遍采用的一种方法。其缺点是由于不对被审计的资料进行全面而有系统的检查,仅仅根据审计人员的判断而做重点审查,因此可能遗漏重要错弊事项。此外,在技术上,逆查法比顺查法要复杂,掌握起来难度比较大。由此,逆查法主要适用于业务规模较大、业务量较多、内部控制制度比较健全有效、会计核算质量较高的单位。

综上所述,顺查法和逆查法各有利弊。为了扬长避短,更好地发挥审计作用,审计人员应根据实际情况,把两种方法结合起来加以运用。在小型企业采用顺查法进行查账时,也可针对重要事项采用逆查法加以检查。在大型企业采用逆查法审查各类业务时,对于部分重要审计事项也可采用顺查法加以详细核对，以便充分发现问题，防止重大遗漏。

2. 详查法和抽查法

审计取证方法按照审查经济业务和会计资料的范围大小可分为详查法和抽查法。

1）详查法

详查法又称为精查法，是对被审计单位被查期内的所有活动、工作部门及其经济信息资料，采用精细的审计程序，进行细密周祥的审核检查。例如，对被审计单位 9 月份的主营业务收入审计时，就需对该月份所有的销售业务进行全面、详细地审查。

详查法的优点是能全面查清被审计单位所存在的问题，特别是对弄虚作假、营私舞弊等违反财经法纪的行为，一般不易疏漏，以保证审计质量。其缺点是工作量太大，费时费力，审计成本高，故难以普遍采用。详查法一般适用于经济业务比较简单的被审计单位。内部控制比较薄弱的被审计单位，以及可能存在重大违反财经法纪行为的被审计单位，也可考虑采用详查法。

2）抽查法

抽查法又称抽样法，是指对被审计单位被审查期内特定审计事项的全部会计资料中选取部分资料进行审查，根据审查结果推断全部资料有无错弊的一种审计方法。例如，假定被审计单位的应收账款余额为 1 000 万元，其明细账户有 100 个，我们可以先从中选取 20 个进行审查，再根据对 20 个应收账款账户的审查结果推断应收账款余额 1 000 万元的真实性。

抽查法的优点是高效率、低费用，节约时间和人力，能够收到事半功倍的效果。其缺点是如果样本抽查不当，不能代表总体特征，就可能做出错误结论。抽查法适用的范围比较广泛，凡对规模较大、经济业务多、内部控制健全有效、会计基础工作较好、组织机构健全的单位进行审计，都可运用抽查法。

3.2.2 审计取证的具体方法

审计取证的具体方法是指直接用于收集审计证据的方法。审计取证具体方法的发展水平也是衡量审计工作水平的重要尺度。审计取证具体方法应用于审计程序的准备阶段和实施阶段。审计取证具体方法与审计目标、审计证据有着密切的内在联系。审计组织和审计人员实施审计时，可以运用检查、观察、询问、函证、重新计算、重新执行、分析程序等方法获取审计证据。

1. 检查记录或文件

检查记录或文件，是指注册会计师对被审计单位内部或外部生成的，以纸质、电子或其他介质形式存在的记录或文件进行审查，检查记录或文件的目的是对财务报表所包含的或应包含的信息进行验证，主要包括以下几点。

1）原始凭证的审阅

对原始凭证的审阅，主要注意以下几方面：原始凭证上反映的经济业务是否符合规定；记载的日期、数量、单价、金额等方面的字迹是否清晰、数字是否相符，有无涂改情况；填发原始凭证的单位名称、地址和公章，审查凭证的各项手续是否完备等。如有不符合规定的情况，就可能存在问题。

2)记账凭证审阅

审阅记账凭证主要从合规性、完整性和正确性进行审查。例如,记账凭证后附原始单据是否合法、有无制单错误、前后单据是否金额、经济内容一致等。

3)账簿的审阅

账簿的审阅主要是审阅明细分类账和日记账。例如,审阅账簿启用手续、使用记录和交接记录是否齐全完整;期初和期末余额的结转、承前页、转下页、月结和年结是否符合规定;账簿各项记录是否规范和完备,如业务摘要、对应科目是否齐全,有无涂改痕迹,是否按规定的方法更正记账错误。账簿记录的内容是否真实、正确。

【例3-1】审计人员审查某单位"管理费用",其明细账见表3-1。

表3-1　管理费用明细账　　单位:元

2019年		凭证号	摘要	办公费	差旅费	工会经费	业务招待费	维修费	其他	合计	转出
月	日										
9	1		付办公费	1 500						1 500	
	3		付维修费					500		500	
	5		招待客户用餐				1 050			1 050	
	12		付销售合同违约金						3 000	3 000	
	15		付工会经费			1 200				1 200	
	20		付职工差旅费		2 400					2 400	
	25		付产品宣传广告费						5 000	5 000	
	30		计入损益转出								14 650
			合计	1 500	2 400	1 200	1 050	500	8 000	14 650	14 650

经审阅,发现用于产品宣传的广告费、销货合同违约金计入了"管理费用"账户。

审计人员提出审计意见,建议该单位调整下列事项,广告费计入销售费用;违约金计入营业外支出。调整分录为:

借:销售费用　　5 000

　　营业外支出　　3 000

　　贷:管理费用　　8 000

4)财务报表的审阅

审阅财务报表的编制是否符合《企业会计准则》及国家有关财务会计制度规定;审阅财务报表项目是否完整,各项目的对应关系和勾稽关系是否正确,相关数据是否一致;审阅财务报表附注是否对应予以揭示的重大问题做了充分的披露。

5)其他相关资料的审阅

其他相关资料的审阅包括审阅计划、预算和定额,可结合上期拟订的计划、预算和定额与实际的执行结果和完成情况进行分析;审阅合同;审阅规章制度等。

2. 检查有形资产

检查有形资产是指对被审计单位各项财产物资进行实地盘点,以确定其数量、品种、规格及其金额等实际情况,借以证实有关实物账户余额是否真实、正确,从中收集实物证据的一种方法。这种方法主要适用于存货和现金，也适用于有价证券、应收票据和固定资产等。

检查有形资产一般采取突击性抽查式的监督性盘点。这种盘点按照方式不同又分为直接盘存和监督盘存两种形式。直接盘存是指审计人员亲自到现场盘点实物，并要求被审计单位有关人员协同执行，以证实书面资料同有关的财产物资是否相符的方法。这种方法在实际中应用较少，常用于数量较小但容易出现舞弊行为的贵重财产物资，如贵重文物、珠宝、贵重材料的盘点。监督盘存是指审计人员现场监督被审计单位各种实物资产及库存现金、有价证券等的盘点，并进行适当的抽查，应用较广。

一般而言，有形资产的盘点是被审计单位管理层的责任，应由被审计单位进行计划、组织和实施，审计人员只进行现场监督并适当抽查复点。审计人员抽点部分如发现差异，除应督促被审计单位更正外，还应扩大抽查范围，如发现差错过大，则应要求被审计单位重新盘点。检查有形资产只能对实物资产是否确实存在提供有力的审计证据，但无法验证实物资产的所有权和计价情况。因此，审计人员在盘点之外，还应当采取其他方法验证实物资产的所有权和计价情况。

3. 观察

观察法是指审计人员实地观察被审计单位的经营场所、实物资产、有关业务活动、内部控制的执行情况等，以获取审计证据的方法。例如，审计人员了解固定资产保管使用情况可进行观察取证。

观察法广泛用于对内部控制的测试，也是进行财政审计、财经法纪审计时，取得环境证据和实物的一种重要方法。这种方法适用面广，灵活性强，易发现疑问，但观察提供的审计证据仅限于观察发生的时点，并且在相关人员已知被观察时，相关人员从事活动或执行程序可能与日常的做法不同，从而会影响注册会计师对真实情况的了解。因此，注册会计师有必要获取其他类型的佐证证据。

4. 询问

询问是指注册会计师以书面或口头方式，向被审计单位内部或外部的知情人员获取财务信息和非财务信息，并对答复进行评价的过程。

询问常在运用其他方法发现疑点和问题后加以运用，例如：审计人员发现书面资料未能提供充分可靠的信息，或书面资料存在不足之处时，可以通过询问来弄清事实真相，并取得真实可靠的审计证据。询问必须做成书面记录，并由答询人签字盖章。

知情人员对询问的答复可能为注册会计师提供尚未获悉的信息或佐证证据，也可能提供与已获悉信息存在重大差异的信息，注册会计师应当根据询问结果考虑修改审计程序或实施追加的审计程序。

5. 函证

函证是指注册会计师为了获取影响财务报表或相关披露认定的项目的信息，通过直接来自第三方对有关信息和现存状况的声明，获取和评价审计证据的过程。例如，对应收账款余额或银行存款的函证。通过函证获取的证据可靠性较高，所以函证是受到高度重视并经常被使用的一种重要审计程序。

函询虽然可以很好地了解情况，但是为了减少被审计单位或个人的负担，一般应有重点地进行函证。函证有以下两种方式：

1)积极式函证

积极式函证又称肯定式函证。积极式函证要求收函单位对询问的事项无论与事实是否相符必须给予回函答复。积极式函证适用于内部控制差、会计核算质量差、金额重要、疑点多等情况。具体样式见表 3-2。

表 3-2 积极式询证函

企业询证函

××(公司)：____________ 编号：____________

本公司聘请的××会计师事务所正在对本公司××年度财务报表进行审计，按照中国注册会计师审计准则的要求，应当询证本公司与贵公司的往来账项等事项。下列数据出自本公司账簿记录，如与贵公司记录相符，请在本函下端“信息证明无误”处签章证明；如有不符，请在“信息不符”处列明不符金额。回函请直接寄至××会计师事务所。

回函地址：____________

邮编：__________ 电话：__________ 传真：__________ 联系人：__________

1. 本公司与贵公司的往来账项列示如下：

截止日期	贵公司欠	欠贵公司	备注

2. 其他事项

本函仅为复核账目之用，并非催款结算。若款项在上述日期之后已经付清，仍请及时函复为盼！

(公司盖章)

_____年_____月_____日

结论：1. 信息证明无误。

(公司盖章)

_____年_____月_____日

经办人：_____

2. 信息不符，请列明不符的详细情况：____________

(公司盖章)

_____年_____月_____日

经办人：_____

2)消极式函证

消极式函证又称否定式函证。注册会计师只要求被询证者仅在不同意询证函列示信息的情况下才予以回函。否定式函证一般适用于内部控制好、会计核算质量高、金额小、疑点少等情况。具体样式见表 3-3。

由于否定式函证未收到回函可能是因为被询证者已收到询证函且核对无误，也可能是因为被询证者根本就没有收到询证函，因此积极式询证函比消极式询证函提供的审计证据更可靠。

表 3-3 消极式询证函

企业询证函

××(公司):__________　　　　编号:__________

本公司聘请的××会计师事务所正在对本公司××年度财务报表进行审计,按照中国注册会计师审计准则的要求,应当询证本公司与贵公司的往来账项等事项。下列数据出自本公司账簿记录,如与贵公司记录相符,则无需回复;如有不符,请直接通知会计师事务所,并请在空白处列明贵公司认为正确的信息。回函请直接寄至××会计师事务所。

回函地址:__________

邮编:__________　电话:__________　传真:__________　联系人:__________

1. 本公司与贵公司的往来账项列示如下:

截止日期	贵公司欠	欠贵公司	备注

2. 其他事项

本函仅为复核账目之用,并非催款结算。若款项在上述日期之后已经付清,仍请及时函复为盼!

(公司盖章)

____年____月____日

××会计师事务所:

上面的信息不正确,差异如下:__________

(公司盖章)

____年____月____日

经办人:____

注册会计师通常利用被审计单位提供的应收账款明细账户名称、地址等资料据以编制询证函,但审计人员应当对选择被询证者、设计询证函以及发出和收回询证函保持控制。对无法取得函证的事项采用替代程序,以取得必要的审计证据。

6. 重新计算

重新计算是指注册会计师以人工方式或使用计算机辅助审计技术,对记录或文件中的数据计算准确性进行核对。重新计算可以取得书面证据。其主要内容包括以下几点:

(1)对凭证、账簿、报表中有关项目的积数、小计、合计数和累计数等的重新计算。

(2)对某些业务的计算结果进行重新计算,如固定资产折旧额、职工福利费的计提、有关税费的计算等。

(3)对有关成本、费用归集和分配的结果进行重新计算,以验证成本、费用的分配标准和方法是否正确。

(4)对其他书面资料有关数据的重新计算,如财务分析资料中的流动比率、速动比率、销售利润率等指标的计算。

由于重新计算所获取的证据属于审计人员的亲历证据,因此通常被认为具有较高的可靠性。

【例 3-2】某企业的材料采用计划成本核算。审计人员在审查"生产成本"、"原材料"和"材料成本差异"明细账时,发现甲材料 8 月初材料成本差异为借差 3 400 元,库存材料计划成本为 100 000 元。8 月份购入甲材料计划成本为 1 200 000 元,其实际成本为 1 188 400 元。8 月份基本生产车间耗用甲材料的计划成本为 240 000 元,结转耗用材料的实际成本为 2 44 800 元。审计人员抽查有关耗用材料汇总表和材料成本差异计算表,验算其材料实际成本如下:

材料成本差异率 =〔3 400+(1 188 400−1 200 000)〕÷(100 000+1 200 000)×100%=−0.63%

发出材料实际成本=240 000+240 000× (−0.63%)= 238 488(元)

多转材料成本=244 800−238 488=6 312(元)

验算结果表明,该企业 8 月份多转材料成本 6 312 元。审计人员向有关会计人员查询后证实,由于材料会计计算错误,使本期材料成本差异率计算错误,本期购入材料的节约差异额应为 11 600 元(1 188 400 −1 200 000)。

7. 重新执行

重新执行是指注册会计师独立执行原本作为被审计单位内部控制组成部分的程序或控制,也就是自己完全按照被审计单位的内部控制独立地执行一遍,再和被审计单位执行的相比较,以确定被审计单位内部控制是否得到有效执行。比如,注册会计师按照被审计单位相关内部控制制度的规定,重新编制银行存款余额调节表,来验证相应内部控制是否有效运行。

8. 分析程序

分析程序是指注册会计师通过研究不同财务数据之间以及财务数据与非财务数据之间的内在关系,对财务信息做出评价。分析程序还包括调查识别出的、与其他相关信息不一致或与预期数据严重偏离的波动和关系。一般而言,在整个审计过程中,注册会计师都将使用分析程序。常用的分析法主要有比较分析法、比率分析法和趋势分析法等。

1)比较分析法

比较分析法是通过对被审计单位某一具体项目与既定标准进行比较,寻找差异,发现问题,以获取审计证据的一种技术方法。例如:该项目的本期实际数与计划数、预算数的比较;本期实际数或同行业标准之间的比较等。比较分析法既可比较绝对数,也可比较相对数。

2)比率分析法

比率分析法是通过对财务报表中的某一项目同与其相关的另一项目相比所计算的比值进行分析,以获取审计证据的一种技术方法。通过对两个性质不同,但又相关的指标所构成的比率进行分析,从中发现疑点,进一步查明原因。例如,将企业当年实现的净利润与销售额进行比较,即可计算出销售净利润率,可利用其分析企业的盈利能力,并判断其是否异常等。又如,利用资产负债率、流动比率、速动比率可以分析企业负债水平和偿债能力。

3)趋势分析法

趋势分析法是通过对连续若干期某一财务报表项目的变动金额及其百分比的计算,分析该项目的增减变动方向和幅度,以获取有关审计证据的一种技术方法。例如,审计人员审查近年销货情况时,发现被审查单位销货增长率维持在 10%左右。通过这项检查,可初步判定该单位本年度利润表中所列销售金额是否合理。

分析程序既可以用作风险评估程序和实质性程序，在审计结束或临近结束时也要对财务报表进行总体复核。

【例 3-3】 审计人员高明运用分析程序(结构百分比法)查找 XYZ 股份有限公司流动资产中可能存在的风险，见表 3-4。

表 3-4 XYZ 股份有限公司流动资产简表 金额单位:万元

项目 \ 年份	2018 年	2019 年
货币资金	80	78
应收账款	320	500
存货	1 100	900
流动资产合计	1 500	1 478

已知 XYZ 股份有限公司 2019 年经营稳定，业绩没有明显的增长。

请问：针对上述资料，审计人员高明如何运用分析程序进行分析，以评估 XYZ 股份有限公司流动资产各项目是否存在重大错报风险?

【答案】 审计人员高明运用分析程序(结构百分比法)查找 XYZ 股份有限公司流动资产中可能存在的风险，见表 3-5。

表 3-5 XYZ 股份有限公司流动资产分析表 金额单位:万元

项目 \ 年份	2018 年		2019 年		增长	
	金额	百分比/%	金额	百分比/%	金额	百分比/%
货币资金	80	5.33	78	5.28	−2	−0.05
应收账款	320	21.33	500	33.83	180	12.5
存货	1 100	73.34	900	60.89	−200	−12.45
流动资产合计	1 500	100	1 478	100	−22	—

审计人员高明作出如下分析：XYZ 股份有限公司 2019 年流动资产总额与 2018 年相比没有明显的变化。但是应收账款占流动资产的比重提高了 12.5%，存货占流动资产总额的比重降低了 12.45%。应收账款的大幅度增加说明企业可能放宽了信用政策，可能伴随更高的坏账风险。存货减少说明被审计单位可能存在跨期记账的问题，存在存货低估风险。

任务 3.3 审计工作底稿

3.3.1 审计工作底稿的含义与作用

1. 审计工作底稿的定义

审计工作底稿，是指注册会计师对制订的审计计划、实施的审计程序、获取的相关审计证据，以及得出的审计结论的记录。审计工作底稿是审计证据的载体，是注册会计师在审计过程中形成的审计工作记录和获取的资料。它形成于审计过程，也反映整个审计过程。

审计工作底稿通常不包括以下内容：

(1)已被取代的审计工作底稿的草稿或财务报表的草稿。

(2)反映不全面或只经初步思考的内容。

(3)存在印刷错误或者其他错误而作废的文本。

(4)重复的文件记录。

2. 审计工作底稿的作用

审计工作底稿是审计业务中普遍使用的专业工具。编制或取得审计工作底稿是审计人员最主要的审计工作。审计工作底稿的作用体现在以下几方面：

(1)审计工作底稿是连接整个审计工作的纽带，有利于组织协调审计工作。

(2)审计工作底稿是审计人员形成审计结论、发表审计意见的直接依据。

(3)审计工作底稿是解脱或减轻审计人员的审计责任、评价或考核审计人员专业能力与工作业绩的依据。

(4)审计工作底稿为审计质量控制与质量检查提供了可能。

(5)审计工作底稿对未来的审计业务具有参考备查价值。

3.3.2　审计工作底稿的种类

审计工作底稿可以以纸质、电子或者其他介质形式存在。在实务中，注册会计师可以将电子或其他介质形式存在的审计工作底稿通过打印等方式，转换成纸质形式的审计工作底稿，并与其他纸质形式的审计工作底稿一并归档，同时，保存这些以电子或其他介质形式存在的审计工作底稿。根据审计工作底稿的性质和作用，可将审计工作底稿分为以下三类。

1. 综合类

综合类审计工作底稿是指注册会计师在审计计划和审计报告阶段，为规划、控制和总结审计工作，并发表审计意见所形成的审计工作底稿。计划阶段的工作底稿主要包括审计业务约定书、审计计划、企业基本情况调查表和风险评估表等；结束阶段的工作底稿主要包括审计总结、试算平衡表、调查分录汇总表、管理当局声明书、管理建议书、审计报告和已审报表等。

2. 业务类

业务类审计工作底稿是指注册会计师在审计实施阶段执行具体审计程序所编制和取得的工作底稿。业务类工作底稿可以清楚地展示注册会计师收集审计证据的轨迹，主要包括各业务循环的控制测试表，各资产、负债、所有者权益类项目的实质性程序等。

3. 备查类

备查类工作底稿是指注册会计师在审计过程中形成的，对审计工作仅具有备查作用的审计工作底稿。备查类工作底稿一般具有长期效力，随被审计单位的变化而不断更新，通常包括企业营业执照、公司章程、组织结构、会议纪要、重要的经济合同、重要的法律性文件等。

3.3.3　审计工作底稿的编制

1. 审计工作底稿的编制要求

注册会计师编制的审计工作底稿，应当使得未曾接触该项审计工作的有经验的专业人士清楚地了解以下内容：

（1）按照审计准则的规定实施的审计程序的性质、时间和范围。

（2）实施审计程序的结果和获取的审计证据。

（3）审计中遇到的重大事项和得出的结论，以及在得出结论时做出的重大职业判断。

有经验的专业人士，是指对审计过程、相关法律法规和审计准则、被审计单位所处的经营环境、与被审计单位所处行业相关的会计和审计问题等都有合理了解的人士。

2. 审计工作底稿的构成要素

一般来说，一份完善的审计工作底稿应当包括以下基本要素：

（1）被审计单位名称。它是指财务报表的编报单位。若财务报表编制单位为某一集团的下属公司，则应同时写明下属公司名称。

（2）审计项目名称。它是指某一财务报表项目名称或某一审计程序及实施对象的名称，如库存现金盘点表、原材料抽查盘点表等。

（3）审计项目时点或期间。这是指某一资产负债表项目的报告时点或某一利润表项目的报告期间。

（4）审计过程记录。在审计工作底稿中要求详细记录审计程序实施的全过程。审计过程包括两方面内容：一是被审计单位的未审情况，包括被审计单位的内部控制情况、有关会计账项的未审计发生额及期末余额；二是审计过程的记录，包括审计人员实施的审计测试性质、测试项目、抽取的样本及检查的重要凭证、审计调整及重分类事项等。

（5）审计标识及说明。审计标识是审计人员为便于表达审计含义而采用的符号。为了便于他人理解，审计人员应在审计工作底稿中说明各种审计标识所代表的含义，或者采用审计标识说明表的形式统一说明。审计标识应前后一致。如，B 代表与上年结转数核对一致，T 代表与原始记录核对一致，G 代表与总分类账核对一致，S 代表与明细账核对一致，等等。表 3-6 中列示了部分注册会计师在审计工作底稿中常用的审计标识。

表 3-6 部分常用审计标识及含义

审计标识	含　义	审计标识	含　义
Λ	纵加核对	S	与明细账核对一致
<	横加核对	T/B	与试算平衡表核对一致
B	与上年结转数核对一致	C	已发函询证
T	与原始记录核对一致	C \	已收回询证函
G	与总分类账核对一致	√	盘点数量与被审计单位存货汇总表核对

（6）审计结论。审计结论是注册会计师总结所执行的相关审计程序后得出的结论，并进一步作为形成审计意见的基础。注册会计师记录审计结论时需要注意，在审计工作底稿中记录的审计程序和审计证据是否足以支持所得出并记录的审计结论。

（7）索引号及编号。通常，审计工作底稿需要注明索引号及顺序编号，以使相关审计工作底稿之间保持清晰的勾稽关系。相互引用时，需要在审计工作底稿中交叉注明索引编号。例如，固定资产汇总表的编号为 C1，按类别列示的固定资产明细表的编号为 C1-1，房屋建筑物的编号为 C1-1-1，机器设备的编号为 C1-1-2，运输工具的编号为 C1-1-3，其他设备的编号为 C1-1-4。相互引用时，需要在审计工作底稿中交叉注明索引号。

(8)编制者姓名及编制日期。每一张审计工作底稿上应当注明执行审计工作的人员姓名及其完成该项审计工作的日期。

(9)复核者姓名及复核日期。即复核人员必须在其复核过的审计工作底稿上签名和签署日期。

(10)其他应说明事项。即注册会计师根据其专业判断，认为应在审计工作底稿中予以记录的其他相关事项。

【例 3-4】举例说明审计工作底稿的基本要素(见表 3-7)。

表 3-7　抽查盘点存货的工作底稿

原材料抽查盘点表

客户：机电分公司　　　　页次：53　W/P 索引：C7-2

编制人：zz　日期：2020. 2. 20

B/S 日：2019 年 12 月 31 日　　　　复核人：lxb 日期：2020. 3. 10

盘点标签号码	存货表号码	存货		盘点结果		差异
		号码	内容	客户	注册会计师	
75	5	1～12	a	30√	80	50 kg
121	16	1～30	b	60√	60	
203	24	2～6	c	2 010√	2 010	
256	36	3～41	d	1 200√	1 400	200 kg
374	41	7～24	e	89√	89	

以上差异已由客户纠正，纠正差异后使被审计单位存货账户增加 500 元，抽查盘点的存货总价值为 50 000 元，占全部存货价值的 20%。经追查至存货汇总表没有发现其他例外。我们认为错误并不重要。

√——已追查至被审计单位存货汇总表(C9-4)，并已纠正所有差异。

3.3.4　审计工作底稿的复核

1. 审计工作底稿复核制度

一份审计工作底稿往往由一名专业人员独立完成，编制者对有关资料的引用，对有关事项的判断、对会计数据的加计验算等都可能出现误差，因此，在审计工作底稿编制完成后，审计工作底稿复核就显得很有必要。审计工作底稿复核制度就是审计组织对有关复核人的级别、复核程序与要点、复核人的职责等所做出的明文规定。

审计工作底稿复核的作用主要表现在以下三个方面：

(1)减少或者消除人为的审计误差，以降低审计风险，提高审计质量。

(2)及时发现和解决问题，保证审计计划顺利执行，并不断地协调审计进度，节约审计时间、提高审计效率。

(3)便于上级管理人员对审计人员进行审计质量监控和工作业绩考评。

2. 审计工作底稿的复核制度的应用

1)项目组成员实施的组内复核

项目组成员实施的组内复核并非全部由项目负责人执行，项目负责人可以委派项目组内经验较多的人员复核经验较少人员的工作。但是，项目负责人应对复核负责。

复核人员在复核已实施的审计工作时，复核的内容包括：

(1)审计工作是否按照法律法规、职业道德和审计准则规定执行。

(2)重大事项是否提请进一步考虑。

(3)相关事项是否进行适当咨询。

(4)是否需要修改已执行审计工作的性质、时间和范围。

(5)已执行的审计工作是否支持形成的结论，并已得到适当的记录。

(6)获取的审计证据是否充分、适当。

(7)审计程序的目标是否实现。

项目负责人也应对审计过程的适当阶段及时实施复核，以使重大事项在出具审计报告前得到满意解决。项目负责人复核的内容包括对关键领域所做出的判断，尤其是执行业务过程中识别出的疑难问题或争议事项、特别风险以及项目负责人认为重要的领域。

2)独立的项目质量控制复核

中国注册会计师审计准则规定，注册会计师在出具审计报告前，会计师事务所应当指定专门的机构或人员(一般是不参与该业务的有经验的主任会计师或合伙人)对审计项目组执行的审计实施项目质量控制复核，其复核内容主要包括对项目组对财务报表重要项目认定的审计判断是否恰当、重要审计工作底稿是否完整齐备、在准备审计报告时得出的结论等重大问题进行复核。

独立的项目质量控制复核是对审计工作结果实施的最后的质量控制，进一步确认了审计工作是否达到了会计师事务所的工作标准，也消除了妨碍注册会计师正确判断的偏见，做出符合事实的审计结论。这级复核既是对项目组内复核的再监督，也是对整个审计工作的计划、进度和质量的重点把握。

需要注意的是，项目质量控制复核并不减轻项目负责人的责任，更不能替代项目负责人的责任。

3.3.5 审计工作底稿的归档

1. 审计档案的分类

审计工作底稿经过分类整理、汇集归档后，就形成了审计档案。审计档案是会计师事务所审计工作的重要历史资料，应妥善保管。应当注意的是，在审计报告日后将审计工作底稿归整为最终审计档案是一项事务性的工作，不涉及实施新的审计程序或得出新的结论。审计档案按照使用期限的长短和作用的大小可分为永久性档案和当期档案两类。

1)永久性档案

永久性档案是指那些记录内容相对稳定，具有长期使用价值，并对以后审计工作具有重要影响和直接作用的审计档案。具体而言包括：审计业务约定书原件、各期审计档案清单、被审计单位的组织结构、有关设立、经营的文件的复印件等。

若永久性档案中的某些内容已发生变化，注册会计师应当及时予以更新。为保持资料的完整性以便满足日后查阅历史资料的需要，永久性档案中被替换下的资料一般也需保留。例如，被审计单位因增加注册资本而变更了营业执照等法律文件，被替换的旧营业执照等文件。可以汇总在一起，与其他有效的资料分开，作为单独部分归整在永久性档案中。

2)当期档案

当期档案是指那些记录内容经常变化,只供当期审计使用和下期审计参考的审计档案。具体而言包括:审计报告和经审计的财务报表、重大事项概要、总体审计策略和具体审计计划、有关控制测试工作底稿、有关实质性测试工作底稿等。

2. 审计档案的所有权

审计档案的所有权属于会计师事务所。未经会计师事务所批准,不得随意借阅、取出或处理。

3. 审计工作底稿的归档期限和保存年限

1)审计工作底稿的归档期限

审计工作底稿的归档期限为审计报告日后的60天内。如果注册会计师未能完成审计业务,审计工作底稿的归档期限为审计业务中止后的60天内。

2)审计工作底稿归档后的变动

(1)变动的情形。一般情况下,在审计报告归档之后不需要对审计工作底稿进行修改或增加,注册会计师发现有必要修改现有审计工作底稿或增加新的审计工作底稿的情形主要有以下两种:

①注册会计师已实施了必要的审计程序,取得了充分、适当的审计证据并得出了恰当的审计结论,但审计工作底稿的记录不够充分。

②审计报告日后,发现例外情况要求实施新的或追加审计程序,或导致注册会计师得出新的结论。

(2)变动的记录要求。在完成最终审计档案的归整工作后,如果发现有必要修改现有审计工作底稿或增加新的审计工作底稿,无论修改或增加的性质如何,注册会计师均应当记录下列事项:

①修改或增加审计工作底稿的具体理由。

②修改或增加审计工作底稿的时间和人员,以及复核的时间和人员。

3)审计工作底稿的保存年限

会计师事务所应当自审计报告日起,对审计工作底稿至少保存10年。如果注册会计师未能完成审计业务,会计师事务所应当自审计业务中止日起,对审计工作底稿至少保存10年。

对于保管期限届满的审计档案,会计师事务所可以决定将其销毁。销毁时,应当按照规定履行必要的手续。对将要销毁的审计档案作最后一次检查,然后报主任会计师批准。销毁时,有关人员应进行现场监督和检查,以保证被销毁的审计档案彻底销毁干净。

【例3-5】ABC会计师事务所的A注册会计师负责对甲公司2019年度财务报表进行审计。2020年2月10日,A注册会计师完成审计业务。审计工作底稿大部分是以电子形式存在,归档前将电子形式的工作底稿打印成纸质,同时为了保密,将电子工作底稿销毁;于2020年4月13日归整为最终审计档案。由于ABC会计师事务所工作底稿过多无处存放,所以将2014年以前的审计工作底稿销毁。

要求:根据审计工作底稿准则和会计师事务所质量控制准则,请指出关于审计工作底稿的性质、归档及保存过程中是否存在不当之处,同时说明理由。

【答案】

(1)审计工作底底稿的存在形式存在不当之处。

理由:注册会计师将以电子或其他介质形式存在的审计工作底稿通过打印等方式,转换成纸质形式的审计工作底稿,并与其他纸质形式的审计工作底稿一并归档,同时,应单独保存这些以电子或其他介质形式存在的审计工作底稿,而不是直接销毁。

(2)审计工作底稿归档期限存在不当之处。

理由:审计工作底稿归档期限应为审计报告日后60天内,ABC会计师事务所应当在2020年4月11日前归档审计工作底稿。

(3)ABC会计事务所销毁甲公司审计工作底稿存在不当之处。

理由:会计师事务所应当自审计报告日起,对审计工作底稿至少保存10年,注册会计师不得在规定的保存期届满前删除或废弃审计工作底稿。

案 例 讨 论

审计工作底稿与商业机密

一个业绩蒸蒸日上的ABC上市公司,逐步确立以房地产和股权投资为主导的投资方向,先后在北京、上海、大连、青岛等重点城市进行房地产投资;同时,该公司还投资参股了十多家企业,投资总额高达5 000万元以上。为了获得更为理想的投资回报和战略效果,该公司用了近2 500万元通过二级市场购买了上海的某家上市公司的5%的股份。按照我国证监会关于上市公司的期中财务报表须经注册会计师审计的规定,ABC上市公司委托会计师事务所对当年的期中财务报表进行审计。约定条件之一就是:为避免公司遭受损失,要求注册会计师在了解被审计单位有关的投资计划和投资实施阶段的情况后,能够保守商业机密,尤其不能在审计工作底稿中进行记录。这为审计的注册会计师提出一个很大的难题:如果不在审计工作底稿中详细记录被审计单位的投资项目和投资过程,就无法形成与发表审计意见有关的审计证据,也不符合审计工作底稿的编写要求。如果在审计工作底稿中详细说明,又会违背已经做出的承诺。在这艰难的抉择和痛苦的思索中,注册会计师冥思苦想……

要求:

(1)如果你是这名负责审计的注册会计师,在审计过程中应该怎么做?

(2)试述上市公司关于商业机密的要求是否合理?

技 能 训 练

一、单项选择题

1. 下列关于审计证据的表述,错误的是(　　)。

A. 审计证据并非越多越好

B. 审计证据的质量越高,注册会计师所需获取的审计证据的数量就可适当减少

C. 审计证据的数量越多,注册会计师所需获取的审计证据的质量就可适当降低

D. 注册会计师不应以获取审计证据的困难和成本为由,减少不可替代的审计程序

2. 审计工作底稿的所有权属于(　　)。

A. 被审计单位财务部门　　B. 被审计单位董事会

C. 执行该项目的会计师事务所　　D. 负责该项目的项目经理

3. 审计证据的相关性是指审计证据应与(　　)相关。

A. 审计目标　　B. 审计范围　　C. 审计事实　　D. 会计报表

4. 下列证据中,既属于书面证据,又属于内部证据的是(　　)。

A. 存货盘点表　　B. 材料入库单

C. 应收账款的回函　　D. 审计人员编制的账龄分析表

5. 审计风险与审计证据的数量关系是(　　)。

A. 审计人员对重大错报风险估计的水平越高,所需证据数量越多

B. 审计人员对重大错报风险估计的水平越高,所需证据数量越少

C. 审计人员对检查风险估计的水平越高,所需证据数量越多

D. 以上都不对

6. 审计工作底稿的归档期限为(　　)。

A. 审计报告日后的 60 天内　　B. 审计报告日后的 30 天内

C. 审计业务中止后的 30 天内　　D. 会计报表日后的 60 天

7. 在下列获取的审计证据中,可靠性最强的通常是(　　)。

A. 被审计单位管理层提供的声明书　　B. 被审计单位提供的银行对账单

C. 被审计单位连续编号的采购订单　　D. 被审计单位编制的成本分配计算表

8. 下列与审计证据相关的表述中,正确的是(　　)。

A. 会计记录中含有的信息本身不足以提供充分的审计证据作为对财务报表发表审计意见的基础,注册会计师还应获取用作审计证据的其他信息

B. 如果审计证据数据足够,就可以弥补审计证据的质量缺陷

C. 审计工作通常不涉及鉴定文件的真伪,对用作审计证据的文件记录,只需考虑相关内部控制的有效性

D. 不应考虑获取审计证据的成本与获取信息的有用性之间的关系

9. 下列关于审计证据充分性的说法中,错误的是(　　)。

A. 审计证据的充分性是对审计证据数量的衡量,主要与确定的样本量有关

B. 获取更多的审计证据可以弥补审计证据质量上的缺陷

C. 注册会计师需获取审计证据的数量受其对重大错报风险评估的影响

D. 需要获取的审计证据的数量受审计证据质量的影响

10. 下列不属于分析程序的是(　　)。

A. 计算本期重要产品的毛利率,与上期比较,检查是否存在异常,各期之间是否存在重大波动

B. 分析存货和营业成本等项目的增减变动,判断应付账款增减变动的合理性

C. 分析统计抽样得出的样本误差,推断总体误差

D. 计算本期计提折旧额与固定资产原值的比率,并与上期比较

二、多项选择题

1. 下列各项属于永久性档案的是(　　)。

A. 被审计单位背景资料　　B. 审计完成阶段的工作底稿

C. 法律事项资料　　D. 审计计划阶段的工作底稿

2. A 注册会计师负责审计甲公司 2019 年度财务报表。在归整或保存审计工作底稿时,下列表述中正确的有(　　)。

A. 如果未能完成审计业务,审计工作底稿的归档期限为审计业务中止日后的 60 天内

B. 在审计报告日后将审计工作底稿归整为最终审计工作档案是审计工作的组成部分,可能涉及实施新的审计程序或得出新的审计结论

C. 在完成最终审计档案的归整工作后,不得修改现有审计工作底稿或增加新的审计工作底稿

D. 如果 A 注册会计师未能完成审计业务,会计师事务所应当自审计业务中止日起,对审计工作底稿至少保存 10 年

3. 审计工作底稿的保存年限是(　　)。

A. 自审计报告日起至少保存 10 年　　B. 自审计业务中止日起至少保存 10 年

C. 自审计报告日起至少保存 20 年　　D. 自审计业务中止日起至少保存 20 年

4. 下列有关注册会计师在审计报告日后对审计工作底稿作出变动的做法中,正确的有(　　)。

A. 在归档期间记录在审计报告日前获取的、与项目组相关成员进行讨论并达成一致意见的审计证据

B. 在归档期间删除或废弃被取代的审计工作底稿

C. 以归档期间收到的询证函回函替换审计报告日前已实施的替代程序审计工作底稿

D. 在归档后由于实施追加的审计程序而修改审计工作底稿,并记录修改的理由、时间和人员,以及复核的时间和人员

5. 下列各项对审计证据充分性和适当性之间的关系表述正确的有(　　)。

A. 审计证据的相关性越强,所需审计证据的数量可以减少

B. 审计证据的充分性较高,就可以相对降低审计证据的质量

C. 通常审计证据的可靠程度较低时,就需要更多的审计证据

D. 审计证据的质量越高,可以适当减少审计证据的数量

三、判断题

1. 为了保证审计证据的充分性,审计人员应收集尽可能多的审计证据。(　　)

2. 某项存货,审计人员只要亲临现场监盘过,就可以认为该项存货是归属于被单位审计的存货。(　　)

3. 审计人员为证明某一事项而自己动手编制的分析表属于内部证据。(　　)

4. 审计人员在审计过程中收集的所有资料,均应列示在审计工作底稿中。(　　)

5. 注册会计师获取审计证据时,不论是重要的审计项目,还是一般的审计项目,均应考虑成本效益原则。(　　)

四、简答题

1.请简述审计证据的充分性、适当性之间的关系。

2.请简述审计工作底稿的三级复核制度。

五、实训题

1.审计人员在对某客户审计过程中，收集到下列五组证据：

(1)销货发票副本与购货发票。

(2)审计助理人员盘点存货的记录与客户自编存货盘点表记录。

(3)审计人员收回的应收账款函证回函与询问客户应收账款负责人的记录。

(4)被审计单位管理层声明书与律师声明书。

(5)销货发票副本与产品出库单。

要求：请分别说明每组证据中的哪组审计证据更可靠。原因是什么？

2.注册会计师丁颖是XYZ股份有限公司2019年度财务报表审计业务项目负责人。在实施审计工作过程中，丁颖和项目组成员需要编制、复核、利用审计工作底稿。相关情况如下：

(1)项目负责人要求每个项目组成员编制的工作底稿至少可以使本项目组成员在复核时能清楚地了解所实施的程序、获取的证据和形成的结论等信息。

(2)为展现审计工作的思路和进程，项目组成员甲在工作底稿中记录对相关问题的初步思考和最终结论。

(3)归整工作底稿时，项目组的助理人员乙有选择地复印并保留了由其他注册会计师编制的部分工作底稿作为参考资料，以提高自己的业务能力。

(4)因条件所限，档案管理员丙只保管纸质工作底稿。项目合伙人要求项目组成员将审计过程中形成的电子工作底稿转换成纸质工作底稿后交给档案管理员。

要求：假定不存在其他情况，请分别针对上述每种情况，指出项目负责人及项目组成员的做法是否存在不当之处，并简要说明理由。

项目4 初步业务活动与审计目标

学习目标

通过本章的学习，熟悉审计工作的过程和各个过程的具体工作；了解初步业务活动的目的和范围，能确定是否接受审计业务的委托；掌握审计的总目标和具体目标，理解被审单位管理当局认定的内容。

学习重点

审计的总目标和具体目标、管理当局认定。

任务4.1 审计过程

风险导向审计模式要求注册会计师在审计过程中，以重大错报风险的识别、评估和应对作为工作主线。相应地，审计过程大致可分为以下几个阶段，注册会计师通过完成各阶段工作以实现审计目标。

1. 初步业务活动

在接受委托前，会计师事所会要求客户提供一点初步资料，用来了解审计业务环境，考虑委托单位的主要管理人员是否正直、诚实，初步判断审计工作的难度和风险以及工作量大小。只有符合专业胜任能力、独立性和应有的关注等职业道德要求，并且拟承接的业务具备鉴证业务基本准则所规定的条件时，才能接受或保持客户关系和具体审计业务。因此，接受业务委托阶段的主要工作内容包括：了解和评价审计对象的可审性，决策是否考虑接受委托，商定业务约定条款，签订审计业务约定书。

2. 计划审计工作

计划审计工作是从接受委托到编制出审计计划为止的过程，主要完成审计开始阶段的各项规划与准备工作。计划审计工作不是审计业务的一个孤立阶段，而是一个持续的、不断修正的过程，贯穿于整个审计过程。这个过程十分重要，计划不周不仅会导致盲目实施审计程序，无法获取充分、适当的审计证据以将审计风险降至可接受的低水平，影响审计目标的实现，而且还会浪费有限的审计资源，增加不必要的审计成本，影响审计工作的效率。一般来说，其内容主要包括制定总体审计策略和制定具体审计计划等。

3. 实施风险评估程序

风险评估程序是指注册会计师为了解被审计单位及其环境，以识别和评估重大错报风险而实施的审计的程序。审计准则规定，注册会计师必须实施风险评估程序，以此作为评估财务报表层次和认定层次重大错报风险的基础。因此，风险评估程序是必要程序，它为注册会计师的职业判断提供了重要基础。

在财务报表审计中，了解被审计单位及其环境也是一个连续和动态地收集、更新与分析信息的过程，并贯穿于整个审计过程的始终。注册会计师通过此程序为进一步设计和实施审计程序，为判断审计证据的充分性和适当性提供重要依据。

4. 应对重大错报风险

注册会计师在评估财务报表重大错报风险后，应当运用职业判断，针对评估的财务报表层次重大错报风险确定总体应对措施，并针对评估的认定层次重大错报风险设计和实施进一步审计程序，以将审计风险降至可接受的低水平。进一步审计程序，包括实施控制测试(必要时或决定测试时)和实质性程序。

5. 完成审计工作和编制审计报告

终结审计和出具审计报告是整个审计过程的终点。注册会计师在完成财务报表所有循环的进一步审计程序后，还应当按照有关审计准则的规定做好审计完成阶段的工作，并根据所获取的各种证据，合理运用专业判断，形成适当的审计意见。审计报告编写完成后交会计师事务所的负责人审批后签发。

任务 4.2　初步业务活动

4.2.1　初步业务活动的目的

从会计师事务所与客户接触起，审计活动就开始了，我们称之为初步的业务活动。注册会计师在计划审计工作前开展初步业务活动，主要为了实现以下三个主要目的：

(1)确保注册会计师已具备执行业务所需要的独立性和专业胜任能力。

(2)确定不存在管理层诚信问题而影响注册会计师保持该项业务意愿的情况。

(3)确保与被审计单位不存在对业务约定条款的误解。

4.2.2　初步业务活动的内容

1. 针对保持客户关系和具体审计业务实施相应的质量控制程序

针对保持客户关系和具体审计业务实施相应的质量控制程序，并且根据实施相应程序的结果做出适当的决策是注册会计师控制审计风险的重要环节。《中国注册会计师审计准则第 1121 号——历史财务信息审计的质量控制》及《会计师事务所质量控制准则第 5101 号——业务质量控制》含有与客户关系和具体业务的接受与保持相关的要求，注册会计师应当按照其规定开展初步业务活动。

2. 评价遵守职业道德规范的情况

由于审计过程中情况会发生变化，注册会计师针对保持客户关系和具体审计业务实施相应的质量控制程序及评价遵守职业道德规范的情况的考虑应当贯穿审计业务的全过程。但是,这两项初始业务活动需要安排在其他重要审计工作之前,以确保注册会计师已具备执行业务所需要的独立性和专业胜任能力,且不存在因管理层诚信问题而影响注册会计师保持该项业务意愿等情况。

3. 及时签订或修改审计业务约定书

在做出接受或保持客户关系及具体审计业务的决策后,注册会计师与被审计单位就审计业务约定条款达成一致,签订或修改审计业务约定书,以避免双方对审计业务的理解产生分歧。

审计业务承接的实务流程如下:

(1)与客户洽谈,获取客户相关信息资料。

(2)初步了解和评价客户:诚信、声誉与形象、会计实务、财务状况。

(3)评价注册会计师的职业道德和专业胜任能力。

(4)评估利用其他注册会计师或专家的工作。

(5)初步评估舞弊。

(6)创建业务与签订业务约定书。

(7)满足并超越客户期望。

(8)召开审计小组会议。

注册会计师初步了解和评价目标客户的资料来源主要有三部分:一是通过巡视客户的经营场所、检查客户文件资料、与客户的管理层和员工进行讨论等获取来自客户的信息;二是利用搜索客户、行业和政府的网站、媒体,以及政府数据库等获取公共信息,有必要也可以约见客户的开户银行、律师、证券经纪人等获取客户详细信息;三是利用会计师事务所的经验,如对于老客户,注册会计师应当复核其以前年度的工作底稿,对于新客户,后任注册会计师应当向前任注册会计师咨询(应取得未来客户的同意),对新客户的基本情况进行初步审查。

在实务中,通常通过编制初步业务活动程序表(见表 4-1)来完成审计业务承接工作。

表 4-1 初步业务活动程序表

被审计单位:__________ 项目:初步业务活动 编制:__________ 日期:__________	索引号: 财务报表截止日/期间:__________ 复核:__________ 日期:__________	
初步业务活动程序	索引号	执行人
1. 如果首次接受审计委托,实施下列程序: (1)与被审计单位面谈,讨论下列事项: ①审计的目标; ②审计报告的用途; ③管理层对财务报表的责任; ④审计范围; ⑤执行审计工作的安排,包括出具审计报告的时间要求;	DH	

续上表

初步业务活动程序	索引号	执行人
⑥审计报告格式和对审计结果的其他沟通形式； ⑦管理层提供必要的工作条件和协助； ⑧注册会计师不受限制地接触任何与审计有关的记录、文件和所需要的其他信息； ⑨利用被审计单位专家或内部审计人员的程度(必要时)； ⑩审计收费。 (2)初步了解被审计单位及其环境，并予以记录。 (3)征得被审计单位书面同意后，与前任注册会计师沟通	DH	
2. 如果是连续审计，实施下列程序： (1)了解审计的目标，审计报告的用途，审计范围和时间安排等； (2)查阅以前年度审计工作底稿，重点关注非标准审计报告涉及的说明事项，管理建议书的具体内容，重大事项概要等； (3)初步了解被审计单位及其环境发生的重大变化，并予以记录； (4)考虑是否需要修改业务约定条款，以及是否需要提醒被审计单位注意现有的业务约定条款	略	
3. 评价是否具备执行该项审计业务所需要的独立性和专业胜任能力		
4. 完成业务承接评价表或业务保持评价表	AA/AB	
5. 签订审计业务约定书(适用于首次接受业务委托，以及连续审计中修改审计业务约定书条款的情况)	AC	

4.2.3 审计的前提条件

审计的前提条件，是指管理层在编制财务报表时采用可接受的财务报告编制基础，以及管理层对注册会计师执行审计工作的前提的认同。审计的前提条件对审计人员作出正确的审计结论以及分清注册会计师与管理层的责任具有重要意义。

1. 确定财务报告编制基础的可接受性

承接鉴证业务的前提条件之一是《中国注册会计师鉴证业务基本准则》中提及的标准适当，且能够为预期使用者获取。适当的标准使注册会计师能够运用职业判断对鉴证对象作出合理一致的评价或计量。就审计准则而言，适用的财务报告编制基础为注册会计师提供了用以审计财务报表的标准。如果不存在可接受的财务报告编制基础，管理层就不具有编制财务报表的恰当基础，注册会计师也不具有对财务报表进行审计的适当标准。

在确定财务报告编制基础的可接受性时，注册会计师需要考虑下列相关因素：

(1)被审计单位的性质(例如，是商业企业、公共部门实体还是非营利组织)。

(2)财务报表的目的(例如，用于满足使用者共同的财务信息需求，还是特定使用者的财务信息需求)。

(3)财务报表的性质(例如，财务报表是整套财务报表还是单一财务报表)。

(4)法律法规是否规定了适用的财务报告编制基础。

2. 就管理层的责任达成一致意见

管理层和治理层认可与财务报表相关的责任，是注册会计师执行审计工作的前提，构成注册会计师按照审计准则的规定执行审计工作的基础。独立审计的理念要求注册会计师不对财务报表的编制或被审计单位的相关内部控制承担责任，并要求注册会计师合理预期能够获取审计所需要的信息。

因此，管理层认可并理解其责任这一前提对执行独立审计工作是至关重要的。管理层和治理层认可并理解其应当承担的下列责任：

(1)按照适用的财务报告编制基础编制财务报表，并使其实现公允反映。

(2)设计、执行和维护必要的内部控制，以使财务报表不存在由于舞弊或错误导致的重大错报。

(3)向注册会计师提供必要的工作条件，包括允许注册会计师接触与编制财务报表相关的所有信息，向注册会计师提供审计所需的其他信息，允许注册会计师在获取审计证据时不受限制地接触其认为必要的内部人员和其他相关人员。

3. 确认的方式

按照审计准则的规定，注册会计师应当要求管理层就其已履行的某些责任提供书面声明。因此，注册会计师需要获取针对管理层责任的书面声明，其他审计准则要求的书面声明，以及在必要时需要获取用于支持其他审计证据的书面声明，注册会计师需要使管理层意识到这一点。

如果管理层不认可其责任，或不同意提供书面声明，注册会计师不能获取充分适当的审计证据，承接此类审计业务是不恰当的，除非法律法规另有规定。如果法律法规要求承接此类审计业务，注册会计师可能需要向管理层解释这种情况的重要性及其对审计报告的影响。

4.2.4 初步了解和评价客户

会计师事务所在同意承接审计业务之前，需要对客户进行充分了解，其主要目的是避免因接受该客户的委托而使事务所遭受损失。注册会计师需要评价客户的因素包括：

(1)诚信：公司管理层的诚信是否足以让事务所有理由相信管理层不会有意进行重大欺诈或做出违法行为。

(2)声誉和形象：公司的声誉是否良好，事务所接受其作为客户是否会招致损失或麻烦。

(3)会计实务：公司是否积极遵守会计准则，其财务报表能否全面、公允地反映公司的财务状况以及经营业绩。

(4)财务状况：公司是否存在极糟的业绩或其他负面因素导致其近期内面临停业的危险。

(5)盈利情况：接受并完成这项审计业务约定能否给事务所带来合理的利润。

注册会计师初步了解和评价目标客户的资料来源主要有三部分：一是通过巡视客户的经营场所、检查客户文件资料、与客户的管理层和员工进行讨论等获取来自客户的信息；二是利用搜索客户、行业和政府的网站、媒体，以及政府数据库等获取公共信息，有必要也可以约见客户的开户银行、律师、证券经纪人等获取客户详细信息；三是利用会计师事务所的经验，如对于老客户，注册会计师应当复核其以前年度的工作底稿；对于新客户，后任注册会计师应当向前任注册会计师咨询(应取得新客户的同意),对新客户的基本情况进行初步审查。

4.2.5　评价注册会计师的职业道德和专业胜任能力

1. 评价专业胜任能力

会计师事务所在承接或保持审计业务时,必须按照质量控制准则和职业道德基本原则的规定,衡量和评价本事务所有无专业胜任能力,包括:

(1)会计师事务所人员是否熟悉相关行业或业务对象。

(2)会计师事务所人员是否具有执行类似业务的经验,或是否具有有效地获取必要的知识和技能的能力。

(3)会计师事务所是否拥有足够的具有必要素质和专业胜任能力的人员。

(4)在需要时,是否能够得到专家的帮助。

(5)如果需要项目质量控制复核,是否具备符合标准和资格要求的项目质量控制复核人员。

(6)会计师事务所是否能够在提交报告的最后期限内完成任务。

2. 评价独立性

独立性原则是注册会计师审计必须遵循的职业道德基本原则之一,注册会计师在执行审计或其他鉴证业务时,应当在实质上和形式上独立于外部组织和所服务的对象,能够提供无偏见的结论。

注册会计师通过独立性问卷形式(见表 4-2),将影响会计师事务所和注册会计师独立性的因素一一列出,给予充分调查和考虑,并且根据注册会计师审计职业道德的规范要求,做出是否影响独立性的结论。

表 4-2　独立性评价表

被审计单位:______		索引号:B04		页次:______
项目:独立性评价表		编制人:______		日期:______
财务报表截止日/期间:______		复核人:______		日期:______
项目		标准	结果	对独立性的威胁及其相关预防措施的内容
本所或项目组成员是否存在经济利益对独立性的损害	是否与客户存在专业服务收费以外的直接经济利益或重大的间接经济利益?	是/否		
	事务所或项目合伙人是否过分依赖向客户收取的全部费用?	是/否		
	事务所与客户是否存在密切的经营关系?	是/否		
	事务所或项目合伙人是否过分担心可能失去业务?	是/否		
	是否可能与客户发生雇佣关系?	是/否		

续上表

项目		标准	结果	对独立性的威胁及其相关预防措施的内容
本所或项目组成员是否存在经济利益对独立性的损害	事务所是否存在与该项审计业务有关的或有收费?	是/否		
	事务所与客户之间是否实际存在或可能发生诉讼?	是/否		
	客户是否欠拖欠事务所大量应付而尚未支付的费用?	是/否		
	……	是/否		
本所或项目组成员是否存在自我评价对独立性的损害	项目组成员是否曾是客户的董事、经理、其他关键管理人员或能够对本业务产生直接重大影响的员工?	是/否		
	是否为客户提供直接影响财务报表的其他服务?	是/否		
	是否为客户编制用于生成财务报表的原始资料或其他记录?	是/否		
	事务所是否察觉任何可损及事务所独立性的情况?	是/否		
	……	是/否		
本所或项目组成员是否存在关联关系对独立性的损害	与项目组成员关系密切的家庭成员是否为客户的董事、经理、其他关键管理人员或能够对本业务产生直接重大影响的员工?	是/否		
	客户的董事、经理、其他关键管理人员或能够对本业务产生直接重大影响的员工是否为本所的前高级管理人员?	是/否		
	本所的高级管理人员或签字注册会计师是否与客户长期交往?	是/否		
	是否接受客户或其董事、经理、其他关键管理人员或能够对本业务产生直接重大影响的员工的贵重礼品或超出社会礼仪的款待?	是/否		
	公开发行、上市公司的签字会计师是否遵循定期(5 年)轮替的要求?	是/否		
	……	是/否		
本所或项目组成员是否存在外界压力对独立性的损害	在重大会计、审计等问题上是否与客户存在意见分歧而受到解聘威胁?	是/否		
	是否受到有关单位或个人不恰当的干预?	是/否		

续上表

<table>
<tr><th colspan="2">项目</th><th>标准</th><th>结果</th><th>对独立性的威胁及其相关预防措施的内容</th></tr>
<tr><td rowspan="2">本所或项目组成员是否存在外界压力对独立性的损害</td><td>是否受到客户降低收费的压力而不恰当地缩小工作范围?</td><td>是/否</td><td></td><td></td></tr>
<tr><td>……</td><td>是/否</td><td></td><td></td></tr>
<tr><td colspan="2">独立性评价</td><td>具备独立性/不具备独立性</td><td></td><td></td></tr>
<tr><td colspan="2"></td><td></td><td></td><td></td></tr>
<tr><td colspan="5">项目承揽合伙人：
签名：________　日期：________</td></tr>
<tr><td colspan="5">风险管理负责人(必要时)：
签名：________　日期：________</td></tr>
</table>

4.2.6　签订审计业务约定书

1. 审计业务约定书的概念

在我国审计监督体系中，在审计计划阶段，政府审计和内部审计是向被审计单位下达审计通知书，注册会计师审计是在确定接受委托后与被审计单位签订审计业务约定书。

审计业务约定书是指会计师事务所与被审计单位签订的，用以记录和确认审计业务的委托与受托关系、审计目标和范围、双方的责任以及报告的格式等事项的书面协议。

2. 审计业务约定书的作用

签署审计业务约定书的目的是明确约定双方的责任与义务，有利于促使双方遵守约定事项并加强合作。它具有经济合同的性质，一经双方签字确认，即成为法律上生效的契约，对各方均具有法定约束力。其作用可以归纳为：

(1)审计业务约定书可以增进会计师事务所与被审计单位之间的了解，尤其是被审计单位了解他们本身的会计责任及需要提供的合作和注册会计师的审计责任。

(2)审计业务约定书可作为被审计单位评价审计业务完成情况及会计师事务所检查被审计单位约定义务履行情况的依据。

(3)如果出现法律诉讼，审计业务约定书是确定签约各方应负责任的重要证据。

3. 审计业务约定书的基本内容

审计业务约定书的具体内容和格式可能因被审计单位的不同而不同，但应当包括以下主要内容：

(1)财务报表审计的目标与范围。

(2)注册会计师的责任。

(3)管理层的责任。

(4)指出用于编制财务报表所适用的财务报告编制基础。

(5)提及注册会计师拟出具的审计报告的预期形式和内容,以及对在特定情况下出具的审计报告可能不同于预期形式和内容的说明。

4. 审计业务约定书的特殊考虑

1)考虑特定需要

如果情况特殊,注册会计师还应当考虑在审计业务书中列明下列内容:

(1)详细说明审计工作的范围,包括提及适用的法律法规、审计准则,以及注册会计师协会发布的职业道德守则和其他公告。

(2)对审计业务结果的其他沟通形式。

(3)说明由于审计和内部控制的固有限制,即使审计工作按照审计准则的规定得到恰当的计划和执行,仍不可避免地存在某些重大错报未被发现的风险。

(4)计划和执行审计工作的安排,包括审计项目组的构成。

(5)管理层确认将提供书面声明。

(6)管理层同意向注册会计师及时提供财务报表草稿和其他所有附带信息,以使注册会计师能够按照预定的时间表完成审计工作。

(7)管理层同意告知注册会计师在审计报告日至财务报表报出日之间注意到的可能影响财务报表的事实。

(8)收费的计算基础和收费安排。

(9)管理层确认收到审计业务约定书并同意其中的条款。

(10)在某些方面对利用其他注册会计师和专家工作的安排。

(11)对审计涉及的内部审计人员和被审计单位其他员工工作的安排。

(12)在首次审计的情况下,与前任注册会计师(如存在)沟通的安排。

(13)说明对注册会计师责任可能存在的限制。

(14)注册会计师与被审计单位之间需要达成进一步协议的事项。

(15)向其他机构或人员提供审计工作底稿的义务。

2)审计业务约定条款的变更

在完成审计业务前,如果被审计单位要求注册会计师将审计业务变更为保证程度较低的鉴证业务或相关服务,注册会计师应当考虑变更业务的适当性。下列原因可能导致被审计单位要求变更业务:

(1)环境变化对审计服务的需求产生影响。

(2)对原来要求的审计业务的性质存在误解。

(3)无论是管理层施加的还是其他情况引起的审计范围受到限制。

上述第(1)和第(2)项通常被认为是变更业务的合理理由,但如果有迹象表明该变更要求与错误的、不完整的或者不能令人满意的信息有关,注册会计师不应认为该变更是合理的。

如果没有合理的理由,注册会计师不应同意变更业务。如果不同意变更业务,被审计单位又不允许继续执行原审计业务,注册会计师应当解除业务约定,并考虑是否有义务向被审计单位董事会或股东会等方面说明解除业务约定的理由。

5. 审计业务约定书范例

审计业务约定书

编号：________

甲方：ABC 有限公司

乙方：XYZ 会计师事务所

兹由甲方委托乙方进行 202×年度财务报表及高新技术产品情况表进行审计，经双方协商，达成如下约定：

一、业务范围与审计目标

1. 乙方接受甲方委托，对甲方按照企业会计准则和《××企业会计制度》编制的 202×年 12 月 31 日的资产负债表，202×年度的利润表和现金流量表以及财务报表附注(以下统称财务报表)进行审计，以及对 202×年度企业自产高新技术产品销售及研究开发经费情况表进行审计。

2. 乙方通过执行审计工作，对财务报表的下列方面发表审计意见：①财务报表是否按照企业会计准则和《××企业会计制度》的规定编制；②财务报表是否在所有重大方面公允反映甲方的财务状况、经营成果和现金流量。

二、甲方的责任与义务

(一)甲方的责任

1. 根据《中华人民共和国会计法》及《企业财务会计报告条例》，甲方及甲方负责人有责任保证会计资料的真实性和完整性。因此，甲方管理层有责任妥善保存和提供会计记录(包括但不限于会计凭证、会计账簿及其他会计资料)，这些记录必须真实、完整地反映甲方的财务状况、经营成果和现金流量。

2. 按照企业会计准则和《××企业会计制度》的规定编制财务报表是甲方管理层的责任，这种责任包括：①设计、实施和维护与财务报表编制相关的内部控制，以使财务报表不存在由于舞弊或错误而导致的重大错报；②选择和运用恰当的会计政策；③作出合理的会计估计。

(二)甲方的义务

1. 及时地为乙方的审计工作提供其所要求的全部会计资料和其他有关资料(在乙方外勤开始时提供审计所需的全部资料)，并保证所提供资料的真实性和完整性。

2. 确保乙方不受限制地接触任何与审计有关的记录、文件和所需的其他信息。

3. 甲方管理层对其做出的与审计有关的声明予以书面确认。

4. 为乙方派出的有关工作人员提供必要的工作条件和协助，主要事项将由乙方于外勤工作开始前提供清单。

5. 按本约定书的约定及时足额支付审计费用以及乙方人员在审计期间的交通、食宿和其他相关费用。

三、乙方的责任和义务

(一)乙方的责任

1. 乙方的责任是在实施审计工作的基础上对甲方财务报表发表审计意见。乙方按照中国注册会计师独立审计准则(以下简称审计准则)的规定进行审计。审计准则要求注册会计师遵守职业道德规范,计划和实施审计工作,以对财务报表是否不存在重大错报获取合理保证。

2. 审计工作涉及实施审计程序,以获取有关财务报表金额和披露的审计证据。选择的审计程序取决于乙方的判断,包括对由于舞弊或错误导致的财务报表重大错报风险的评估。在进行风险评估时,乙方考虑与财务报表编制相关的内部控制,以设计恰当的审计程序,但目的并非对内部控制的有效性发表意见。审计工作还包括评价管理层选用会计政策的恰当性和做出会计估计的合理性,以及评价财务报表的总体列报。

3. 乙方需要合理计划和实施审计工作,以使乙方能够获取充分、适当的审计证据,为甲方财务报表是否不存在重大错报获取合理保证。

4. 乙方有责任在审计报告中指明所发现的甲方在某重大方面没有遵循企业会计准则和《××企业会计制度》编制财务报表且未按乙方的建议进行调整的事项。

5. 由于测试的性质和审计的其他固有限制,以及内部控制的固有局限性,不可避免地存在某些重大错报在审计后可能仍然未被乙方发现的风险。

6. 在审计过程中,乙方若发现甲方内部控制存在乙方认为的重要缺陷,应向甲方提交管理建议书。但乙方在管理建议书中提出的各种事项,并不代表已全面说明所有可能存在的缺陷或已提出所有可行的改善建议。甲方在实施乙方提出的改善建议前应全面评估其影响。未经乙方书面许可,甲方不得向任何第三方提供乙方出具的管理建议书。

7. 乙方的审计不能减轻甲方及甲方管理层的责任。

(二)乙方的义务

1. 按照约定时间完成审计工作,出具审计报告。乙方应于202×年×月×日前出具审计报告。

2. 除下列情况外,乙方应当对执行业务过程中知悉的甲方信息予以保密:①取得甲方的授权;②根据法律法规的规定,为法律诉讼准备文件或提供证据,以及向监管机构报告发现的违反法规行为;③接受行业协会和监管机构依法进行的质量检查;④监管机构对乙方进行行政处罚(包括监管机构处罚前的调查、听证)以及乙方对此提起行政复议。

四、审计收费

1. 本次审计服务的收费是以乙方各级别工作人员在本次工作中所耗费的时间为基础计算的。乙方预计本次审计服务的费用总额为人民币×× 万元。

2. 甲方应于本约定书签署之日起×日内支付×%的审计费用,其余款项于审计报告完成日结清。

3. 如果由于无法预见的原因,致使乙方从事本约定书所涉及的审计服务实际时间较本约定书签订时预计的时间有明显的增加或减少时,甲乙双方应通过协商,相应调整本约定书第四条第1项下所述的审计费用。

4. 如果由于无法预见的原因,致使乙方人员抵达甲方的工作现场后,本约定书所涉及的审计服务不再进行,甲方不得要求退还预付的审计费用;如上述情况发生于乙方人员完成现场审计工作,并离开甲方的工作现场之后,甲方应另行向乙方支付人民币××元的补偿费,该补偿费应于甲方收到乙方的收款通知之日起×日内支付。

5. 与本次审计有关的其他费用(包括交通费、食宿费等)由甲方承担。

五、审计报告和审计报告的使用

1. 乙方按照《中国注册会计师审计准则第1501号——审计报告》和《中国注册会计师审计准则第1502号——非标准审计报告》规定的格式和类型出具审计报告。

2. 乙方向甲方致送审计报告一式××份。

3. 甲方在提交或对外公布审计报告时，不得修改乙方出具的审计报告及其后附的已审计财务报表。当甲方认为有必要修改会计数据、报表附注和所作的说明时，应当事先通知乙方，乙方将考虑有关的修改对审计报告的影响，必要时，将重新出具审计报告。

六、本约定书的有效期间

本约定书自签署之日起生效，并在双方履行完毕本约定书约定的所有义务后终止。但其中第三(二)2、四、五、八、九、十项并不因本约定书终止而失效。

七、约定事项的变更

如果出现不可预见的情况，影响审计工作如期完成，或需要提前出具审计报告，甲、乙双方均可要求变更约定事项，但应及时通知双方，并由双方协商解决。

八、终止条款

1. 如果根据乙方的职业道德及其他有关专业职责、适用的法律法规或其他任何法定的要求，乙方认为已不适宜继续为甲方提供本约定书约定的审计服务时，乙方可以采取向甲方提出合理通知的方式终止履行本约定书。

2. 在终止业务约定的情况下，乙方有权就其于本约定书终止之日前对约定的审计服务项目所做的工作收取合理的审计费用。

九、违约责任

甲、乙双方按照《中华人民共和国合同法》的规定承担违约责任。

十、适用法律和争议解决

本约定书的所有方面均应适用中华人民共和国法律进行解释并受其约束。本约定书履行地为乙方出具审计报告所在地，因本约定书所引起的或与本约定书有关的任何纠纷或争议(包括关于本约定书条款的存在、效力或终止，或无效之后果)，双方选择以下第________种解决方式：

(1)向有管辖权的人民法院提起诉讼；

(2)提交××仲裁委员会仲裁。

十一、双方对其他有关事项的约定

本约定书一式两份，甲、乙方各执一份，具有同等法律效力。

甲方：ABC有限公司	乙方：XYZ会计师事务所
授权代表：(签章)	授权代表：(签章)
202×年×月×日	202×年×月×日

任务4.3 审计目标

审计目标是在一定历史环境下，人们通过审计实践活动所期望达到的境地或最终结果，是审计主体进行审计前所确定的工作方向。在注册会计师财务报表审计中，审计目标包括审计的总体目标和具体审计目标两个层次。

4.3.1 财务报表审计的总体目标、作用和局限性，以及目标导向作用

1. 财务报表审计的总体目标

在执行财务报表审计工作时，注册会计师的总体目标是：

(1)对财务报表整体是否不存在由于舞弊或错误导致的重大错报获取合理保证，使得注册会计师能够对财务报表是否在所有重大方面按照适用的财务报告编制基础编制发表审计意见。

(2)按照审计准则的规定，根据审计结果对财务报表出具审计报告，并与管理层和治理层沟通。

在任何情况下，如果不能获取合理保证，并且在审计报告中发表保留意见也不足以实现向预期使用者报告的目的，注册会计师应当按照审计准则的规定出具无法表示意见的审计报告，或者在法律法规允许的情况下终止审计业务或解除业务约定。

2. 财务报表审计的作用和局限性

财务报表属于鉴证业务，注册会计师作为独立的第三方，运用专业知识、技能和经验对财务报表进行审计并发表审计意见，旨在提高财务报表的可信赖程度。由于审计存在固有限制，注册会计师据以得出结论和形成审计意见的大多数审计证据是说服性而非结论性的，因此审计只能提供合理保证，不能提供绝对保证。虽然财务报表使用者可以根据财务报表和审计意见对被审计单位未来的生存能力或管理层经营效率、经营效果做出某种判断，但审计意见本身并不是对被审计单位未来生存能力或管理层经营效率、经营效果提供的保证。

3. 财务报表审计的目标导向作用

财务报表审计的总体目标对注册会计师的审计工作发挥着导向作用，它界定了注册会计师的责任范围，直接影响注册会计师计划和实施审计程序的性质、时间安排和范围。

4.3.2 管理层认定

认定与具体审计目标密切相关，注册会计师的基本职责就是确定被审计单位管理层对财务报表的认定是否恰当。注册会计师了解认定，就是要确定每个项目的具体审计目标。具体审计目标的确定，有助于注册会计师按照审计准则的要求收集充分、适当的审计证据，并根据项目的实际情况确定应选用的证据。

管理层认定是指被审计单位管理当局对财务报表组成要素的确认、计量、列报做出的明确或隐含的表达，注册会计师将其用于考虑可能发生的不同类型的潜在错报。管理层认定与审计目标密切相关，注册会计师的基本职责就是确定被审计单位管理层对其财务报表的认定是否恰当。

当管理层声明财务报表已按照适用的财务报告编制基础编制，在所有重大方面做出公允反映时，就意味着管理层对各类交易和事项、账户余额以及披露的确认、计量和列报做出了认定。被审计单位管理层在财务报表上的认定包括明确表达和隐含表达。例如，××股份有限公司在编制 2019 年度的财务报表时资产负债表见表 4-3。

表 4-3　资产负债表

编制单位：××股份有限公司　　2019 年 12 月 31 日　　单位：元

资产	行次	期末余额	年初余额	负债和所有者权益	行次	期末余额	年初余额
……				……			
存货		9 000 000	9 560 000	盈余公积		124 770	100 000
……				……			

其中流动资产存货项目期末数的列示表明管理当局做出了以下两项目明确的认定：①记录的存货是存在的；②存货期末数以正确的金额包括在财务报表 9 000 000 中，与之相关的计价或分摊调整已恰当记录。

同时，管理层也做出以下三项隐含的认定：①所有应当记录的存货均已记录；②记录的存货都由该股份有限公司拥有；③存货的使用不受任何限制。最后一项暗示性认定，是根据存货被列为资产负债表中的流动资产项目和报表附注没做任何说明而得来的。假如这些认定中的任何一项报告有误，则财务报表就有可能存在重要错报。

按照《中国注册会计师审计准则第 1301 号——审计证据》规定，管理层的认定包括以下两个层次：

1. 关于所审计期间各类交易、事项及相关披露的认定

（1）发生：即记录或的交易和事项均已发生，且与被审计单位有关。

（2）完整性：所有应当记录的交易和事项均已记录，所有应当包括在财务报表中的相关披露均已包括。

（3）准确性：与交易和事项有关的金额及其他数据已恰当记录，相关披露已得恰当计量和描述。

（4）截止：交易和事项已记录于正确的会计期间。

（5）分类：交易和事项已记录于恰当的账户。

（6）列报：交易和事项已被恰当地汇总或分解且表述清楚，相关披露在使用的财务报告编制基础下是相关的、可理解的。

2. 关于期末账户余额及相关披露的认定

（1）存在：即记录的资产、负债和所有者权益是存在的。

（2）权利和义务：即记录的资产由被审计单位拥有或控制，记录的负债是被审计单位应当履行的偿还义务。

（3）完整性：即所有应当记录的资产、负债和所有者权益均已记录，所有应当包括在财务报表中的相关披露均已包括。

（4）准确性、计价和分摊：资产、负债和所有者权益以恰当的金额包括在财务报表中，与之相 关的计价或分摊调整已恰当记录，相关披露已得到恰当计量和描述。

（5）分类：资产、负债和所有者权益已记录于恰当的账户。

（6）列报：资产、负债和所有者权益已被恰当地汇总或分解且表述清楚，相关披露在适用的财务报告编制基础下是相关的、可理解的。

注册会计师可以按照上述分类运用认定，也可按其他方式表述认定，但应涵盖上述所

有方面。

4.3.3 具体审计目标

具体审计目标是指注册会计师通过实施审计程序以确定管理层在财务报表中确认的各类交易事项、账户余额、披露层次认定是否恰当。注册会计师在了解管理层认定的基础上，就可以确定每个项目的具体审计目标，以此作为评估重大错报风险以及设计与实施进一步审计程序的基础。

1. 与所审计期间各类交易、事项及相关披露的审计目标

(1)发生：由发生认定推导的审计目标是确认已记录的交易是真实的。例如，如果没有发生采购交易，但在材料采购明细账中记录了一笔采购，则违反了该目标。

发生认定所要解决的问题是管理层是否把那些不曾发生的项目列入财务报表，它主要与财务报表组成要素高估有关。

(2)完整性：由完整性认定推导出的审计目标是确认已发生的交易确实已经记录。例如，如果发生了销售交易，但在销售明细账和总账记录中没有记录，则违反了该目标。

发生和完整性两者强调的是相反的关注点。发生目标针对潜在的高估，而完整性目标则是针对漏记交易(低估)。

(3)准确性：由准确性认定推导出的审计目标是确认已记录的交易是按正确金额反映的。例如，在采购交易中，会计人员在材料采购明细账中记录了与订单发票不符的金额，则违反了该目标。

(4)截止：由截止认定推导出的审计目标是确认接近资产负债表日的交易记录于恰当的期间。例如，本期交易推到下期或下期交易提到本期，均违反截止目标。

(5)分类：由分类认定推导出的审计目标是确认被审计单位记录的交易进行了适当分类。例如，如果将周转材料记为固定资产，将现销记录为赊销，导致交易分类错误，违反了分类目标。

(6)列报：由列报认定推导出的审计目标是确认被审计单位的交易和事项已被恰当地汇总或分解且表述清楚，相关披露在使用的财务报告编制基础下是相关的、可理解的。

2. 与期末账户余额及相关披露相关的审计目标

(1)存在：由存在认定推导的审计目标是确认记录的金额确实存在。例如，如果不存在某顾客的应收账款，在应收账款明细表中列入了对该顾客的应收账款，则违反了存在性目标。

(2)权利和义务：由发生认定推导的审计目标是记录的资产由被审计单位拥有或控制，记录的负债是被审计单位应当履行的偿还义务。例如，将他人寄存的商品计入被审计单位的存货，就违反了权利目标；将不属于被审计单位的债务记入账内，违反了义务目标。

(3)完整性：由发生认定推导的审计目标是所有应当记录的资产、负债和所有者权益均已记录。例如，对于已存在的某顾客的应收账款却没有登记到该账户中，就违反了完整性目标。

(4)准确性、计价和分摊：资产、负债和所有者权益以恰当的金额包括在财务报表中，与之相关的计价或分摊调整已恰当记录。

(5)分类:资产、负债和所有者权益已记录于恰当的账户。

(6)列报:资产、负债和所有者权益已被恰当地汇总或分解且表述清楚,相关披露在适用的财务报告编制基础下是相关的、可理解的。

综上所述,管理层的认定是确定具体审计目标的基础,注册会计师通常将管理层认定转化为能够通过审计程序予以实现的审计目标。针对财务报表每一个项目所表现出的各项认定,注册会计师相应地确定一项或多项审计目标,然后通过执行一系列审计程序获取充分、适当的审计证据以实现审计目标。

【例 4-1】 XYZ 公司是一家专营商品零售的股份公司。ABC 会计师事务所在接受其审计委托后,委派 L 注册会计师担任外勤负责人,并将签署审计报告。经过审计预备调查,L 注册会计师确定存货项目为重点审计领域,同时决定根据财务报表认定确定存货项目的具体审计目标,并选择相应的具体审计程序以保证审计目标的实现。

要求:假定表 4-4 中的具体审计目标已经被 L 注册会计师选定,L 注册会计师应当确定的与各具体审计目标最相关的财务报表认定和最恰当的审计程序分别是什么?(根据表后列示的财务报表认定及审计程序,对每项财务报表认定并选择审计程序,可以选择一次、多次或不选)。

表 4-4　管理层认定、审计目标和审计程序之间的关系

财务报表认定	具体审计目标	审计程序
	公司对存货均拥有所有权	
	账面存货对应的实物是否真实存在	
	记录的存货数量包括了公司所有的在库存货	
	已按成本与可变现净值孰低法调整期末存货的价值	
	存货成本计算准确	
	存货的主要类别和计价基础已在财务报表恰当披露	

财务报表认定:①完整性;②存在;③权利与义务;④准确性、计价和分摊;⑤列报审计程序:⑥检查现行销售价目表;⑦在监盘存货时,选择一定样本,确定其是否包括在盘点表内;⑧选择一定样本量的存货会计记录,检查支持记录的购货合同和发票;⑨在监盘存货时,选择盘点表内一定样本质量的存货记录,确定存货是否在库;⑩测试直接人工费用的合理性;⑪审阅财务报表。

【答案】

财务报表认定	具体审计目标	审计程序
③	公司对存货均拥有所有权	⑧
②	账面存货对应的实物是否真实存在	⑨
①	记录的存货数量包括了公司所有的在库存货	⑦
④	已按成本与可变现净值孰低法调整期末存货的价值	⑥
④	存货成本计算准确	⑩
⑤	存货的主要类别和计价基础已在财务报表恰当披露	⑪

案例讨论

审计过程的操作

李莉注册会计师在一家规模不大的会计师事务所工作。有一天，当客户立维机电公司聘请李莉进行年度报表审计时，对其提出了一个要求，即希望从委托日起，半个月内完成所有的审计任务，并出具审计报告，以向公司股东大会汇报。否则，超过一天，不仅不付审计费用，而且，会计师事务所还要赔款。如果提前，公司可以额外加付审计报酬。公司和李莉接受了这一条件。

由于李莉手头还有一个项目未完成，为了不耽误此项目，李莉聘用了一批在实习期的会计专业大学生并对其进行了简单培训，就让他们独自去客户现场开始进行审计。10天后，这些学生带回审计工作底稿，李莉只对这些工作底稿作简单整理，就草拟了审计报告，并在两周内将审计报告递交立维机电公司。

（资料来源：根据网络相关资料整理）

要求：(1)李莉的审计工作程序是否存在问题，如存在请指出？

(2)如果你是注册会计师应如何进行这项审计工作？

技能训练

一、单项选择题

1. 被审计单位将经营租入的固定资产列入本单位的固定资产，该项认定违反了(　　)。

A. "发生"认定　　B. "权利与义务"认定

C. "完整性"认定　　D. "分类"认定

2. 对被审计单位的应付账款，注册会计师应侧重审查其(　　)。

A. 存在　　B. 完整性　　C. 分类　　D. 权利和义务

3. 下列选项中，管理层违反"分类"认定的是(　　)。

A. 将已发生的销售业务不登记入账

B. 把寄销商品作为自有商品记录在会计账上

C. 将出售固定资产的收益作为营业收入记录

D. 将接近资产负债表日的交易记录于下年度

4. 沪江公司的资产负债表报告"应收账款 100 000"，这意味着管理层在财务报表上明确表达的认定是(　　)。

A. 所有应报告的应收账款均包括在内　　B. 应收账款的收回不受任何限制

C. 应收账款的正确余额是 100 000 元　　D. 应收账款能如期收回

5. 下列选项中，违反"权利和义务"认定的是(　　)。

A. 将已发生的销售业务不登记入账　　B. 将未曾发生的销售入账

C. 未将已质押的存货披露　　D. 长期待摊费用的摊销期限不恰当

6. 从库存产成品出发，去核对库存商品明细账，主要用于查证下列何种审计认定？（　　）

A. 完整性　　B. 存在　　C. 计价和分摊　　D. 权利和义务

7. 对于营业收入项目而言，注册会计师能够根据管理层的“准确性”认定推论得出的具体审计目标是（　　）。

A. 营业收入的入账时间是恰当的　　B. 营业收入是真实发生的

C. 营业收入的记录是完整的　　D. 商品的销售数量和单价是正确的

二、多项选择题

1. 被审计单位管理层在资产负债表中列报存货及金额，意味着作出了下列（　　）认定。

A. 记录的存货是存在的　　B. 存货以恰当的金额包括在财务报表中

C. 所有应当记录的存货已记录　　D. 记录的存货都由被审计单位拥有

2. 下列事项中与“发生”认定相关的是（　　）。

A. 高估了资产或负债　　B. 低估了资产或负债

C. 高估了收入或费用　　D. 低估了收入或费用

3. 下列属于审计工作过程的有（　　）。

A. 接受业务委托　　B. 计划审计工作

C. 实施风险评估程序　　D. 实施控制测试和实质性程序

E. 完成审计工作和编制审计报告

4. 下列关于认定和具体审计目标的表达，正确的有（　　）。

A. 如果将他人寄销商品列入了被审计单位的存货，则违反了准确性认定

B. 如果发生了销货交易，却没有在销货明细账和总账中记录，则违反了完整性认定

C. 在销售日记账中，记录了一笔未曾发生的销售业务，则违反了发生认定

D. 在销售中，开账单时，使用了错误的销售价格，则违反了准确性认定

E. 抵押的固定资产没有以附注的形式披露，则违背了完整性认定

5. 以下认定中，主要与财务报表组成要素的高估有关的有（　　）。

A. 发生　　B. 完整性　　C. 存在　　D. 分类与可理解性

6. 为证实应收账款的“准确性、计价和分摊”认定，注册会计师可以实施的审计程序有（　　）。

A. 检查应收账款坏账准备科目，将其与报表数核对是否相符

B. 检查以非记账本位币结算的营业收入的折算汇率及折算是否正确

C. 抽查产品售价是否符合价格政策

D. 结合银行存款的检查，了解应收账款是否存在质押和担保的情况

7. 注册会计师在审计 X 公司时发现其没有对达到预定可使用状态的自建仓库计提折旧，可能导致（　　）认定产生重大错报。

A. 固定资产的计价和分摊　　B. 管理费用的发生

C. 固定资产的存在　　D. 管理费用的完整性

8. 下列有关审计业务约定书的说法中正确的是（　　）。

A. 审计业务约定书是会计师事务所与被审计单位签订的，而不是与委托人签订的

B. 审计业务约定书的具体内容和格式不会因不同的被审计单位而不同

C. 审计业务约定书具有经济合同的性质，它的目的是为了明确约定各方的权利和义务。约定书一经约定各方签字认可，即成为法律上生效的契约，对各方均具有法定约束力

D. 会计师事务所承接任何审计业务，均应与被审计单位签订审计业务约定书

三、判断题

1. 审计具体目标是审计总目标的具体化，它应当根据被审计单位的认定来确定。（　　）

2. 从某种意义上讲，审计过程就是收集、评价、鉴定审计证据，最后据以形成审计结论和审计意见的过程。（　　）

3. 管理层对注册会计师执行审计工作的前提认同是指管理层认可并理解其应承担的责任。（　　）

4. 评价遵守职业道德规范的情况，主要是要求注册会计师应保持专业胜任能力和应有的额关注，并对审计过程中获知的信息保密。（　　）

5. 在签订审计业务约定书后，与被审计单位如果还存在对业务约定条款误解，表明初步业务活动没有达到目的。（　　）

四、简答题

1. 简述我国财务报表审计的总目标。

2. 简述管理层对财务报表的认定如何划分。

五、实训题

假设你是甲会计师事务所的注册会计师，你在执行ABC公司财务报表审计时分别发现表中的事项(见下表)，请分别针对每一事项指明被审计单位违反了哪一项认定。要求：先写出认定的大类，再写出认定的名称，如“与各类交易与事项相关的认定：发生”

被审计单位违反了哪一项认定

财务报表审计时分别发现的问题	被审计单位违反了哪一项认定
期末少计提累计折旧错误	
不存在某顾客，在应收账款明细表中却列入了对该顾客的应收账款	
将不属于被审计单位的资产记入账内	
在销售交易中有如下情况：开具账单时运用了错误的销售价格	
没有将一年内到期的的长期负债列为一年内到期的非流动负债	
将现销记录为赊销	
在销售明细账中记录了没有发生的一笔销售业务	
发生了一项销售交易，但没有在销售明细账和总账中记录	
将出售某经营性固定资产所得收入记录为主营业务收入	
本期的交易推迟至下期记账，或者将下期应当记录的交易提前到本期记录	

项目5 编制审计计划

学习目标

了解总体审计策略和具体审计计划并能够编制；理解审计的重要性和审计风险的含义以及两者之间的关系；掌握重要性水平的确定。

学习重点

审计的重要性和审计风险以及两者的关系。

任务 5.1　总体审计策略与具体审计计划

计划审计工作对于注册会计师顺利完成审计工作和控制审计风险具有非常重要的意义。合理的审计计划有助于注册会计师关注重点审计领域，及时发现和解决潜在问题及恰当组织和管理审计工作。计划审计工作又是一项持续的过程，注册会计师通常在前一期审计工作结束后即开始开展本期的审计计划工作，并直到本期审计工作结束为止。项目负责人和项目组的其他关键成员应参与计划审计工作，利用其经验和见解，以提高计划过程的效率和效果。

5.1.1　编制总体审计策略

审计计划分为总体审计策略和具体审计计划两个层次，如图 5-1 所示。注册会计师应当针对总体审计策略中所识别的不同事项，制订具体审计计划，并考虑通过有效利用审计资源实现审计目标。值得注意的是，虽然制定总体审计策略的过程通常在具体审计计划之前，但是两项计划具有紧密联系，对其中一项的决定可能会影响甚至改变对另外一项的决定。

总体审计策略用以确定审计范围、时间和方向，并指导具体审计计划的制订。在制定总体审计策略时，应当考虑以下主要事项：

1. 审计范围

注册会计师应当确定审计业务的特征，包括采用的会计准则和相关会计制度、特定行业的报告要求以及被审计单位组成部分的分布等，以界定审计范围。

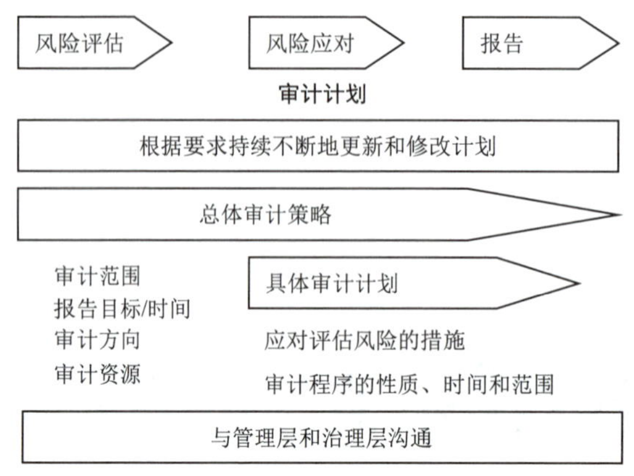

图 5-1　审计计划的两个层次

2. 报告目标、时间安排及所需沟通

总体审计策略的制定应当包括：明确审计业务的报告目标、计划审计的时间安排和所需沟通的性质。其中，时间安排包括提交审计报告的时间要求，预期与管理层和治理层沟通的重要日期等。

3. 审计方向

总体审计策略的制定应当考虑影响审计业务的重要因素，以确定项目组工作方向。其重要因素包括：确定适当的重要性水平，初步识别可能存在较高的重大错报风险的领域，初步识别重要的组成部分和账户余额，评价是否需要针对内部控制的有效性获取审计证据，识别被审计单位、所处行业、财务报告要求及其他相关方面最近发生的重大变化等。

4. 审计资源

注册会计师应当在总体审计策略中清楚地说明审计资源的规划和调配，包括确定执行审计业务所必须的审计资源的性质、时间和范围。例如，向高风险领域分派有适当经验的项目组成员，就复杂的问题利用专家工作等；分派到重要地点进行存货监盘的项目组成员的人数等。

总体审计策略的具体内容见表 5-1。

表 5-1　总体审计策略

被审计单位：__________ 项目：总体审计策略 编制：__________ 日期：__________	索引号：__________ 财务报表截止日/期间：__________ 复核：__________ 日期：__________
一、审计范围	
报告要求	记录
适用的相关准则和会计制度	
适用的审计准则	
与财务报告相关的行业特别规定	例如：监管机构发布的有关信息披露法规、特定行业主管部门发布的与财务报告相关的法规等

续上表

报告要求	记录
需要阅读的含有已审财务报表的文件中的其他信息	例如:上市公司年报
制定审计策略需考虑的其他因素	例如:单独出具报告的子公司
二、审计业务时间安排 1. 对外报告时间安排 2. 执行审计时间安排	
执行审计时间安排	时间
1. 期中审计	
(1)制定总体审计策略	
(2)制订具体审计计划	
……	
2. 期末审计	
(1)存货监盘	
……	
3. 沟通的时间安排	
所需沟通	时间
与管理层及治理层的会议	
项目组会议(包括预备会和总结会)	
与专家或有关人士的沟通	
与其他注册会计师沟通	
与前任注册会计师沟通	
三、影响审计业务的重要因素 (一)重要性	
确定的重要性水平	索引号
(二)可能存在较高重大错报风险的领域	
可能存在较高重大错报风险的领域	索引号
(三)重要的组成部分和账户余额 填写说明:1. 记录所审计的集团内重要的组成部分 2. 记录重要的账户余额,包括本身具有重要性的账户余额(如存货),以及评估出存在重大错报风险的账户余额组成部分	
重要的组成部分和账户余额	索引号
1. 重要的组成部分	
……	
2. 重要的账户余额	
……	

续上表

四、人员安排

(一)项目组主要成员的责任

职位	姓名	主要职责

(二)与项目质量控制复核人员的沟通(如适用)

沟通内容	负责沟通的项目组成员	沟通时间
风险评估		
对审计计划的讨论		
对财务报表的复核		
……		

五、对专家或其他有关人士工作的利用

(一)对内部审计工作的利用

主要报表项目	拟利用的内部审计工作	索引号
存货	内部审计部门对各仓库的存货每半年至少盘点一次。在中期审计时,项目组已经对内部审计部门盘点步骤进行观察,其结果满意,因此项目组将审阅其年底的盘点结果,并缩小存货监盘的范围	
……		

(二)对其他注册会计师工作的利用

其他注册会计师名称	利用其工作范围及程度	索引号

(三)对专家工作的利用

主要报表项目	专家姓名	主要职责及工作范围	利用专家工作的原因	索引号

5.1.2 具体审计计划

总体审计策略一经制定,注册会计师应当针对总体审计策略中所识别的不同事项,制订具体审计计划,并考虑通过有效利用审计资源以实现审计目标。具体审计计划比总体审计策略更加详细,具体包括风险评估程序、计划实施的进一步审计程序和其他审计程序。可以说,为获取充分、适当的审计证据而确定审计程序的性质、时间和范围的决策是具体审计计划的核心。具体审计计划工作底稿目录见表 5-2。

表 5-2 具体审计计划

<table>
<tr><td rowspan="2">被审计单位:</td><td rowspan="2"></td><td>索引号:</td><td>C44</td><td>页次:</td><td></td></tr>
<tr><td>编制人:</td><td></td><td>日期:</td><td></td></tr>
<tr><td>财务报表截止日/期间:</td><td></td><td>复核人:</td><td></td><td>日期:</td><td></td></tr>
</table>

目录

1. 风险评估程序
　1.1　一般风险评估程序
　1.2　针对特定项目的程序
2. 了解被审计单位及其环境（不包括内部控制）
　2.1　行业状况、法律环境与监管环境以及其他外部因素
　2.2　被审计单位的性质
　2.3　会计政策的选择和运用
　2.4　目标、战略及相关经营风险
　2.5　财务业绩的衡量和评价
3. 了解内部控制
　3.1　控制环境
　3.2　被审计单位的风险评估过程
　3.3　信息系统与沟通
　3.4　控制活动
　3.5　对控制的监督
4. 对风险评估及审计计划的讨论
5. 评估的重大错报风险
　5.1　评估的财务报表层次的重大错报风险
　5.2　评估的认定层次的重大错报风险
6. 计划的进一步审计程序
7. 其他程序

1. 风险评估程序

具体审计计划应当包括按照《中国注册会计师审计准则第 1211 号——了解被审计单位及其环境并评估重大错报风险》的规定，为了足够识别和评估财务报表重大错报风险，注册会计师应当计划实施的风险评估程序的性质、时间和范围。

2. 计划实施的进一步审计程序

具体审计计划应当包括按照《中国注册会计师审计准则第 1231 号——针对评估的重大错报风险实施的程序》的规定，针对评估的认定层次的重大错报风险，注册会计师计划实施的进一步审计程序的性质、时间和范围。进一步审计程序从性质上划分为控制测试和实质性程序。

需要强调的是，随着审计工作的推进，对审计程序的计划会一步步深入，并贯穿于整个审计过程。通常，注册会计师计划的进一步审计程序可以分为进一步审计程序的总体方案和拟实施的具体审计程序两个层次。进一步审计程序的总体方案主要是指注册会计师针对各类交易、账户余额和列报决定采用的总体方案（包括实质性方案和综合性方案）。具体审计程序则是对进一步审计程序的总体方案的延伸和细化，它通常包括控制测试和实质性程序的性质、时间安排和范围。在实务中，注册会计师通常单独制定一套包括这些具体程序的“进一步审计程序表”，待具体实施审计程序时，注册会计师将基于计划的具体审计程

序，进一步记录实施的审计程序及结果，并最终形成有关进一步审计程序的审计工作底稿。

3. 计划其他审计程序

具体审计计划应当包括根据审计准则的规定，注册会计师针对审计业务需要实施的其他审计程序。计划的其他审计程序可以包括上述进一步程序的计划中没有涵盖的、根据其他审计准则的要求注册会计师应当执行的既定程序。例如：有些企业可能涉及环境事项、电子商务等，在实务中注册会计师应根据被审计单位的具体情况确定特定项目并执行相应的审计程序。

5.1.3 审计过程中对计划的更改

计划审计工作并非审计业务的一个孤立阶段，而是一个持续的、不断修正的过程，贯穿于整个审计业务的始终。由于未预期事项及条件的变化或在实施审计程序中获取的审计证据等原因，注册会计师在必要时应当对总体审计策略和具体审计计划做出更新和修改。

审计过程可以分为不同阶段，通常前面阶段的工作结果会对后面阶段的工作计划产生一定的影响，而后面阶段的工作过程中又可能发现需要对已制订的相关计划进行相应的更新和修改。通常来讲，这些更新和修改涉及比较重要的事项。例如，对重要性水平的修改，对某类交易、账户余额和列报的重大错报风险的评估和进一步审计程序（包括总体方案和拟实施的具体审计程序）的更新和修改等。一旦计划被更新和修改，审计工作也就应当进行相应修改。

在编制审计工作底稿中，注册会计师应当记录对总体审计策略和具体审计计划做出的重大更改及其理由，以及对导致此类更改的事项、条件或审计程序结果采取的应对措施。

任务 5.2 审计重要性

5.2.1 审计的重要性含义

1. 错报的定义

错报是指某一财务报表项目的金额、分类、列报或披露，与按照适用的财务报告编制基础应当列示的金额、分类、列报或披露之间存在的差异；或根据注册会计师的判断，为使财务报表在所有重大方面实现公允反映，需要对金额、分类、列报或披露做出的必要调整。错报可能是由于错误或舞弊导致的。

2. 重要性的定义

审计重要性是审计学的一个基本概念。重要性是注册会计师从财务报表使用者的角度，对财务报表错报重大程度的判断。即在特定环境下，如果一项错报单独或连同其他错报可能影响财务报表使用者依据财务报表做出的经济决策，则该项错报是重大的。

重要性取决于在具体环境下对错报金额和性质的判断。为了更清楚地理解这一定义，需要注意以下几点：

（1）判断一项错报重要与否，应视其对财务报表使用者依据财务报表做出经济决策的影响程度而定。如果财务报表中某项错报足以改变或影响财务报表使用者的相关决策，则该项错报就是重要的，否则就不重要。

(2)重要性受到错报的性质或者数量的影响，或者受到两者的共同影响。一般而言，金额大的错报比金额小的错报更重要。在有些情况下，某些金额的错报从数量上看并不重要，但从性质上考虑，则可能是重要的。例如：发生了一项不重大的违法支付或者没有遵循某项法律规定的行为，但该支付或违法行为可能导致一项有负债、重大的资产损失或者收入损失，就认为上述事项是重大的。对于某些财务报表披露的错报，难以从数量上判断是否重要，应从性质上考虑其是否重要。

(3)判断一个事项对财务报表使用者是否重大，是将使用者作为一个群体对共同性的财务信息的需求来考虑的。没有考虑错报对个别特定使用者可能产生的影响，因为个别特定使用者的需求可能极其不同。

(4)重要性的确定离不开具体环境。由于不同的被审计单位面临不同的环境，不同的报表使用者有着不同的信息需求，因此注册会计师确定的重要性也就不同。例如：错报10万元对一个小公司来说可能是重要的，而对另一个大公司来说则可能不重要。

(5)对重要性的评估需要运用职业判断。影响重要性的因素很多，注册会计师应当根据被审计单位面临的环境，并综合考虑其他因素，合理确定重要性水平。不同的注册会计师在确定同一被审计单位财务报表层次和认定层次的重要性水平时，得出的结果都可能不同。

(6)仅从数量角度考虑，重要性水平只是提供了一个临界点。在该临界点之上的错报就是重要的；反之，该错报则不重要。重要性并不是财务信息的主要质量特征。

5.2.2　重要性在审计程序中的应用

审计重要性概念的运用贯穿于整个审计过程。在计划审计工作时，就必须对重大错报的规模和性质做出一个判断，这包括制定财务报表整体的重要性和特定交易类别、账户余额和披露的重要性水平(如有必要)。审计中可能存在未被发现的错报和不重大错报汇总后就变成重大错报的情况。为允许可能存在的这种情况，注册会计师应当制定一个比计划的重要性水平更低的金额，以便评估风险和设计进一步审计程序—实际执行的重要性。在形成审计结论阶段，要使用整体重要性水平和为了特定交易类别、账户余额和披露而制定的较低金额的重要性水平来评价已识别的错报对财务报表的影响和对审计报告中审计意见的影响。

1. 计划审计阶段对重要性水平的确定

在计划审计工作时，注册会计师应当确定一个可接受的重要性水平，以发现在金额上重大的错报。注册会计师在确定计划的重要性水平时，需要考虑对被审计单位及其环境的了解、审计的目标、财务报表各项目的性质及其相互关系、财务报表项目的金额及其波动幅度。同时，还应当从性质和数量两个方面合理确定重要性水平。

1)从性质方面考虑重要性

在某些情况下，金额相对较少的错报可能会对财务报表产生重大影响。例如，一项不重大的违法支付或者没有遵循某项法律规定，但该支付或违法行为可能导致一项重大的或有负债、重大的资产损失或者收入损失，就应认为上述事项是重大的。下列描述了可能构成重要性的因素：

(1)对财务报表使用者需求的感知。他们对财务报表的哪一方面最感兴趣。

(2)获利能力趋势。

(3)因没有遵守贷款契约、合同约定、法规条款和法定的或常规的报告要求而产生错报的影响。

(4)计算管理层报酬(资金等)的依据。

(5)由于错误或舞弊而使一些账户项目对损失的敏感性。

(6)重大或有负债。

(7)通过一个账户处理大量的、复杂的和相同性质的个别交易。

(8)关联方交易。

(9)可能的违法行为、违约和利益冲突。

(10)财务报表项目的重要性、性质、复杂性和组成。

(11)可能包含了高度主观性的估计、分配或不确定性。

(12)管理层的偏见。管理层是否有动机将收益最大化或者最小化。

(13)管理层一直不愿意纠正已报告的与财务报告相关的内部控制的缺陷。

2)从数量方面考虑重要性

重要性水平是重要性的量化指标,它是注册会计师站在报表使用者的角度判定的被审计单位财务报表能容忍的最大错报金额。

注册会计师在制定总体审计策略时,应当确定财务报表层次的重要性水平。确定多大错报会影响到财务报表使用者所做决策,是注册会计师运用职业判断的结果。很多注册会计师根据所在事务所的惯例及自己的经验考虑重要性水平。注册会计师通常先选择一个恰当的基准,再选用适当的百分比乘以该基准,从而得出财务报表层次的重要性水平。

在实务中,有许多汇总性财务数据可以作为确定财务报表层次重要性水平的基准,例如总资产、净资产、销售收入、费用总额、毛利、净利润等。注册会计师对基准的选择有赖于被审计单位的性质和环境。对于以营利为目的的被审计单位,来自经常性业务的税前利润或税后净利润可能是一个适当的基准;如果被审计单位本年度税前利润因情况变化出现意外增加或减少,注册会计师可能认为按照近几年经常性业务的平均税前利润确定财务报表整体的重要性更加合适。对于资产管理公司来说,净资产可能是一个适当的基准。被审计单位处在新设立阶段时注册会计师可能采用总资产作为基准,被审计单位处在成长期时注册会计师可能采用营业收入作为基准,被审计单位进入经营成熟期后注册会计师可能采用经常性业务的税前利润作为基准。

注册会计师通常选择一个相对稳定、可预测且能够反映被审计单位正常规模的基准。由于销售收入和总资产具有相对稳定性,注册会计师经常将其用作确定计划重要性水平的基准。

在确定了恰当的基准后,注册会计师通常运用职业判断合理选择百分比,据以确定重要性水平。以下是一些参考数值的举例:

(1)对于以营利为目的的企业,来自经常性业务的税前利润或税后利润的5%,或总收入的0.5%。

(2)对于非营利组织,费用总额或总收入的0.5%。

(3)对于共同基金公司,净资产的0.5%。

注册会计师执行具体审计业务时，百分比无论是高一些还是低一些，只要符合具体情况，都是适当的。

2. 执行阶段对重要性水平的调整

在审计执行阶段，随着审计过程的推进，注册会计师应当及时评价计划阶段确定的重要性水平是否仍然合理，并根据具体环境的变化或在审计执行过程中进一步获取的信息，修正计划的重要性水平，进而修改进一步审计程序的性质、时间和范围。

实际执行的（财务报表整体的）重要性，是指注册会计师确定的低于财务报表整体重要性的一个或多个金额，旨在将未更正和未发现错报的汇总数超过财务报表整体的重要性的可能性降至适当的低水平。通常而言，实际执行的重要性通常为财务报表整体重要性的50％～75％。常见情形见表 5-3。

表 5-3　实际执行的重要性水平

经验值	情形
选择较低（50％）的百分比来确定实际执行的重要性的情形（从严）	（1）首次接受委托的审计项目 （2）连续审计项目，以前年度审计调整较多 （3）项目总体风险较高，例如，处于高风险行业、管理层能力欠缺、面临较大市场竞争压力或业绩压力等 （4）存在或预期存在值得关注的内部控制缺陷
选择较高（75％）的百分比来确定实际执行的重要性的情形（从宽）	（1）连续审计，以前年度审计调整较少 （2）项目总体风险为低到中等，例如，处于非高风险行业、管理层有足够能力、面临较低的业绩压力等 （3）以前期间的审计经验表明内部控制运行有效

在确定审计程序后，如果注册会计师决定接受更低的重要性水平，审计风险将增加。注册会计师应当采取相应方法将审计风险降至可接受的低水平。在整个业务过程中，随着审计工作的进展，注册会计师应当根据所获得的新信息更新重要性。

3. 审计终结阶段对重要性水平的考虑

1）尚未更正错报的汇总数

错报中有一种无须累积的错报，又称为明显微小错报。这些错报无论单独或者汇总起来，无论从规模、性质或其发生的环境来看都是明显微不足道的。注册会计师可能将明显微小错报的临界值确定为财务报表整体重要性的 3％～5％，也可能低一些或高一些，但通常不超过财务报表整体重要性的 10％。

尚未更正错报的汇总数一般指的是累积错报，具体包括事实错报、判断错报和推断错报。具体区别见表 5-4。

2）评价尚未更正错报的汇总数的影响

注册会计师在出具审计报告之前，需评估已识别但尚未更正错报单独或累积的影响是否重大。评价内容主要包括两方面：一是这些审计差异在性质上是否重要，即是否为舞弊或违法行为；二是这些审计差异在金额上是否重要，即是否已经超过审计的重要性水平。尚未更正错报与财务报表层次重要性水平相比，可能出现以下两个情况：

表 5-4 识别出的累积错报

序号	识别出的错报	具体情形
1	事实错报	(1)被审计单位收集和处理数据的错误 (2)对事实的忽略或误解 (3)故意舞弊行为
2	判断错报	(1)管理层和注册会计师对会计估计值的判断差异 (2)管理层和注册会计师对选择和运用会计政策的判断差异,由于注册会计师认为管理层选用会计政策造成错报,管理层却认为选用会计政策适当,导致出现判断差异
3	推断错报	通过测试样本估计出的总体的错报减去在测试中发现的已经识别的具体错报;例如,应收账款年末余额为 2 000 万元,注册会计师抽查余额合计为 500 万元的应收账款样本,发现金额有 100 万元的高估,高估部分为账面金额的 20%,据此注册会计师推断总体的错报金额为 400 万元(即 2 000×20%),那么上述 100 万元就是已识别的具体错报,其余 300 万元即推断误差

(1)如果尚未更正错报汇总数低于重要性水平,对财务报表的影响不重大,注册会计师可以发表无保留意见的审计报告。

(2)如果尚未更正错报的汇总数超过或接近重要性水平,对财务报表的影响可能是重大的,注册会计师应当考虑通过扩大审计程序的范围或要求管理层调整财务报表降低审计风险。除非错报金额非常小且性质不严重,注册会计师都应当要求管理层就已识别的错报调整财务报表。如果管理层拒绝调整财务报表,并且扩大审计程序范围的结果不能使注册会计师认为尚未更正错报的汇总数不重大,注册会计师应当考虑出具非无保留意见的审计报告。

值得注意的是,如果已识别但尚未更正错报的汇总数接近重要性水平,注册会计师应当考虑该汇总数连同尚未发现的错报是否可能超过重要性水平,并考虑通过实施追加的审计程序,或要求管理层调整财务报表降低审计风险。

任务 5.3 审 计 风 险

5.3.1 审计风险的含义

审计风险是指财务报表存在重大错报而注册会计师发表不恰当审计意见的可能性。注册会计师可接受的审计风险的确定,需要考虑会计师事务所对审计风险的态度、审计失败对会计师事务所可能造成损失的大小等因素。但必须注意,审计业务是一种保证程度高的鉴证业务,可接受的审计风险应当足够低,以使注册会计师能够合理保证所审计财务报表不含有重大错报。审计风险取决于重大错报风险和检查风险。

5.3.2 重大错报风险

重大错报风险是指财务报表在审计前存在重大错报的可能性。重大错报风险与被审计单位的风险相关，且独立存在于财务报表的审计中。在设计审计程序以确定财务报表整体是否存在重大错报时，注册会计师应从财务报表层次和各类交易、账户余额、列报认定层次方面考虑重大错报风险。

1. 财务报表层次的重大错报风险

财务报表层次的重大错报风险与财务报表整体广泛相关，进而影响多项认定。财务报表层次的重大错报风险很可能源于薄弱的控制环境，如管理层缺乏诚信、治理层形同虚设而不能对管理层进行有效监督等。但也可能与其他因素有关，如经济萧条、企业所处行业处于衰退期。此类风险可能对财务报表产生广泛影响，难以限于某类交易、账户余额、列报，注册会计师应当采取总体应对措施。

注册会计师评估财务报表层次重大错报风险的措施包括：

(1)考虑审计项目组承担重要责任的人员的学识、技术和能力，是否需要专家介入；

(2)考虑给予业务助理人员适当程度的监督指导；

(3)考虑是否存在导致注册会计师怀疑被审计单位持续经营假设合理性的事项或情况。

2. 认定层次的重大错报风险

注册会计师同时考虑各类交易、账户余额、列报认定层次的重大错报风险，考虑的结果直接有助于注册会计师确定认定层次上实施的进一步审计程序的性质、时间和范围。并且还能够在审计工作完成时，以可接受的低审计风险水平对财务报表整体发表审计意见。认定层次的重大错报风险又可以进一步细分为固有风险和控制风险。

1)固有风险

固有风险是指假定不存在相关的内部控制，某一认定发生重大错报的可能性，无论该错报单独考虑，还是连同其他错报构成重大错报。某些类别的交易、账户余额、列报及其认定，固有风险较高，比如:复杂的计算比简单的计算更有可能出错;受重大计量不确定性影响的会计估计发生错报的可能性较大。

2)控制风险

控制风险是指某项认定发生了重大错报，无论该错报单独考虑，还是连同其他错报构成重大错报，而该错报没有被企业的内部控制及时防止、发现和纠正的可能性。控制风险取决于与财务报表编制有关的内部控制的设计和运行的有效性。由于控制的固有局限性，某种程度的控制风险始终存在。

需要说明的是，由于固有风险和控制风险不可分割地交织在一起，有时无法单独进行评估，通常不再单独提到固有风险和控制风险，而只是将二者统称“重大错报风险”，但这并不意味着注册会计师不可以单独对固有风险和控制风险进行评估。具体采用的评估方法取决于会计师事务所偏好的审计技术和方法及实务上的考虑。

5.3.3 检查风险

检查风险是指某一认定存在错报，该错报单独或连同其他错报是重大的，但注册会计师未能发现这种错报的可能性。检查风险取决于审计程序设计的合理性和执行的有效性。由于注册会计师通常并不对所有的交易、账户余额和列报进行检查，以及其他原因，检查风险不可能降低为零。其他原因包括注册会计师可能选择了不恰当的审计程序、审计过程执行不当等，但这些其他因素可以通过适当的计划、保持职业怀疑态度以及监督、复核等来解决。

5.3.4 审计风险、重大错报风险与检查风险的关系

审计风险、重大错报风险与检查风险的关系用数学模型表示为：

审计风险＝重大错报风险×检查风险

理解审计风险模型要注意以下几点：

(1)在既定的审计风险水平下，可接受的检查风险水平与认定层次重大错报风险的评估结果成反向关系(如图 5-2)。评估的重大错报风险越高，可接受的检查风险越低；评估的重大错报风险越低，可接受的检查风险越高。假定针对某一认定，注册会计师将可接受的审计风险水平设定为 5%，注册会计师实施风险评估程序后将重大错报风险评估为 25%，则根据这一模型，可接受的检查风险就为 20%。

(2)审计风险各个要素都不会等于 0。即审计风险各要素都客观存在，任何一个要素等于 0，则审计风险就不存在了，就根本不需要审计，这在现代审计中是不可能的。

(3)审计风险可用百分比表示，也可描述为高、中、低等。在审计风险模型中一般用百分比表示，而在审计实务中，将审计风险精确地量化是很难的，通常采用："高"、"中"、"低"等文字表述。

(4)注册会计师根据确定的可接受检查风险，设计审计程序的性质、时间和范围。审计计划在很多程序上围绕确定审计程序的性质、时间和范围而展开。

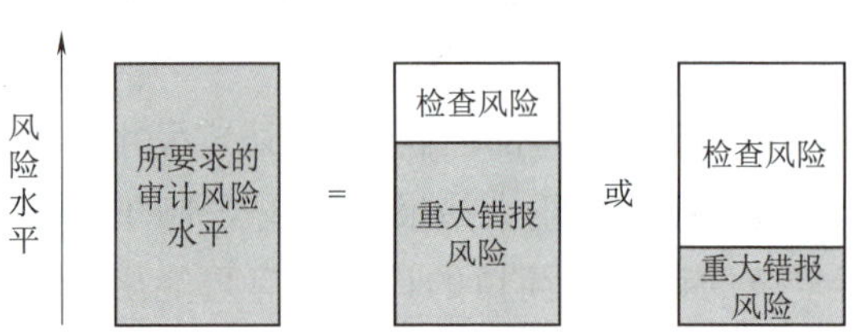

图 5-2 检查风险与重大错报风险的反向关系

5.3.5 重要性与审计风险的关系

审计重要性与审计风险之间存在反向关系。重要性水平越高，审计风险越低；重要性水平越低，审计风险越高。这里说的重要性水平高低指的是金额的大小。一般来说，6 000 元的重要性水平比 4 000 元的重要性水平高。在理解两者之间的关系时，必须注意，重要性水平是注册会计师从财务报表使用者的角度进行判断的结果。如果重要性水平是 6 000 元，则意味着低于 6 000 元的错报不会影响财务报表使用者的判断和决策，注册会计师只需执行有关审计程序合理保证能查出高于 6 000 元的错报；而如果重要性水平是 4 000 元，则意味着低于 4 000 元的错报不会影响财务报表使用者的判断和决策，注册会计师需执行有关审计程序保证能查出高于 4 000 元的错报，这时 4 000～6 000 元之间的错报也需执行有关审计程序查出来，很显然，重要性水平为 4 000 时审计不出这样的重大错报的可能性即审计风险，要比重要性水平为 6 000 元时的审计风险高。审计风险越高，越要求注册会计师收集更多更有效的审计证据，以将审计风险降至可接受的低水平。因此，重要性和审计证据之间也是反向变动关系。

值得注意的是，注册会计师不能不合理地人为调高重要性水平，降低审计风险。因为重要性是依据重要性概念中所述的判断标准确定的，而不是由主观期望的审计风险水平决定的。

【例 5-1】假如甲和乙注册会计师对某股份有限公司 2019 年度会计报表进行审计，其未经审计的有关报表项目见表 5-5。

表 5-5 未经审计的有关报表项目 单位：万元

会计报表项目名称	金 额
资产总计	360 000
股东权益总计	176 000
主营业务收入	480 000
净利润	48 240

要求：如果以资产、净资产、主营业务收入、净利润为判断基础，选用的判断比率分别为 0.5%、1%、0.5%、5%，请代甲和乙注册会计师确定某股份有限公司 2019 年度会计报表层次的重要性水平。

【答案】根据题述中所给资料计算的重要性水平的参考选项分别为：

360 000×0.5%=1 800（万元）

176 000×1%=1 760（万元）

480 000×0.5=2 400（万元）

48 240×5%=2 412（万元）

根据确定重要性水平的原则：①谨慎性原则——孰低原则；②兼顾审计成本与效益的原则。在审计实务中，甲和乙应协商在（1 760，2 000）范围内确定一个报表层次的重要性水平。

案 例 讨 论

对宇泰公司重大错报风险的评估

宇泰公司主要从事小型电子消费品的生产和销售，产品销售以宇泰公司仓库为交货地点。宇泰公司日常交易采用自动化信息系统和手工控制相结合的方式进行。系统自 2018 年至今没有发生变化。宇泰公司的产品主要销往国内各主要城市的电子消费品经销商。注册会计师 A 和 B 负责审计宇泰公司 2019 年度财务报表。

注册会计师 A 和 B 在审计工作底稿中记录了所获取的宇泰公司财务数据，部分内容摘录如下：

宇泰公司不同年份各产品的财务数据摘录 单位：万元

项 目	2018 年		2019 年	
	C 产品	D 产品	C 产品	D 产品
产成品	2 500	0	2 000	1 800
存货跌价准备	0		0	
主营业务收入	20 000	0	18 500	8 000

续上表

项　目	2018年		2019年	
	C产品	D产品	C产品	D产品
主营业务成本	16 800	0	17 000	5 600
销售费用——运输费	1 150		1 200	
利息支出	25		300	
减:利息资本化	25		250	
净利息支出	0		50	

注册会计师A和B在审计工作底稿中记录了所了解的宇泰公司及其环境的情况，部分内容摘录如下：

(1)在2018年实现销售收入增长10%的基础上，宇泰公司董事会确定的2019年销售收入增长目标为20%。宇泰公司管理层实行年薪制，总体薪酬水平根据上述目标的完成情况上下浮动。宇泰公司所处行业2019年的平均销售增长率是12%。

(2)宇泰公司财务总监已为宇泰公司工作超过6年，于2019年9月劳动合同到期后被宇泰公司的竞争对手高薪聘请。由于工作压力大，宇泰公司会计部门人员流动频繁，除会计主管服务期超过4年外，其余人员的平均服务期少于2年。

(3)宇泰公司的产品面临快速更新换代的压力，市场竞争激烈。为巩固市场占有率，宇泰公司与2019年4月将主要产品(C产品)的售价下调了8%～10%。另外，宇泰公司在2020年推出了D产品(C产品的改良型号)，市场表现良好，计划在2020年扩大产量，并在2020年1月停止C产品的生产。为了加快资金流转，宇泰公司于2020年1月针对C产品开始实施新一轮的降价促销，平均降价幅度达到10%。

(4)宇泰公司销售的产品均由经过客户认可的外部运输公司实施运输，运费由宇泰公司承担，但运输途中的风险仍由客户自行承担。由于受能源价格上涨影响，2019年的运输单价比上年平均上升了15%，但运输商同意将运费结算周期从原来的30天延长至60天。

(5)2019年度宇泰公司主要原料的价格与上年基本持平，供应商也没有大的变化。但由于技术要求发生变化，D产品所耗高档金属材料比例比C产品略有上升，使得D产品的原材料成本比C产品上升了3%。

(6)除了2018年12月借入的2年期、年利率为6%的银行借款5 000万元外，宇泰公司没有其他借款。上述长期借款专门用于扩建现有的一条生产线，以满足D产品的生产需要。该生产线总投资65 000万元，2018年12月开工，2019年7月完工投入使用。

(资料来源:根据网络相关资料整理)

要求:针对注册会计师所了解的宇泰公司及其环境的情况，假定不考虑其他条件，请逐项指出所列事项是否可能表明存在重大错报风险。如果认为存在，请简要说明理由，并分别说明该风险是属于财务报表层次还是认定层次。

技能训练

一、单项选择题

1. 下列关于计划审计工作的说法正确的是(　　)。

A. 计划审计工作前需要充分了解被审计单位及其环境，一旦确定，无须进行修改

B. 计划审计工作通常由项目组中经验较多的人完成，项目负责人审核批准

C. 小型被审计单位无须制定总体审计策略

D. 项目负责人和项目组其他关键成员应当参与计划审计工作

2. 如果某一审计项目的审计风险为5%，重大错报风险为30%，则检查风险为(　　)。

A. 75%　　B. 16.67%　　C. 35%　　D. 20%

3. 下列有关审计重要性的表述中，错误的是(　　)。

A. 在考虑一项错报是否重要时，既要考虑错报的金额，又要考虑错报的性质

B. 如果一项错报单独或连同其他错报可能影响财务报表使用者依据财务报表做出的经济决策，则该项错报是重要的

C. 如果已识别但尚未更正的错报汇总数接近但不超过重要性水平，注册会计师无须要求管理层调整

D. 重要性的确定离不开职业判断

4. 注册会计师可以通过设定审计程序而控制的风险是(　　)。

A. 审计风险和固有风险　　B. 固有风险和控制风险

C. 检查风险和审计风险　　D. 控制风险和检查风险

5. 在既定的审计风险水平下，可接受的检查风险水平与认定层次的重大错报风险评估(　　)。

A. 成反向关系　　B. 成正向关系　　C. 没有关系　　D. 根据具体情况确定

6. 注册会计师应当为审计工作制订具体审计计划，以下各项中不属于具体审计计划的内容的是(　　)。

A. 风险评估程序　　B. 计划实施的进一步审计程序

C. 确定审计方向　　D. 计划的其他审计程序

7. 下列关于审计计划的说法中，正确的是(　　)。

A. 审计计划中不重要的方面可以更改，但是重要的方面如重要性水平不能更改

B. 计划审计工作是一个持续的、不断修正的过程，贯穿于整个审计业务的始终

C. 具体审计计划可以修改，而总体审计策略不可以修改

D. 审计计划一旦确定就不能更改

8. 根据审计风险模型，在控制检查风险时，注册会计师采取的有效措施是(　　)。

A. 通过实施审计程序降低重大错报风险，从而控制检查风险

B. 合理设计和有效实施进一步审计程序

C. 调高重要性水平

D. 重新执行内部控制降低控制风险，从而控制检查风险

9. 下列关于错报的说法中，错误的是（　　）。

A. 明显微小的错报不需要累积

B. 错报可能是由于错误或舞弊导致的

C. 错报仅指某一财务报表项目金额与按照企业会计准则应当列示的金额之间的差异

D. 判断错报是指由于管理层对会计估计作出不合理的判断或不恰当地选择和运用会计政策而导致的差异

10. 下列各项中与 A 公司财务报表层次重大错报风险评估最相关的是（　　）。

A. A 公司应收账款周转率呈明显下降趋势

B. A 公司控制环境薄弱

C. A 公司的生产成本计算过程相当复杂

D. A 公司持有大量高价值且易被盗窃的资产

二、多项选择题

1. 关于审计风险及其各要素的下列说法中，正确的是（　　）。

A. 可接受的审计风险是注册会计师可以判定的

B. 重大错报风险是通过评估得出的

C. 检查风险是控制测试得出的

D. 通过实质性测试来控制检查风险

2. 下列关于重要性的提法中，正确的有（　　）。

A. 无论笔误还是舞弊，金额小于重要性时均不重要

B. 恰当运用重要性有助于提高审计效率和保证审计质量

C. 重要性有数量和性质两个方面的特征

D. 注册会计师应从财务报表和各类交易、账户余额、列报认定两个层次来考虑重要性

3. 关于重要性和审计风险的关系中，下列说法中不恰当的有（　　）。

A. 为了降低审计风险，注册会计师调高了重要性水平

B. 重要性水平越高，审计风险越低

C. 重要性水平与审计证据之间是反向变动

D. 重要性是站在财务报表使用者角度进行判断，与审计风险不存在关系

4. 在执行审计业务时，注册会计师应当确定合理的重要性水平。下列做法错误的是（　　）。

A. 通过调高重要性水平，降低评估的重大错报风险

B. 通过调低重要性水平，降低评估的重大错报风险

C. 在确定计划的重要性水平时，应当考虑对被审计公司及其环境的了解

D. 在确定计划的重要性水平时，应当考虑实施进一步审计程序的结果

5. 在确定重要性水平时，下列各项中通常可以作为计算重要性水平基准的是（　　）。

A. 持续经营产生的利润　　B. 非经常性收益

C. 资产总额　　D. 营业收入

6. 对于特定被审计单位而言，审计风险和审计证据的关系可以表述为（　　）。

A. 可接受的审计风险越低，所需的审计证据数量越多

B. 可接受的检查风险越高，所需的审计证据数量就越少

C. 评估的重大错报风险越低，所需的审计证据数量就越少

D. 评估的重大错报风险越高，所需的审计证据数量就越少

三、判断题

1. 如果某项错报是(或可能是)由舞弊造成的，无论其金额大小，考虑到某些错报发生的环境，即使其金额低于计划的重要性水平，注册会计师仍可能认为其单独或连同其他错报从性质上看是重大的。（　　）

2. 计划审计工作是一个阶段的工作，并且总体审计策略和具体审计计划一经确定，不能改变。（　　）

3. 注册会计师对重大错报风险的评估是一种判断。若评估的重大错报风险比较低，注册会计师可以不用针对被审计单位所有重大的各类交易、账户余额、列报实施实质性程序。（　　）

4. 重要性取决于在具体环境下对错报金额和性质的判断。（　　）

四、简答题

1. 注册会计师在审计计划阶段和执行阶段分别需要对重要性水平进行怎样的考虑？

2. 简述审计风险、重大错报风险和检查风险的关系。

五、实训题

A 注册会计师负责对常年审计客户甲公司 2019 年度财务报表进行审计，撰写了总体审计策略和具体审计计划，部分内容摘录如下：

(1)初步了解 2019 年度甲公司及其环境未发生重大变化，拟信赖以往审计中对管理层、治理层诚信形成的判断。

(2)因对甲公司内部审计人员的客观性和专业胜任能力存有疑虑，拟不利用内部审计的工作。

(3)如对计划的重要性水平做出修正，拟通过修改计划实施的实质性程序的性质、时间和范围降低重大错报风险。

(4)假定甲公司在收入确认方面存在舞弊风险，拟将销售交易及其认定的重大错报风险评估为高水平，不再了解和评估相关控制的合理性并确定其是否已得到执行，直接实施细节测试。

(5)因甲公司于 2019 年 9 月关闭某地办事处并注销其银行账户，拟不再函证该银行账户。

(6)因审计工作时间安排紧张，拟不函证应收账款，直接实施替代审计程序。

要求：针对上述事项(1)至(6)，逐项指出 A 注册会计师拟定的计划是否存在不当之处。如有不当之外，简要说明理由。

项目6 实施风险评估程序

学习目标

通过本章的学习，熟悉风险评估程序的含义和内容；理解内部控制的含义及其要素；熟练掌握重大错报风险的评估过程。

学习重点

风险评估的内容及程序、内部控制的目标及要素。

任务6.1 了解被审计单位及其环境

6.1.1 风险评估总流程

风险评估程序是注册会计师为了了解被审计单位及其环境(包括内部控制)，以识别和评估财务报表层次和认定层次的重大错报风险(无论该风险是由舞弊还是错误导致的)而实施的审计程序。注册会计师实施风险评估程序，其目的在于获取财务信息和非财务信息来识别和评估财务报表层次和认定层次重大错报风险，从而为设计和实施针对评估的重大错报风险采取的应对措施提供基础。风险评估程序是总体审计程序中的必要程序，但是它本身并不能为形成审计意见提供充分、适当的审计证据。风险评估总流程如图6-1所示。

6.1.2 了解被审计单位及其环境的必要风险评估程序

注册会计师应当实施下列风险评估程序，以了解被审计单位及其环境。

1. 询问被审计单位管理层和内部其他相关人员

注册会计师可以考虑向管理层和财务负责人询问下列事项：

(1)管理层所关注的主要问题。如新的竞争对手、主要客户和供应商的流失、新的税收法规的实施以及经营目标或战略的变化等。

(2)被审计单位最近的财务状况、经营成果和现金流量。

(3)可能影响财务报告的交易和事项，或者目前发生的重大会计处理问题。例如，重大并购事宜等。

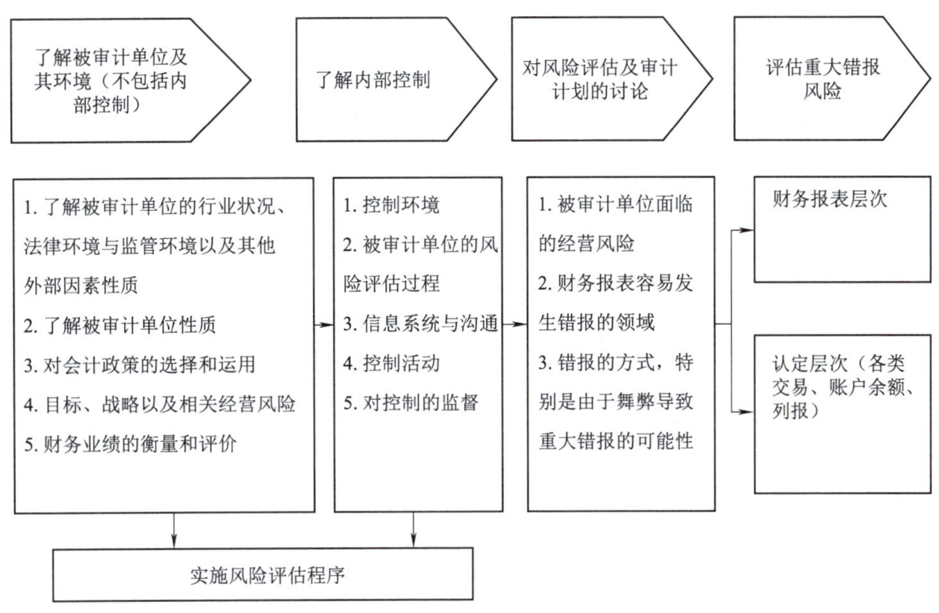

图 6-1 风险评估总流程

(4)被审计单位发生的其他重要变化。如所有权结构、组织结构的变化，以及内部控制的变化等。

注册会计师通过询问获取的大部分信息都来自于管理层和负责财务报告的人员。另外，注册会计师还应当考虑询问内部审计师、采购人员、生产人员、销售人员等其他人员，并考虑询问不同级别的员工，以获取对识别重大错报风险有用的信息。询问本身并不足以评价控制的设计以及确定其是否得到执行，注册会计师应当将询问与其他风险评估程序结合使用。

2. 实施分析程序

分析程序是指注册会计师通过研究不同财务数据之间以及财务数据与非财务数据之间的内在关系，对财务信息做出评价。分析程序还包括调查识别出的、与其他相关信息不一致或与预期数据严重偏离的波动和关系。

在实施分析程序时，注册会计师应当预期可能存在的合理关系，并与被审计单位记录的金额、依据记录金额计算的比率或趋势相比较；如果发现异常或未预期到的关系，注册会计师应当在识别重大错报风险时考虑这些比较结果。例如，注册会计师通过实施分析程序发现，两个会计期间的毛利率相当。但是，注册会计师通过对被审计单位的了解，获知在生产成本中占较大比例的原材料成本在相关期间内上升，而销售单价并未变化。注册会计师预期销售成本也应相应上升，而毛利率应相应下降。上述分析可能使注册会计师得出结论：营业收入和销售成本可能存在重大错报风险，应对其给予足够的重视。

3. 观察和检查

观察和检查程序可以印证对管理层和其他相关人员的询问结果，并可提供有关被审计单位及其环境的信息，注册会计师应当实施下列观察和检查程序：

(1)观察被审计单位的生产经营活动。例如，观察被审计单位人员正在从事的生产活动和内部控制活动。

(2)检查文件、记录和内部控制手册。例如,检查被审计单位的章程或者与其他单位签订的合同、协议等。

(3)阅读由管理层和治理层编制的报告。例如,阅读被审计单位年度和中期财务报告;股东大会等会议纪要。

(4)实地查看被审计单位的生产经营场所和设备。通过现场访问和实地查看被审计单位的生产经营场所和设备,可以帮助注册会计师了解被审计单位的性质及其经营活动。

(5)追踪交易在财务报告信息系统中的处理过程(穿行测试)。通过追踪某笔或某几笔交易在业务流程中如何生成、记录、处理和报告,以及相关控制如何执行,注册会计师可以确定被审计单位的交易流程和相关控制是否与之前获得的信息一致,并确定相关控制是否得到执行。这是注册会计师了解被审计单位业务流程及其相关控制时经常使用的审计程序。

需要说明的是,注册会计师从六个方面了解被审计单位及其环境,但注册会计师无须在了解每个方面时都实施以上所有的风险评估程序。例如,在了解内部控制时通常不用分析程序。但是,在对被审计单位及其环境获取了解的整个过程中,注册会计师通常会实施上述所有的风险评估程序。

6.1.3 了解被审计单位及其环境的具体内容(不包括内部控制)

1. 了解行业状况、法律环境与监管环境以及其他外部因素

注册会计师应当了解被审计单位的行业状况主要包括:所处行业的市场供求与竞争;生产经营的季节性和周期性;产品生产技术的变化;能源供应与成本;行业的关键指标和统计数据。

注册会计师应当了解被审计单位所处的法律环境及监管环境,主要包括:适用的会计准则、会计制度和行业特定惯例;对经营活动产生重大影响的法律法规及监管活动;对开展业务产生重大影响的政府政策,包括货币、财政、税收和贸易等政策;与被审计单位所处行业和所从事经营活动相关的环保要求。

注册会计师应当了解影响被审计单位经营的其他外部因素,主要包括:宏观经济的景气度;利率和资金供求状况;通货膨胀水平及币值变动;国际经济环境和汇率变动。

2. 了解被审计单位的性质

1)所有权结构

对被审计单位所有权结构的了解有助于注册会计师识别关联方关系并了解被审计单位的决策过程。

2)治理结构

注册会计师应当了解被审计单位的治理结构。例如,董事会的构成情况、董事会内部是否有独立董事;治理结构中是否设有审计委员会或监事会及其运作情况。注册会计师应当考虑治理层是否能够在独立于管理层的情况下对被审计单位事务(包括财务报告)做出客观判断。

3)组织结构

复杂的组织结构可能导致某些特定的重大错报风险。

4)经营活动

了解被审计单位经营活动有助于注册会计师识别预期在财务报表中反映的主要交易类别、重要账户余额和列报。注册会计师应当了解被审计单位的经营活动。

5)投资活动

了解被审计单位投资活动有助于注册会计师关注被审计单位在经营策略和方向上的重大变化。

6)筹资活动

了解被审计单位融资活动有助于注册会计师评估被审计单位在融资方面的压力,并进一步考虑被审计单位在可预见未来的持续经营能力。

3. 了解被审计单位对会计政策的选择和运用

注册会计师应当关注的主要内容有:

(1)重大和异常交易的会计处理方法。

(2)在新领域和缺乏权威性标准或共识的领域,采用重要会计政策产生的影响。

(3)会计政策的变更。

(4)新颁布的财务报告准则、法律法规,以及被审计单位何时采用、如何采用这些规定等。

4. 了解被审计单位的目标、战略以及相关经营风险

注册会计师应当了解被审计单位是否存在与下列方面有关的目标和战略,并考虑相应的经营风险:

(1)行业发展及其可能导致的被审计单位不具备足以应对行业变化的人力资源和业务专长等风险。

(2)开发新产品或提供新服务,及其可能导致的被审计单位产品责任增加等风险。

(3)业务扩张,及其可能导致的被审计单位对市场需求的估计不准确等风险。

(4)新颁布的会计法规,及其可能导致的被审计单位执行法规不当或不完整,或会计处理成本增加等风险。

(5)监管要求,及其可能导致的被审计单位法律责任增加等风险。

(6)本期及未来的融资条件,及其可能导致的被审计单位由于无法满足融资条件而失去融资机会等风险。

(7)信息技术的运用,及其可能导致的被审计单位信息系统与业务流程难以融合等风险。

5. 了解被审计单位财务业绩的衡量和评价

在了解被审计单位财务业绩衡量和评价情况时,注册会计师应当关注下列信息:关键业绩指标;业绩趋势;预测、预算和差异分析;管理层和员工业绩考核与激励性报酬政策;分部信息与不同层次部门的业绩报告;与竞争对手的业绩比较;外部机构提出的报告。

1)关注内部财务业绩衡量的结果

内部财务业绩衡量可能显示未预期到的结果或趋势。在这种情况下,管理层通常会进行调查并采取纠正措施。除此以外,注册会计师应当关注被审计单位内部财务业绩衡量所显示的未预期到的结果或趋势、管理层的调查结果和纠正措施,以及相关信息是否显示财

务报表可能存在重大错报。

2)考虑财务业绩衡量指标的可靠性

如果拟利用被审计单位内部信息系统生成的财务业绩衡量指标，注册会计师应当考虑相关信息是否可靠，以及利用这些信息是否足以实现审计目标。

注册会计师了解以上情况的目的在于识别和评估财务报表重大错报风险，设计和实施进一步审计程序，应当形成相关底稿支持注册会计师的专业判断。常用的审计工作底稿参考格式格式见表 6-1。

表 6-1 了解被审计单位及其环境(不包括内部控制)

被审计单位		索引号	
项目		财务报表截止日/期间	
编制人		复核人	
日期		日期	

一、审计目标

从以下方面了解被审计单位及其环境，并评估相应重大错报风险：

1.行业状况、法律环境与监管环境以及其他外部因素；

2.被审计单位的性质；

3.被审计单位对会计政策的选择和运用；

4.被审计单位的目标、战略以及相关经营风险；

5.被审计单位财务业绩的衡量和评价。

二、行业状况、法律环境与监管环境以及其他外部因素

(一)实施的风险评估程序

风险评估程序	适用否	执行人	执行时间	索引号
一、被审计单位的行业状况				
1.了解被审计单位所处行业的总体发展趋势；				
2.了解被审计单位所处发展阶段，如起步、快速成长、成熟/产生现金流入或衰退阶段；				
3.了解被审计单位所面临的市场的需求、市场容量和价格竞争；				
4.了解被审计单位所在该行业是否受经济周期波动的影响，以及被审计单位所采取的什么措施；				
5.了解被审计单位所在行业受技术发展影响的程度；				
6.了解被审计单位所在行业是否开发了新的技术；				
7.了解被审计单位的竞争者，以及他们所占的市场份额；				
8.了解被审计单位及其竞争者主要的竞争优势；				
9.了解被审计单位业务的增长率和总体的财务业绩与行业的平均水平及主要竞争者相比的状况，以及存在重大差异的原因；				

续上表

风险评估程序	适用否	执行人	执行时间	索引号
10.了解竞争者是否采取了某些行动，如并购活动、降低销售价格、开发新技术等，从而对被审计单位的经营活动产生影响。				
二、被审计单位所处的法律环境及监管环境				
1.了解国家对于行业的特殊的监管要求；				
2.了解新出台的法律法规对被审计单位有何影响；				
3.了解国家货币、财政、税收和贸易等方面政策的变化对被审计单位的经营活动产生影响；				
4.了解与被审计单位相关的税收法规是否发生变化。				
(二)了解的内容和评估出的风险 1.行业状况 (1)所在行业的市场供求与竞争				
(2)生产经营的季节性和周期性				
(3)产品生产技术的变化 (4)能源供应与成本 (5)行业的关键指标和统计数据 2.法律环境及监管环境 (1)适用的会计准则、会计制度和行业特定惯例				
(2)对经营活动产生重大影响的法律法规及监管活动 (3)对开展业务产生重大影响的政府政策，包括货币、财政、税收和贸易等政策 (4)与被审计单位所处行业和所从事经营活动相关的环保要求 3.其他外部因素 (1)宏观经济的景气度				
(2)利率和资金供求状况 (3)通货膨胀水平及币值变动 (4)国际经济环境和汇率变动 **三、被审计单位的性质** (一)实施的风险评估程序				

风险评估程序	适用否	执行人	执行时间	索引号
一、被审计单位的所有权结构				
1.了解所有权结构和企业性质				
2.了解被审计单位识别关联方的程序				

续上表

风险评估程序	适用否	执行人	执行时间	索引号
3.了解控股母公司(股东)的情况				
二、被审计单位的治理结构				
1.了解被审计单位的治理结构的建设情况				
2.了解治理层和管理层的关系				
三、被审计单位的组织结构				
1.了解组织结构				
2.绘制组织结构图				
四、被审计单位的经营活动				
1.了解主营业务的性质				
2.了解与被审计单位生产产品或提供劳务相关的市场信息				

(二)了解的内容和评估出的风险

1.所有权结构

(1)所有权性质(属于国有企业、外商投资企业、民营企业还是其他类型):

____

(2)所有者和其他人员或单位的名称,以及与被审计单位之间的关系

所有者	主要描述(法人/自然人,企业类型,自然人的主要社会职务,企业所属地区、规模等)	与被审计单位之间的关系

(3)控股母公司

2.治理结构

(1)获取或编制被审计单位治理结构图

(2)对图示内容作出详细解释说明

3.组织结构

(1)获取或编制被审计单位组织结构图

(2)对图示内容作出详细解释说明

4.经营活动

(1)主营业务的性质:______________________________

(2)主要产品及描述

续上表

(3)与生产产品或提供劳务相关的市场信息
(4)业务的开展情况
(5)联盟、合营与外包情况
(6)从事电子商务的情况
(7)地区与行业分布
(8)生产设施、仓库的地理位置及办公地点
(9)关键客户
(10)重要供应商
(11)劳动用工情况
(12)研究与开发活动及其支出
(13)关联方交易
5. 投资活动
(1)近期拟实施或已实施的并购活动与资产处置情况

(2)证券投资、委托贷款的发生与处置
(3)资本性投资活动
(4)不纳入合并范围的投资
6. 筹资活动
(1)债务结构和相关条款,包括担保情况及表外融资

(2)固定资产的租赁
(3)关联方融资
(4)实际受益股东
(5)衍生金融工具的运用

四、被审计单位对会计政策的选择和运用

(一)实施的风险评估程序

风险评估程序	执行人	执行时间	索引号

(二)了解的内容和评估出的风险

1. 被审计单位选择和运用的会计政策

重要的会计政策	被审计单位选择和运用的会计政策	对会计政策选择和运用的评价
发出存货成本的计量		
长期股权投资的后续计量		
固定资产的初始计量		
无形资产的确定		
非货币性资产交换的计量		
收入的确认		
借款费用的处理		

续上表

重要的会计政策	被审计单位选择和运用的会计政策	对会计政策选择和运用的评价
合并政策		

2. 会计政策变更的情况

原会计政策	变更后会计政策	变更日期	变更原因	对变更的处理（调整、列报等）	对变更的评价

3. 披露

五、被审计单位的目标、战略以及相关经营风险

（一）实施的风险评估程序

风险评估程序	执行人	执行时间	索引号
一、行业发展情况			
1. 了解被审计单位所属行业前5年的发展情况			
2. 了解被审计单位所属行业未来5年的发展情况			
3. 了解被审计单位在行业中的地位，以及被审计单位的发展战略和目标			
4. 了解被审计单位实现其战略目标的实施方案			
二、开发新产品或提供新服务的情况			
1. 了解被审计单位前5年开发新产品或提供新服务的情况			
2. 了解被审计单位未来5年开发新产品或提供新服务的发展计划和目标			
3. 了解开发新产品或提供新服务对于被审计单位战略目标实现的重要性			
4. 了解被审计单位已经开始研发但尚未投入市场的新产品或新服务的情况			
三、业务扩张情况			
1. 了解被审计单位前5年业务增长的情况，包括业务收入总量和市场份额的增长情况			
2. 了解被审计单位未来5年业务的发展计划和目标			
四、新颁布的会计法规			
1. 了解适用于被审计单位新颁布的会计法规			
2. 了解新颁布的会计法规可能对被审计单位财务报告显示的财务状况和经营成果产生的影响			

续上表

风险评估程序	执行人	执行时间	索引号
3. 了解被审计单位针对新颁布的会计法规的应对方式和应对计划			
五、监管要求			
六、本期及未来的融资条件			
七、信息技术的运用			

（二）了解的内容和评估出的风险

1. 目标、战略

2. 相关经营风险

3. 被审计单位的风险评估过程

六、被审计单位财务业绩的衡量和评价

（一）实施的风险评估程序

风险评估程序	执行人	执行时间	索引号
一、被审计单位的关键业绩指标			
1. 了解各项法律以及监管要求的关键业绩指标			
A. 关于投资规模、注册资本金			
B. 关于盈利能力			
C. 关于偿债能力			
D. 其他			
2. 了解股东要求的关键业绩指标			
A. 关于盈利能力			
B. 关于发展能力			
C. 其他			
3. 了解主要贷款人要求的关键业绩指标			
A. 关于偿债能力			
B. 关于资产规模			
C. 其他			
二、被审计单位的业绩趋势			
1. 了解被审计单位所在行业的发展趋势			
2. 了解被审计单位盈利能力的5年趋势			
3. 了解被审计单位关键业绩指标的5年趋势			
三、被审计单位预测、预算和差异分析			
1. 了解被审计单位所属主要市场的竞争情况			
2. 了解被审计单位竞争对手的业绩和业绩趋势			
四、被审计单位管理层和员工业绩考核与激励性报酬政策			
1. 了解被审计单位管理层业绩考核方式和关键考核指标，以激励性报酬政策			
2. 了解被审计单位员工业绩考核方式和关键考核指标，以及激励性报酬政策			

续上表

风险评估程序	执行人	执行时间	索引号
五、被审计单位分部信息与不同层次部门的业绩报告			
1. 了解被审计单位分部信息的业绩报告			
2. 了解被审计单位不同层次部门的业绩报告			
六、被审计单位与竞争对手的业绩比较			
1. 了解被审计单位所属主要市场的竞争情况			
2. 了解被审计单位竞争对手的业绩和业绩趋势			
七、外部机构提供的报告			

任务 6.2　了解被审计单位的内部控制

6.2.1　内部控制框架

1. 内部控制的含义

内部控制是指被审计单位为了合理保证财务报告的可靠性、经营的效率和效果以及对法律法规的遵守，由治理层、管理层和其他人员设计与执行的政策及程序。内部控制的框架如图 6-2 所示。

可以从以下几方面理解内部控制：

(1)内部控制的目标是合理保证以下几个方面：①财务报告的可靠性，这一目标与管理层履行财务报告编制责任密切相关；②经营的效率和效果，即经济有效地使用企业资源，以最优方式实现企业的目标；③在所有经营活动中遵守法律法规的要求，即在法律法规的框架下从事经营活动。

(2)设计和实施内部控制的责任主体是治理层、管理层和其他人员，组织中的每一个人都对内部控制负有责任。

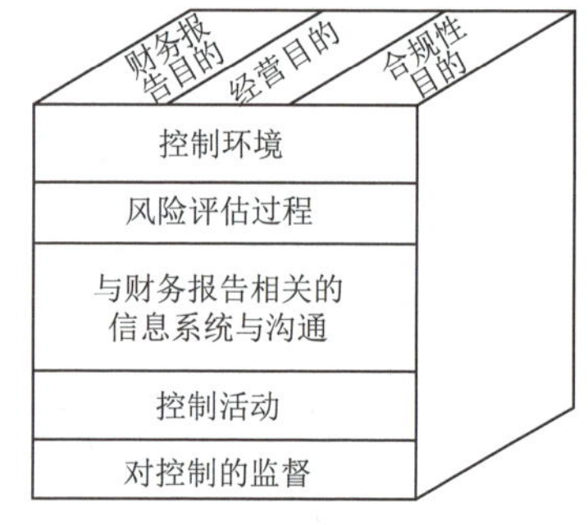

图 6-2　内部控制的框架

(3)实现内部控制目标的手段是设计和执行控制政策和程序。

(4)注册会计师在了解内部控制时只是了解与财务报表审计相关的内部控制，并非被审计单位所有的内部控制。例如，被审计单位可能依靠某一复杂的自动控制系统提高经营活动的效率和效果(如航空公司用于维护航班时间表的自动控制系统)，但这些控制通常与审计无关。

(5)了解内部控制的深度，包括：评价控制的设计是否合理；确定内部控制是否得到执行。

(6)内部控制存在固有局限性，无论如何设计和执行，只能对财务报告的可靠性提供合理的保证。固有局限性包括：人为判断可能出现错误和由于人为失误而导致内部控制失效；可能由于人员串通或管理层凌驾于内部控制之上而被规避。

2. 内部控制的要素

内部控制的内容，归根结底是由基本要素组成的。这些要素及其构成方式，决定着内部控制的内容与形式。内部控制主要有下列五个要素：

1)控制环境

控制环境提供企业纪律与架构,塑造企业文化,并影响企业员工的控制意识,是所有其他内部控制组成要素的基础。良好的控制环境是实施有效内部控制的基础。因此,财务报表层次的重大错报风险通常源自于薄弱的控制环境。控制环境的因素具体包括:对诚信和道德价值观念的沟通与落实、对胜任能力的重视、治理层的参与程度、管理层的理念和经营风格、组织结构及职责与责任的分配、人力资源政策及实务。

2)风险评估过程

风险评估过程就是用来识别、评估和管理影响企业实现经营目标能力的各种经营风险。在评价被审计单位风险评估过程的设计和执行时,注册会计师应当确定管理层如何识别与财务报告相关的经营风险,如何估计该风险的重要性,如何评估风险发生的可能性,以及如何采取措施管理这些风险。如果被审计单位的风险评估过程符合其具体情况,了解被审计单位的风险评估过程和结果有助于注册会计师识别财务报表重大错报的风险。

3)控制活动

企业管理层辨识风险,继之应针对这种风险发出必要的指令。控制活动,是确保管理层的指令得以执行的政策及程序。控制活动在企业内的各个阶层和职能之间都会出现,这主要包括与授权、业绩评价、信息处理、实物控制、职责分离等相关的活动。

注册会计师的工作重点是识别和了解针对重大错报可能发生的领域的控制活动。在了解控制活动时,注册会计师应当重点考虑一项控制活动单独或连同其他控制活动,是否能够以及如何防止或发现并纠正各类交易、账户余额和披露存在的重大错报。如果多项控制活动能够实现同一目标,注册会计师不必了解与该目标相关的每项控制活动。

4)信息系统与沟通

企业在其经营过程中,需按某种形式辨识、取得确切的信息,并进行沟通,以使员工能够履行其责任。信息系统不仅处理企业内部所产生的信息,同时也处理与外部的事项、活动及环境等有关的信息。企业所有员工必须从最高管理层清楚地获取承担控制责任的信息,而且必须有向上级部门沟通重要信息的方法,并对外界顾客、供应商、政府主管机关和股东等做有效的沟通。注册会计师应当重点关注与财务报告相关的信息系统与沟通。

5)对控制的监督

内部控制系统需要被监控。对控制的监督是指被审计单位评价内部控制在一段时间内运行有效性的过程,该过程包括及时评价控制的设计和运行,以及根据情况的变化采取必要的纠正措施。监控活动由持续监控、专门评价所组成,其可确保企业内部控制能持续有效的运作。

3. 内部控制的描述方法

为了评价被审计单位的内部控制,审计人员需在审计工作底稿中对内部控制进行了解和描述。他们可通过参阅被审单位的规章制度、组织机构设置表和前一年度的审计工作底稿,也可以通过现场询问有关人员以及通过审计人员的实地观察,来了解和掌握被审计单位的详细情况。内部控制的描述方法主要有以下三种方法:

1)文字叙述法

文字叙述法是指注册会计师将所了解的被审计单位内部控制情况以文字叙述的方式

加以记录和说明的描述方法。文字叙述法比较适用于反映与总体控制有关的内容，如组织机构的设置、职权范围等，也比较适用于静态控制制度的反映，如实物保管控制等。此外，这种方法还可以对某些需要注册会计师审计的控制细节加以深入地描述。

2)调查表法

调查表法是注册会计师根据自己对内部控制制度的理解，针对各项具体的控制措施事先拟定一系列的问题，并列在表上请被审计单位有关人员回答，从而使注册会计师判断某项控制措施是否存在，并以此作为评价被审计单位内部控制制度是否健全的依据。

内部控制制度调查表(见表 6-2)是由事先拟定的一系列问题所构成，提出问题的恰当与否，直接关系到采用这种方法能否达到预期的目的。

表 6-2 会计报表编制与报送内部控制调查(索引号 E01-01)

编号	问题	是	否	备注
1	有无专人负责编制会计报表?			
2	负责编制会计报表的各岗位有无明确的职责划分?			
3	是否按会计制度规定的格式和要求编制?			
4	是否按会计制度的格式和要求编制?			
5	是否进行试算平衡工作?			
6	编制报表前是否进行财产清查?			
7	纳入合并报表范围的母公司、子公司及控股公司的会计报表是否经过审计?			
8	应合并的会计报表是否全部合并?			
9	合并会计报表编制是否有过渡表(工作底稿)?			
10	报告期改变会计计量方法和揭示方法是否经有权部门批准并在报表附注充分说明?			
11	是否按规定编写财务情况说明书?			
12	是否按时向有关部门报送会计报表?			
结果				
以上请据实填写。"是"表示内部控制的健全，打"√";"否"表示内部控制的缺陷，打"×";不能判断的在"备注"栏注明。 被测试人: 年 月 日 审计人员: 年 月 日				

3)流程图法

流程图法以特定的符号，按照业务处理流程反映和描述内部控制制度，是评价内部控制制度的主要方法。流程图是由一系列的符号组成的，符号就是流程图的语言。目前，国际上还没有统一的流程图符号，注册会计师可以结合工作实际自行确定。在实践中，绘制流程图的形式很多，有的以横向方式反映业务处理的流程，有的以纵向方式反映业务处理流程。现以某股份公司内部控制一级流程为例，简要说明流程图的绘制方法，如图 6-3 所示。

上面介绍的三种方法是现阶段注册会计师审计实务中比较常用的评价内部控制制度健全性的方法。这三种方法各有优点和缺点，适用于调查、描述和评价不同类型的内部控制制度。因此，注册会计师在评价内部控制制度的健全性时，可以一种方法为主，结合其他方法一并运用,使得评价更为全面、可靠。

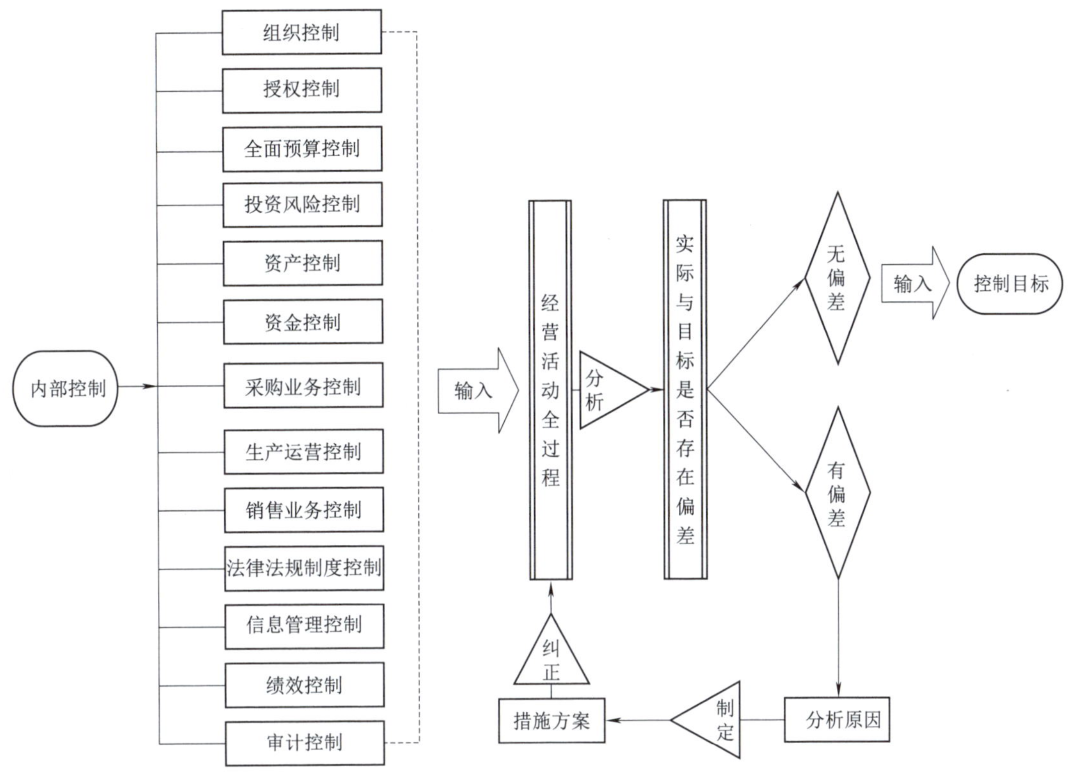

图 6-3　某股份公司内部控制一级流程图

6.2.2　在整体层面了解内部控制

整体层面内部控制和业务流程层面内部控制是土壤和花的关系,土壤不行,花也不会长得好。整体层面的内部控制是否有效将直接影响重要业务流程层面控制的有效性,进而影响拟实施的进一步审计程序的性质、时间和范围。在整体层面对被审计单位内部控制的了解和评估,通常由项目组中对被审计单位情况比较了解且较有经验的成员负责,同时需要项目组其他成员的参与和配合,他们可能是更多地参与日常经营管理活动和财务报告活动,但这些并不一定会影响注册会计师对于被审计单位整体层面的内部控制是否有效的判断。

从整体层面了解内控通常使用的审计程序包括:询问被审计单位人员、观察特定控制的应用、检查文件和报告、穿行测试。内部控制中的有些要素(如:控制环境、被审计单位的风险评估过程、对控制的监督)更多地对被审计单位的整体层面产生影响。而有些要素(如:控制活动、信息系统与沟通)可能更多地与特定业务流程相关。

财务报表层次的重大错报风险很可能源于薄弱的控制环境,因此,注册会计师在评估财务报表层次的重大错报风险时,应当将被审计单位整体层面的内部控制状况和了解到的被审计单位及其环境其他方面的情况结合起来考虑。特别注意的是,注册会计师在对被审计单位整体层面的内部控制的设计进行评价时,需要大量的职业判断,并没有固定的公式或指标可供参考。

注册会计师应当将对被审计单位整体层面的内部控制各要素的了解要点和实施的风险评估程序及其结果等形成审计工作记录，并对影响注册会计师对整体层面内部控制有效性进行判断的因素加以详细记录。注册会计师通常记录内容见表 6-3。

表 6-3　了解被审计单位整体层面内部控制

被审计单位： 项目：了解被审计单位整体层面内部控制 财务报表截止日/期间：	索引号：C06 编制人： 复核人：	页次： 日期： 日期：
一、了解被审计单位整体层面内部控制 通过了解被审计单位整体层面内部控制的制定和执行情况，以识别和评估财务报表重大错报风险。		
二、了解被审计单位整体层面内部控制审计程序		
具体程序	是否执行	索引号
(一)了解和评价被审计单位控制环境		C07
1. 了解和评价被审计单位对诚信和道德价值观念的沟通与落实		
2. 了解和评价被审计单位对胜任能力的重视		
3. 了解和评价被审计单位治理层的参与程度		
4. 了解和评价被审计单位管理层的理念和经营风格		
5. 了解和评价被审计单位组织结构		
6. 了解和评价被审计单位职权与责任的分配		
7. 了解和评价被审计单位人力资源的政策与实务		
(二)了解和评价被审计单位的风险评估程序		C08
(三)了解和评价被审计单位信息系统与沟通		C09
1. 了解和评价被审计单位与财务报告相关的信息系统的建立和执行情况		
2. 了解和评价被审计单位信息系统的沟通		
3. 了解和评价被审计单位反舞弊机制的建立和执行情况		
4. 了解和评价被审计单位举报投诉制度的建立和执行情况		
(四)了解和评价被审计单位的控制活动		C10
1. 了解和评价被审计单位信息技术的一般控制情况		
2. 了解和评价被审计单位主要控制活动		
(五)了解和评价被审计单位对控制的监督		C11
1. 了解和评价被审计单位持续监督情况		
2. 了解和评价被审计单位对控制监督的专门评价情况		

6.2.3　在业务流程层面了解内部控制

在初步计划审计工作时，注册会计师需要确定在被审计单位财务报表中可能存在重大错报风险的重大账户及其相关认定。为实现此目的，在业务流程层面了解内部控制通常采取下列步骤：

1. 确定被审计单位重要业务流程和影响重大账户的重要交易类别

在实务中，将被审计单位的整个经营活动划分为几个重要的业务循环，有助于注册会计师更有效地了解和评估重要业务流程及相关控制。通常，对制造业可以划分为销售与收款循环、采购与付款循环、生产与存货循环、人力资源与工薪循环、投资与筹资循环等。见表 6-4。

表 6-4　业务循环与主要财务报表项目对照表

业务循环	资产负债表项目	利润表项目
销售与收款循环	应收票据及应收账款、合同资产、长期应收款、预收款项、应交税费、合同负债	营业收入、税金及附加
采购与付款循环	预付款项、持有待售资产、固定资产、在建工程、生产性生物资产、油气资产、无形资产、开发支出、长期待摊费用、应付票据及应付账款、持有待售负债、长期应付款	销售费用、管理费用、研发费用、其他收益
生产与存货循环	存货(包括材料采购或在途物资、原材料、材料成本差异、库存商品、发出商品、商品进销差价、委托加工物资、委托代销商品、受托代销商品、周转材料、生产成本、制造费用、劳务成本、存货跌价准备、受托代销商品款等)	营业成本
人力资源与工资循环	应付职工薪酬	营业成本、销售费用、管理费用
投资与筹资循环	交易性金融资产、应收利息、应收股利、其他应收款、其他流动资产、债权投资、其他债权投资长期股权投资、投资性房地产、递延所得税资产、其他非流动资产、短期借款、交易性金融负债、应付利息、应付股利、其他应付款、长期借款、应付债券、预计负债、递延所得税负债、其他非流动负债、实收资本(或股本)、资本公积、盈余公积、其他综合收益、未分配利润	财务费用、资产减值损失、信用减值损失、公允价值变动收益、投资收益、资产处置收益、营业外收入、营业外支出、所得税费用

2. 了解并记录重要交易从发生到记入账目的整个流程

典型的销售与收款循环所涉及的业务活动包括如下环节，如图 6-4 所示。

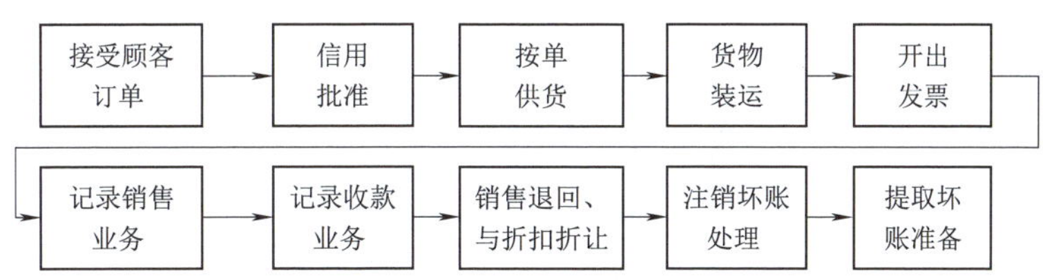

图 6-4　销售与收款业务活动的主要环节

(1)接受客户订购单，编制销售单。客户提出订货要求是整个销售与收款循环的起点。在这一环节中，销售人员接受客户订购单，只有在符合企业管理层的授权标准时，才能被接受。销售部门根据审批后的顾客订购单编制连续编号、一式多联的销售单。顾客订购单与营业收入的发生认定有关，而连续编号的销售单与营业收入的发生认定和完整性认定有关。

(2)批准赊销信用。对于赊销业务,赊销批准是由信用管理部门根据管理层的赊销政策进行信用批准,复核顾客订购单,并在销售单上签字。对于超过既定信用政策规定范围的特殊销售交易,企业应当进行集体决策。设计信用批准控制的目的是为了降低坏账风险,这些控制与应收账款账面余额的“计价和分摊”认定有关。

(3)按销售单供货。按销售单供货是仓库部门根据已批准的销售单供货,同时仓库部门编制连续编号的出库单。设立这项控制程序的目的是为了防止仓库在未经授权的情况下擅自发货。出库单与营业收入的发生认定和完整性认定有关。

(4)按销售单装运货物。企业的装运部门根据经批准的核对无误的销售单装运货物,并填制提货单等发运文件。将按经批准的销售单供货与按销售单装运货物职责相分离,有助于避免装运职员在未经授权的情况下装运产品。

(5)向客户开具账单。开具账单是指开具并向客户寄送事先连续编号的销售发票。这项功能所针对的主要问题是:是否对所有装运的货物都开具了账单(即“完整性”认定问题);是否只对实际装运的货物才开具账单,有无重复开具账单或虚构交易(即“发生”认定问题);是否按已授权批准的商品价目表所列价格计价开具账单(即“准确性”认定问题)。

为了降低开具账单过程中出现遗漏、重复、错误计价或其他差错的风险,开具账单的人员在编制每张销售发票之前应独立检查是否存在装运凭证和相应的经批准的销售单,依据已授权批准的商品价目表开具销售发票,独立检查销售发票计价和计算的正确性,将装运凭证上的商品总数与相对应的销售发票上的商品总数进行比较。

上述的控制程序有助于确保用于记录销售交易的销售发票的正确性。因此,这些控制与销售交易的“发生”、“完整性”以及“准确性”认定有关。销售发票副联通常由开具账单部门保管。

(6)记录销售。在手工会计系统中,记录销售的过程包括区分赊销、现销、按销售发票编制转账凭证或现金、银行存款收款凭证,再据以登记销售明细账和应收账款明细账或现金日记账、银行存款日记账。这项业务活动主要与“发生”“完整性”“准确性”以及“计价和分摊”认定相关。

(7)办理和记录现金、银行存款收入。这项功能涉及的是有关货款收回,现金、银行存款增加以及应收账款减少的活动。在办理和记录现金、银行存款收入时,最应关心的是货币资金失窃的可能性。货币资金失窃可能发生在货币资金收入登记入账之前或登记入账之后。处理货币资金收入时最重要的是要保证全部货币资金都必须如数、及时的记入库存现金、银行存款日记账或应收账款明细账,并如数、及时的将现金存入银行。企业通过出纳与现金记账的职责分离、现金盘点、编制银行存款余额调节表、定期向客户发送对账单等控制来实现上述目的。

(8)办理和记录销售退回、销售折扣与折让。客户如果对商品不满意,销售企业一般都会同意接受退货,或给予一定的销售折让;客户如果提前支付货款,销售企业则可能会给予一定的销售折扣。发生此类事项时,必须经授权批准,并应确保与办理此事有关的部门和职员各司其职,分别控制实物流和会计处理。在这方面,严格使用贷项通知单无疑会起到关键的作用。

(9)注销坏账。不管赊销部门的工作如何主动,客户因经营不善、宣告破产、死亡等原因而不支付货款的事仍可能发生。销售企业若认为某项货款再也无法收回。就必须注销这笔货款。对这些坏账,正确的处理方法应该是获取货款无法收回的确凿证据,经适当审批后及时作会计调整。

(10)提取坏账准备。坏账准备提取的数额必须能够抵补企业以后无法收回的销货款。

注册会计师可以通过下列方法获得对重要交易流程的了解:

①检查被审计单位的手册和其他方面指引;

②询问被审计单位的适当人员;

③观察所运用的处理方法和程序;

④穿行测试。

3. 确定可能发生错报的环节

注册会计师需要确认和了解被审计单位应在哪些环节设置控制,以防止或发现并纠正各重要业务流程可能发生的错报。注册会计师所关注的控制,是那些能通过防止错报的发生,或者通过发现和纠正已有错报,从而确保每个流程中业务活动具体流程(从交易的发生到记录于账目)能够顺利运转的人工或自动化控制程序。

4. 识别和了解相关控制

如果注册会计师计划对业务流程层面的有关控制进行进一步的了解和评价,那么针对业务流程中容易发生错报的环节,注册会计师应当确定:被审计单位是否建立了有效的控制,以防止或发现并纠正这些错报;被审计单位是否遗漏了必要的控制;被审计单位是否识别了可以最有效测试的控制。例如,销售交易的关键内部控制制度见表 6-5。注册会计师并不需要了解与每一控制目标相关的所有控制活动。如果多项控制活动能够实现同一目标,注册会计师不必了解与该目标相关的每项控制活动。

常见控制的类型包括:①预防性控制。(预防性控制通常用于正常业务流程的每一项交易,以防止错报的发生,体现的是事前预防。)②检查性控制。(建立检查性控制的目的是发现流程中可能发生的错报,体现的是事后检查)识别和了解控制采用的主要方法是询问被审计单位各级别的负责人员。业务流程越复杂,注册会计师越有必要询问信息系统人员,以辨别有关的控制。

表 6-5　销售交易的控制目标、关键内部控制一览表

内部控制目标	关键内部控制
登记入账的销售交易确系已经发货给真实的客户(发生)	1. 销售交易是以经过审核的发运凭证及经过批准的客户订购单为依据登记入账的 2. 在发货前,客户的赊销已经被授权批准 3. 销售发票均经事先编号,并已恰当地登记入账 4. 每月向客户寄送对账单,对客户提出的意见作专门追查
所有销售交易均已登记入账(完整性)	1. 发运凭证(或提货单)均经事先编号并已经登记入账 2、销售发票均经事先编号,并已登记入账
登记入账的销售数量确系已发货的数量,并已正确开具账单并登记入账(计价和分摊)	1. 销售价格、付款条件、运费和销售折扣的确定已经适当的授权批准 2. 由独立人员对销售发票的编制作内部核查

续上表

内部控制目标	关键内部控制
销售交易的分类恰当(分类)	1. 采用适当的会计科目表 2. 内部复核和核实
销售交易的记录及时(截止)	1. 采用尽量能在销售发生时开具收款账单和登记入账的控制方法 2. 内部核查
销售交易已经正确记入明细账，并经正确汇总(准确性、计价和分摊)	1. 每月定期给客户寄送对账单 2. 由独立人员对应收账款明细账作内部核查 3. 将应收账款明细账余额合计数与其总账余额进行比较

5. 执行穿行测试、证实对交易流程和相关控制的了解

为了解各类重要交易在业务流程中发生、处理和记录的过程，注册会计师通常会每年执行穿行测试。在执行穿行测试的过程中，注册会计师应当在每一个要执行处理程序或控制的环节上，询问被审计单位的员工，以了解他们对岗位职责的理解，并设法判断处理程序和控制是否得到执行。即使不打算信赖控制，注册会计师仍需要执行穿行测试以确认以前对业务流程及可能发生错报环节的了解的准确性和完整性。

6. 初步评价内部控制

在识别和了解控制后，根据执行上述程序及获取的审计证据，注册会计师需要评价控制设计的合理性并确定其是否得到执行。

注册会计师对控制的评价结论可能是：

(1)设计合理并得到执行，所设计的控制单独或连同其他控制能够防止或发现并纠正重大错报，并得到执行。

(2)设计合理但并未执行，控制本身的设计是合理的，但没有得到执行。

(3)设计不合理，控制本身的设计就是无效的或缺乏必要的控制。

由于对控制的了解和评价是在穿行测试完成后，但又在测试控制运行有效性之前进行的，因此，上述评价结论只是初步结论，仍可能随控制测试后实施实质性程序的结果而发生变化。特别注意的是，除非存在某些可以使控制得到一贯运行的自动化控制，注册会计师对控制的了解和评价并不能够代替对控制运行有效性的测试。

在对控制进行初步评价及风险评估后，注册会计师需要利用实施上述程序获得的信息作出以下决策：

(1)如果认为被审计单位控制设计合理并得到执行，能够有效防止或发现并纠正重大错报，那么，注册会计师通常可以信赖这些控制，继续实施控制测试。如果控制测试的结果进一步证实内部控制是有效的，注册会计师可以认为相关账户及认定发生重大错报的可能性较低，对相关账户及认定实施实质性程序的范围也将减少。

(2)有时，注册会计师也可能认为控制是无效的，包括控制本身设计不合理，不能实现控制目标，或者尽管控制设计合理，但没有得到执行。在这种情况下，注册会计师不需要测试控制运行的有效性，而直接实施实质性程序。但在评估重大错报风险时，需要考虑控制失效对财务报表及其审计的影响。

任务6.3 识别和评估重大错报风险

评估重大错报风险是风险评估阶段的最后一个阶段，注册会计师应根据被审计单位及其环境和内部控制情况，对财务报表层次以及各类交易、账户余额和列报认定层次的重大错报风险做出评估。在风险评估时，要考虑到已识别的风险是什么，错报金额发生的规模有多少，事件(风险)发生的可能性有多大。

6.3.1 识别和评估重大错报风险的审计程序

在识别和评估重大错报风险时，注册会计师应当实施下列审计程序：

(1)在了解被审计单位及其环境的整个过程中识别风险，并考虑各类交易、账户余额、列报。例如被审计单位由于来自竞争方产品技术的更新，可能会使被审计单位存货跌价，固定资产减值等。

(2)结合对拟测试的相关控制的考虑，将识别的风险与认定层次可能发生错报的领域相联系。例如：销售困难使产品的市场价格下降，可能导致年末存货成本高于其可变现净值而需要计提存货跌价准备，这显示存货的计价认定可能发生错报。

(3)评估识别出的风险，并评价其是否更广泛地与财务报表整体相关，进而潜在地影响多项认定。

(4)考虑识别的风险导致财务报表发生重大错报的可能性，以及潜在错报的重大程度是否足以导致重大错报。

注册会计师应当根据风险评估结果，确定实施进一步审计程序的性质、时间安排和范围。

6.3.2 识别两个层次的重大错报风险

在对重大错报风险进行识别和评估后，注册会计师应当确定，识别的重大错报风险是与特定的某类交易、账户余额、列报的认定相关，还是与财务报表整体广泛相关，进而影响多项认定。

某些重大错报风险可能与特定的某类交易、账户余额、列报的认定相关。例如，被审计单位存在复杂的联营或合资，这一事项表明长期股权投资账户的认定可能存在重大错报风险。又如，被审计单位存在重大的关联方交易，该事项表明关联方及关联方交易的披露认定可能存在重大错报风险。

某些重大错报风险可能与财务报表整体广泛相关，进而影响多项认定。例如，在经济不稳定的国家和地区开展业务、资产的流动性出现问题、重要客户流失、融资能力受到限制等，可能导致注册会计师对被审计单位的持续经营能力产生重大疑虑。又如，管理层缺乏诚信或承受异常的压力可能引发舞弊风险，这些风险与财务报表整体相关。

6.3.3 需要特别考虑的重大错报风险

作为风险评估的一部分，注册会计师应当运用职业判断，确定识别的风险哪些是需要特别考虑的重大错报风险。注册会计师识别和评估的、根据判断认为需要特别考虑的重大错报风险就是特别风险。

在确定哪些风险是特别风险时，注册会计师应当在考虑识别出的控制对相关风险的抵消效果前，根据风险的性质、潜在错报的重要程度（包括该风险是否可能导致多项错报）和发生的可能性，判断风险是否属于特别风险。

在确定风险的性质时，注册会计师应当考虑下列事项：

（1）风险是否属于舞弊风险；

（2）风险是否与近期经济环境、会计处理方法或其他方面的重大变化有关；

（3）交易的复杂程度；

（4）风险是否涉及重大的关联方交易；

（5）财务信息计量的主观程度，特别是计量结果是否具有高度不确定性；

（6）风险是否涉及异常或超出正常经营过程的重大交易。

日常的、不复杂的、经正规处理的交易不太可能产生特别风险。特别风险通常与重大的非常规交易和判断事项相关，例如管理层更多地介入会计处理；企业存在特别复杂的计算或会计处理方法。

由于与重大非常规交易或判断事项相关的风险很少受到日常控制的约束，注册会计师应当评价针对特别风险的控制的设计情况，并确定其是否已经得到执行。如果管理层未能实施控制以恰当应对特别风险，注册会计师应当认为内部控制存在重大缺陷，并考虑其对风险评估的影响。在此情况下，注册会计师应当就此类事项与治理层沟通。

6.3.4 对风险评估的项目组讨论及汇总

项目组内部的讨论在所有业务阶段都非常必要，可以保证所有事项得到恰当的考虑。通过安排具有较多经验的成员（如项目合伙人）参与项目组内部的讨论，其他成员可以分享其见解和以往获取的被审计单位的经验，为项目组成员提供交流信息和分享见解的机会。

项目组应当讨论被审计单位面临的经营风险、财务报表容易发生错报的领域以及发生错报的方式，特别是由于舞弊导致重大错报的可能性。利用头脑风暴方法讨论的具体问题如下：

（1）被审计单位的总体情况和报告要求；

（2）对于连续审计业务，总结上年审计工作以识别重要问题；

（3）被审计单位及其环境的重大变化；

（4）财务报表容易发生错报的领域及发生错报的方式；

（5）重要审计事项和风险领域；

（6）发生舞弊导致的重大错报风险的可能性；

（7）重要性水平的设定；

（8）总体审计策略。

需要特别指出，评估重大错报风险与了解被审计单位及其环境一样，也是一个连续和动态地收集、更新与分析信息的过程，贯穿于整个审计过程的始终。

【例 6-1】X 股份有限公司（以下简称 X 公司）是上市公司。该公司拥有生产员工 42 000 人，大部分客户均为境外客户。其主要经营模式是按客户订单的设计要求加工中高端电子元器件。U 会计师事务所的 A 注册会计师担任 X 公司 2018 年度财务报表审计业务的项目负责人，并对上年财务报表发表了无保留意见。2019 年，X 公司与 U 会计师事务所续签了审计业务约定书，A 注册会计师继续担任 X 公司 2019 年度财务报表审计业务的项目负责人。

资料1:通过了解X公司及其环境,A注册会计师获悉X公司所属行业2019年的营业收入普遍比上年增长12%,但毛利率基本保持稳定。X公司的经营模式、生产技术等均与上年基本相同,但经营业绩比上年有较大幅度提升。具体情况如下:

(1)2019年年末,X公司除了向管理层发放了人均6万元的保底年薪外,还实现了营业收入比上年增长20%、毛利率比上年增长3.5%的目标,还按约定向高级管理人员发放了人均20万元的奖励性工资。

(2)为实现经营目标,X公司更换了部分高级管理人员。新的领导班子上任后,将公司经营理念由原先的"诚信为本、强化管理"改为"业绩为主、效益至上"。

(3)为提升对经营业绩和财务信息的监督层次,精简管理人员,经董事会特别会议批准,X公司在治理层增设了监事会,取消了原对管理层直接报告的审计部门。

(4)为实现经营目标,X公司2019年大幅增加了海外电视广告费用和其他与营销相关的费用,以保持老客户和发展新客户。

(5)2019年下半年,X公司所在地企业普遍上调了职工的最低工资界限。X公司劳资双方协商后,从2019年7月份起将生产部门职工的计件工资普遍上调了30%。

(6)2019年9月,因X公司专职信息管理部门相关职员的工作失误,公司计算机系统感染病毒。该事项没有给X公司造成重大经济损失,财务信息系统在病毒入侵后的第三天就已恢复正常运行。

资料2:

(1)2019年度未经审计的利润表部分项目的发生额及2018年度利润表对应项目发生额(见表6-6)。

表6-6 2019年度未经审计的利润表部分项目的发生额及2018年度利润表对应项目发生额

(单位:万元)

年　　份	2019年	2018年
营业收入	87 000	72 500
营业成本	75 080	65 250
销售费用	3 220	3 300
管理费用	4 690	3 910

(2)2019年度未经审计的产成品成本构成明细资料与2018年度相关资料(见表6-7)。

表6-7 2019年度未经审计的产成品成本构成明细资料与2018年度相关资料

(单位:万元)

年份	2019年	2018年
直接材料	36 130	30 250
直接人工	25 979	21 750
制造费用	15 828	13 250
合计	77 937	65 250

要求:根据资料1,结合资料2,必要时运用分析程序,指出资料1中所列各种情况是否

意味着X公司存在重大错报风险；如存在，请指出重大错报风险属于财务报表层次还是认定层次；并简要说明与重大错报风险相关的管理层理由(或动机)。

请将答案填入下列表格中。

事项	不构成重大错报风险	构成重大错报风险	
		财务报表层次(简述理由)	认定层次(简述理由)
(1)			理由：将管理层工资收入与经营目标挂钩，导致管理层产生粉饰经营业绩的偏好与动机。 资料2中营业收入的大幅上升与销售费用的下降相矛盾，可能意味着营业收入的高估或销售费用的低估
(2)		理由：新的经营理念弱化了“诚信”与“管理”，可能改变了管理层对内部控制的态度、认识与措施，消弱了控制环境	
(3)		理由：监事会代替审计部，对内部控制的监督失去了日常性和具体性，削弱了控制环境	
(4)			理由：增加销售费用将挤占利润空间，导致管理层产生低估销售费用的偏好与动机。 资料2显示2019年销售费用不升反降，这意味着管理层可能低估了销售费用
(5)			理由：加薪(下半年计件工资标准提高30%)应导致直接人工费用占生产成本比例上升。但资料2(2)中该比例并未变化(前后两年均为33.3%)。此外，2019年产成品余额比2018年增加了19.4%，这个比例远高于营业成本的增加率15%
(6)		理由：财务信息系统感染病毒可能导致财务信息全面失真。系统恢复运转并不能排除财务数据失真的可能性	

案例讨论

大众制造公司材料消耗较大，平时库存数量较多。注册会计师李洪对该公司2019年度财务报表进行审计时，非常关心该公司材料内部控制情况。在对材料内部控制情况进行调查时，注册会计师发现以下情况：

(1)采购部根据使用部门或仓库提交的请购单，与供应商签订采购合同(零星采购除外)；

(2)由仓库验收到货的材料，并填制收货单一式二份，一份留存，一分交财务部；

(3)财务部会计员将收货单和采购发票进行核对，并据以登记购货和应付账款明细账；

(4)由会计员开具付款通知单,后附收料及发票等有关资料,交出纳付款;

(5)材料由仓库保管员保管和登记明细账;

(6)各使用部门有材料的消耗额度,领用物品时填制领用单一式二份,一份留存,另一份仓库留存;

(7)仓库发货后,在使用部门账册中进行登记,并于月底将各部门领用的材料编制汇总表,向财务部报送;

(8)仓库与使用部门和财务部对材料使用、结余情况不定期核对。

(资料来源:根据网络相关资料整理)

要求:

(1)指出大众制造公司材料内部控制存在的问题。

(2)根据大众制造公司材料内部控制存在的问题,请列出改善内部控制建议的内容。

技能训练

一、单项选择题

1. 注册会计师在了解被审计单位控制环境时,可不必考虑的因素是(　　)。
   A. 被审计单位经营管理的观念和风格　B. 购货交易是否经过正当批准
   C. 被审计单位的组织结构　D. 被审计单位的人事政策

2. 在编制审计计划时,应当了解被审计单位的内部控制。了解重要内部控制时,不应实施的程序是(　　)。
   A. 询问P公司的有关人员,并查阅相关内部控制文件
   B. 检查内部控制生成的文件和记录
   C. 选择若干具有代表性的交易和事项进行穿行测试
   D. 重新执行P公司的重要内部控制

3. 注册会计师执行穿行测试的主要目的不是为了确认(　　)。
   A. 是否正确了解了内部控制并且书面记录准确
   B. 识别交易流程中与财务报表有关的可能发生错报的环节
   C. 所获取的有关流程中的预防性控制和检查性控制信息的准确性
   D. 评估控制设计的有效性并确认控制执行的有效性

4. 实现内部控制目标的手段是设计和执行控制政策及程序。根据COSO发布的内部控制框架,内部控制包括的要素有(　　)。
   A. 控制环境、风险评估过程、信息系统与沟通、控制活动、控制结构
   B. 控制环境、控制活动、控制结构、控制设计、控制执行
   C. 风险评估过程、信息系统与沟通、对控制的监督、控制环境、控制结构
   D. 风险评估过程、对控制的监督、信息系统与沟通、控制活动、控制环境

5. 下列程序中,一般不用于了解内部控制而只用于控制测试程序的是(　　)。
   A. 询问　B. 观察
   C. 检查　D. 重新执行

6. 注册会计师了解被审计单位及其环境的目的是（　　）。

A. 确定重要性水平

B. 控制固有风险

C. 为了识别和评估财务报表的重大错报风险

D. 控制检查风险

7. 销售单和顾客订购单都是与销售交易的（　　）认定有关的证据之一。

A. 发生　　B. 存在

C. 计价和分摊　　D. 准确性

8. 下列内部控制中，能防止企业因审批人员决策失误而造成严重损失的是（　　）

A. 编制销售单要经过审批

B. 非经正常审批，不得发出货物

C. 销售价格、销售条件、运费、折扣等必须经过审批

D. 审批人员应根据销售与收款授权批准制度在授权范围内进行审批，不得超越审批权限

9. 下列控制活动中，属于检查性控制的是（　　）。

A. 信用部根据人事部提供的员工岗位职责表在系统中设定权限

B. 仓库管理根据经批准的发货单办理出库

C. 财务人员与每月末与客户进行对账并调查差异

D. 采购部对新增供应商执行背景调查

10. 下列有关控制环境的说法中，错误的是（　　）。

A. 在审计业务承接阶段，注册会计师无须了解和评价控制环境

B. 在实施风险评估程序时，注册会计师需要对控制环境的构成要素获取足够了解，并考虑内部控制的实质及其综合效果

C. 在进行风险评估时，如果注册会计师认为被审计单位的控制环境薄弱，则很难认定某一流程的控制是有效的

D. 在评估重大错报风险时，注册会计师应当将控制环境连同其他内部控制要素产生的影响一并考虑

二、多项选择题

1. 下列各项中，属于预防性控制的有（　　）。

A. 负责业务收入和应收账款记账的财务人员不得经手货币资金

B. 采购固定资产需要经适当级别的人员批准

C. 会计主管每月末将银行账户余额与银行对账单进行核对，并编制银行存款余额调节表

D. 管理层定期执行存货盘点，以确定永续盘存制的可靠性

2. 下列事项中表明被审计单位很可能存在重大错报风险的有（　　）。

A. 在高度波动的市场开展业务

B. 被审计单位的供应链发生变化

C. 被审计单位从基础设施行业转做风险投资行业

D. 经常与控股股东发生交易

3. 下列属于注册会计师为获取有关控制设计和执行的审计证据而实施的风险评估程序有(　　)。

A. 观察特定控制的运用　　B. 询问被审计单位有关人员

C. 检查文件和报告　　D. 穿行测试

4. 下列各项中,属于财务报表层次重大错报风险的是(　　)。

A. 被审计单位持续经营出现问题

B. 被审计单位管理层凌驾于内部控制之上

C. 丙公司的生产成本计算过程相当复杂

D. 管理层缺乏诚信或引发舞弊

5. 在下列对内部控制的了解表述中,正确的有(　　)。

A. 如果并不打算依赖控制,注册会计师就没有必要进一步了解业务流程层面的控制

B. 如果不打算信赖内部控制,注册会计师就没有必要进行穿行测试

C. 如果认为仅通过实质性程序无法将认定层次的检查风险降至可接受的水平,注册会计师应当了解和评估相关的控制活动

D. 如果针对特别风险,注册会计师应当了解和评估相关的控制活动

6. 下列选项中,不符合销售与收款循环中职责分离要求的有(　　)。

A. 如果编制销售发票通知单的人员请假了,那么可以由开具销售发票的人员代行职

B. 销售人员可以收

C. 谈判人员与订立合同人员的职责

D. 企业应收票据的取得和贴现必须经保管票据人员书面批准

7. 在了解控制环境时,E 注册会计师应当关注的内容有(　　)。

A. 戊公司治理层相对于管理层的独立性

B. 戊公司管理层的理念和经营风格

C. 戊公司员工整体的道德价值观

D. 戊公司对控制的监督

8. 下列有关控制环境的说法中,正确的是(　　)。

A. 有效的控制环境本身可以防止、发现并纠正各类交易、账户余额和披露认定层次的重大错报

B. 控制环境对重大错报风险的评估具有广泛影响

C. 有效的控制环境可以降低舞弊发生的风险

D. 财务报表层次重大错报风险很可能源于控制环境存在缺陷

三、简答题

1. 什么是特别风险? 特别风险通常与什么有关? 从哪些方面考虑特别风险?

2. 注册会计师应当从哪些方面了解被审计单位及其环境?

四、实训题

X 公司是 U 会计师事务所得常年审计客户,其主要业务为食品的加工和销售(批发),主要产品包括 A 产品、B 产品和其他产品,主要原材料包括面粉、大米、调味剂和食品添加剂等。A 注册会计师受托担任 X 公司 2019 年度财务报表审计业务的项目合伙人。

资料1:A注册会计师在审计工作底稿中记录了所了解的X公司情况及其环境,部分内容摘录如下:

(1)据了解,A产品的专用食品添加剂尚有一年的库存。而为保证食品质量,推出绿色、健康食品,X公司于2019年3月15日向社会公开承诺A产品不再使用食品添加剂。

(2)X公司的D160生产设备已投入使用2年,预计尚可使用8年。2019年,设备生产厂家推出了新产品D170,导致D160设备市价大幅下跌,X公司首次对固定资产计提了180万元的减值准备。2019年,由于D170设备发现重大设计缺陷,D160的市价又出现大幅回升。

(3)为应对主要原材料价格的持续上涨,X公司自2019年起大量赊购了面粉、面粉增白剂等原材料。

(4)2019年初,B产品的主要原材料被检测出塑化剂等对人体有害的成分,令消费者对B产品的安全性产生了极大疑虑。尽管X公司一再对外发布公告声称塑化剂含量没有超出安全标准,但仍未缓解消费者对B产品的严重顾虑。

资料2:

年份	2019年(未审数)			2018年(已审数)		
产品	A产品	B产品	其他产品	A产品	B产品	其他产品
营业收入	3 000	3 100	1 200	2 000	3 000	1 000
营业成本	2 100	2 490	960	1 500	2 400	800
销售费用	160			100		
存货	2019年12月31日未审数			2018年12月31日已审数		
	A产品	B产品	其他产品	A产品	B产品	其他产品
账面余额	150	400	1 000	150	250	400
减:存货跌价准备	15	100	8	15	25	4
账面价值	135	300	992	135	225	396

固定资产	2019年期初余额	2019年度增加额	2019年度减少额	2019年期末余额
账面余额	2 880	100	0	2 980
减:累计折旧	1 728	289	0	2 017
减:减值准备	180	20	180	20
应付账款	2019年12月31日(未审数)		2018年12月31日(已审数)	
	601		600	

要求:针对资料1的第(1)至(4)项,结合资料2,假定不考虑其他条件,逐项指出资料1所列事项是否可能表明存在重大错报风险。如果认为存在,简要说明理由,并说明该风险主要与哪些账务报表项目(仅限于营业收入、营业成本、应收账款、存货、固定资产、应付账款)的哪些认定相关。

项目7 执行风险应对措施

学习目标

通过本章的学习，了解针对财务报表层次重大错报风险应采取的总体应对措施；掌握控制测试与实质性程序的性质、时间和范围的确定；掌握销售与收款循环的主要控制测试程序；掌握应收账款的实质性程序。

学习重点

控制测试与实质性程序的性质、时间和范围的确定；销售与收款循环的控制测试；应收账款的实质性程序。

任务7.1 财务报表层次重大错报风险与总体应对措施

《中国注册会计师审计准则第1231号——针对评估的重大错报风险实施的程序》规定，注册会计师应当针对评估的财务报表层次的重大错报风险确定总体应对措施，并针对评估的认定层次重大错报风险设计和实施进一步审计程序，以将审计风险降低至可接受的低水平。图7-1所示为风险评估与应对的基本框架。

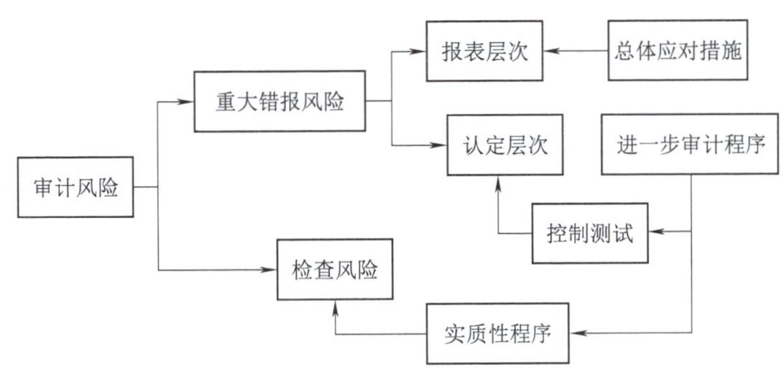

图7-1 风险评估与应对的基本框架

7.1.1 针对财务报表层次重大错报风险的总体应对措施

评估的财务报表层次重大错报风险与财务报表整体存在广泛联系，可能影响多项认定，则属于财务报表层次的重大错报风险。注册会计师应当针对评估的财务报表层次重大错报风险确定下列总体应对措施：

(1)向项目组强调在收集和评价审计证据过程中保持职业怀疑态度的必要性。

(2)指派更有经验或具有特殊技能的审计人员，或利用专家的工作。

(3)提供更多的督导。对财务报表层重大错报风险较高的审计项目，项目负责人通常应是经验丰富的高级别成员，而且项目负责人要对其他成员提供经常、及时的指导和监督，并加强项目质量复核。

(4)在选择拟实施的进一步审计程序时，应当注意使某些程序不被管理层预见或事先了解。增加审计程序不可预见性的方法：

①对某些以前未测试的低于设定重要性水平或风险较小的账户余额和认定实施实质性程序。

②调整实施审计程序的时间，使其超出被审计单位的预期。

③采取不同的审计抽样方法，使当年抽取的测试样本与以前有所不同。

④选取不同的地点实施审计程序，或预先不告知被审计单位所选定的测试地点。

(5)对拟实施审计程序的性质、时间和范围做出总体修改。

财务报表层次的重大错报风险很可能源于薄弱的控制环境。有效的控制环境可以使注册会计师增强对内部控制和被审计单位内部产生的证据的信赖程度，而薄弱的控制环境带来的风险可能对财务报表产生广泛影响，注册会计师应当采取相应的总体应对措施。比如控制环境的缺陷通常导致在期末而非期中实施更多的审计程序；通过实施实质性程序获取更广泛的审计证据；增加拟纳入审计范围的经营地点的数量。

7.1.2 总体应对措施对拟实施进一步审计程序的总体方案的影响

财务报表层次重大错报风险难以限于某类交易、账户余额和披露的特点，意味着此类风险可能对财务报表的多项认定产生广泛影响，并相应增加注册会计师对认定层次重大错报风险的评估难度。因此，注册会计师评估的财务报表层次重大错报风险以及采取的总体应对措施，对拟实施进一步审计程序的总体审计方案具有重大影响。

拟实施进一步审计程序的总体方案包括实质性方案和综合性方案。其中，实质性方案是指注册会计师实施的进一步审计程序以实质性程序为主；综合性方案是指注册会计师在实施进一步审计程序时，将控制测试与实质性程序结合使用。

总体应对措施影响拟实施进一步审计程序的总体方案：当评估的财务报表层次重大错报风险属于高风险水平(并相应采取更强调审计程序不可预见性、重视调整审计程序的性质、时间和范围等总体应对措施)时，拟实施进一步审计程序的总体方案往往更倾向于实质性方案。

任务 7.2 针对认定层次重大错报风险的进一步审计程序

认定层次重大错报风险的应对措施就是注册会计师针对评估的认定层次重大错报风险设计和实施进一步审计程序，包括审计程序的性质、时间和范围。

7.2.1　进一步审计程序的含义和要求

1. 进一步审计程序的含义

进一步审计程序是指注册会计师针对评估的各类交易、账户余额和披露认定层次重大错报风险实施的审计程序，具体包括控制测试和实质性程序。

2. 进一步审计程序的要求

注册会计师设计和实施的进一步审计程序的性质、时间和范围，应当与评估的认定层次重大错报风险具备明确的对应关系。尽管在应对评估的认定层次重大错报风险时，拟实施的进一步审计程序的性质、时间和范围都应当确保其具有针对性，但其中进一步审计程序的性质是最重要的。

注册会计师实施的审计程序具有目的性和针对性，有的放矢地配置审计资源，有利于提高审计效率和效果。设计进一步审计程序时注册会计师应综合考虑下列因素：

（1）风险的重要性。

（2）重大错报发生的可能性。

（3）涉及的各类交易、账户余额、列报的特征。

（4）被审计单位采用的特定控制的性质。

（5）注册会计师是否拟获取审计证据，以确定内部控制在防止或发现并纠正重大错报方面的有效性。

3. 进一步审计程序总体方案的选择

注册会计师应根据对认定层次重大错报风险的评估结果，恰当选用实质性方案或综合性方案。

（1）注册会计师出于成本效益的考虑可以采用综合性方案设计进一步审计程序；在某些情况下（如仅通过实质性程序无法应对重大错报风险），注册会计师必须通过实施控制测试，才可能有效应对评估出的某一认定的重大错报风险，则选择综合性方案。

（2）当评估的财务报表层次重大错报风险属于高风险水平时，进一步审计程序应倾向于实质性方案。

（3）如果风险评估程序未能识别出与认定相关的任何控制，注册会计师可能认为仅实施实质性程序就是适当的。

（4）小型被审计单位可能不存在能够被注册会计师识别的控制活动，注册会计师实施的进一步审计程序可能主要是实质性程序。

（5）无论选择何种方案，注册会计师都应当对所有重大的各类交易、账户余额和披露设计和实施实质性程序。

7.2.2　控制测试

1. 控制测试的含义

控制测试指的是为了测试控制运行有效性而实施的审计程序。在审计计划阶段，一般要对控制测试的性质、时间和范围做出具体计划。测试控制运行的有效性时，注册会计师应当从下列方面获取关于控制是否有效运行的审计证据：

（1）控制在所审计期间的不同时点是如何运行的。

(2)控制是否得到一贯执行。

(3)控制由谁执行。

(4)控制以何种方式运行(如人工控制或自动化控制)。

从这四个方面来看,控制运行有效性强调的是控制能够在各个不同时点按照既定设计得以一贯执行。因此,在了解控制是否得到执行时,注册会计师只需抽取少量的交易进行检查或观察某几个时点。但在测试控制运行的有效性时,注册会计师需要抽取足够数量的交易进行检查或对多个不同时点进行观察。

2. 了解内部控制与控制测试的关系

为了提高审计效率,了解内部控制与控制测试的部分工作可能会同时进行,并且了解内部控制取得的证据有时也适用控制测试。虽然两者都是对被审计单位的内部控制进行审计,但是两者有很大的不同。具体见表 7-1。

表 7-1 内部控制与控制测试的区别

区别	内部控制	控制测试
目的	1. 评价控制的设计 2. 确定控制是否得到执行	测试控制运行的有效性
审计程序所处阶段	风险评估程序	进一步审计程序
证据质量	1. 某项控制是否存在 2. 被审计单位正在使用	1. 控制在所审计期间的不同时点是如何运行的 2. 控制是否得到一贯执行 3. 控制由谁执行 4. 控制以何种方式运行
证据数量	1. 只需抽取少量的交易进行检查 2. 观察某几个时点	1. 需要抽取足够数量的交易进行检查 2. 对多个不同时点进行观察
审计程序(方法)类型	1. 询问被审计单位的人员 2. 观察特定控制的运用 3. 检查文件和报告 4. 穿行测试	1. 询问以获取与内部控制运行情况相关的信息 2. 观察以获取控制(如职责分离)的运行情况 3. 检查以获取控制的运行情况 4. 重新执行
程序必要性	必要	非必要

3. 控制测试的适用情形

作为进一步审计程序的类型之一,控制测试并非在任何情况下都需要实施。当存在下列情形之一时,注册会计师应当实施控制测试:

(1)在评估认定层次重大错报风险时,预期控制的运行是有效的。如果在评估认定层次重大错报风险时预期控制的运行是有效的,注册会计师应当实施控制测试,就控制在相关期间或时点的运行有效性获取充分、适当的审计证据。这种测试主要是出于成本效益的考虑,其前提是注册会计师通过了解内部控制以后认为某项控制存在着被信赖和利用的可能。因此,只有预期认为控制设计合理、能够防止或发现和纠正认定层次的重大错报,注册会计师才有必要对控制运行的有效性实施测试。

(2)仅实施实质性程序不足以提供认定层次充分、适当的审计证据。在认为仅通过实施实质性程序不能获取充分、适当的审计证据的情况下，注册会计师必须实施控制测试，且这种测试已经不再是单纯出于成本效益的考虑，而是必须获取的一类审计证据。例如，在被审计单位对日常交易或与财务报表相关的其他数据（包括信息的生成、记录、处理、报告）采用高度自动化处理的情况下，审计证据可能仅以电子形式存在，此时审计证据是否充分和适当通常取决于自动化信息系统相关控制的有效性。在这个时候，注册会计师必须针对自动化控制系统实施控制测试。

4. 控制测试的性质

控制测试的性质是指控制测试所使用的审计程序的类型及其组合。具体包括：

1）询问

注册会计师可以向被审计单位适当员工询问，获取与内部控制运行情况相关的信息。例如，询问信息系统管理人员有无经授权接触计算机硬件和软件等。然而仅仅通过询问不能为控制运行的有效性提供充分的证据，注册会计师通常需要印证被询问者的答复，它必须和其他测试手段结合使用才能发挥作用。在询问过程中，注册会计师应当保持职业怀疑。

2）观察

观察是测试不留下书面记录的控制（如职责分离）的运行情况的有效方法。例如，观察存货盘点控制的执行情况。观察也可运用于实物控制。

通常情况下，注册会计师通过观察直接获取的证据比间接获取的证据更可靠。但是，注册会计师还要考虑其所观察到的控制在注册会计师不在场时可能未被执行的情况。

3）检查

对运行情况留有书面证据的控制，检查非常适用。书面说明、复核时留下的记号，或其他记录在偏差报告中的标志都可以被当作控制运行情况的证据。

4）重新执行

通常只有当询问、观察和检查程序结合在一起仍无法获得充分的证据时，注册会计师才考虑通过重新执行来证实控制是否有效运行。例如，要检查复查人员有没有认真执行核对，仅仅检查复核人员是否在相关文件上签字是不够的，注册会计师还需要自己选取一部分销售发票进行核对，这就是重新执行程序。如果需要进行大量的重新执行，注册会计师就要考虑通过实施控制测试以缩小实质性程序的范围是否有效率。

控制测试的目的是评价控制是否有效运行；细节测试的目的是发现认定层次的重大错报。尽管两者目的不同，但注册会计师可以考虑针对同一交易同时实施控制测试和细节测试，以实现双重目的。例如，注册会计师通过检查某笔交易的发票可以确定其是否经过适当的授权，也可以获取关于该交易的金额、发生时间等细节证据。当然，如果拟实施双重目的的测试，注册会计师应当仔细设计和评价测试程序。

5. 控制测试的时间

1）控制测试时间的含义

控制测试的时间包含两层含义：一是何时实施控制测试；二是测试所针对的控制适用的时点或期间。一个基本的原理是，如果测试特定时点的控制，注册会计师仅得到该时点控制运行有效性的审计证据；如果测试某一期间的控制，注册会计师可获取控制在该期间有效运行的审计证据。因此,注册会计师应当根据控制测试的目的确定控制测试的时间,并确定拟信赖的相关控制的时点或期间。

2)考虑期中审计证据

注册会计师可以选择期中或期末进行控制测试,但在期中进行控制测试更为常见。即使注册会计师已获取有关控制在期中运行有效性的审计证据,仍然需要考虑如何能够将控制在期中运行有效性的审计证据合理延伸至期末,一个基本的考虑是针对期中至期末这段剩余期间获取充分、适当的审计证据。因此,如果已获取有关控制在期中运行有效性的审计证据,并拟利用该证据,注册会计师应当实施下列审计程序:

(1)获取这些控制在剩余期间变化情况的审计证据;

(2)确定针对剩余期间还需获取的补充审计证据。

上述两项审计程序中,第一项是针对期中已获取审计证据的控制,考察这些控制在剩余期间的变化情况(包括是否发生了变化以及如何变化);如果这些控制在剩余期间没有发生变化,注册会计师可能决定信赖期中获取的审计证据;如果这些控制在剩余期间发生了变化(如信息系统、业务流程或人事管理等方面发生变动),注册会计师需要了解并测试控制的变化对期中审计证据的影响。

3)考虑以前审计获取的审计证据

注册会计师考虑以前审计获取的有关控制运行有效性的审计证据,其意义在于:一方面,内部控制中的诸多要素对于被审计单位往往是相对稳定的(相对于具体的交易、账户余额和列报),因此注册会计师在本期审计时还是可以适当考虑利用以前审计获取的有关控制运行有效性的审计证据;另一方面,内部控制在不同期间可能发生重大变化,注册会计师在利用以前审计获取的有关控制运行有效性的审计证据时需要格外慎重,充分考虑各种因素。

6. 控制测试的范围

控制测试的范围,其含义主要是指某项控制活动的测试次数。注册会计师应当设计控制测试的范围,以获取控制在整个拟信赖的期间有效运行的充分、适当的审计证据。

(1)在整个拟信赖的期间,被审计单位执行控制的频率越高,控制测试的范围越大。

(2)在审计期间,注册会计师拟信赖控制运行有效性的时间长度。拟信赖控制运行有效性的时间长度不同,在该时间长度内发生的控制活动次数也不同。拟信赖期间越长,控制测试的范围越大。

(3)为了证实控制能够防止或发现并纠正认定层次重大错报,对所需获取审计证据的相关性和可靠性要求越高,控制测试的范围越大。

(4)通过测试与认定相关的其他控制获取的审计证据的范围。针对同一认定,可能存在不同的控制。当针对其他控制获取审计证据的充分性和适当性较高时,测试该控制的范围可适当缩小。

(5)在风险评估时拟信赖控制运行有效性的程度。注册会计师在风险评估时对控制运行有效性的拟信赖程度越高,需要实施控制测试的范围越大。

(6)控制的预期偏差。控制的预期偏差率越高,需要实施控制测试的范围越大。

7.2.3　实质性程序

1. 实质性程序的概念

实质性程序是指注册会计师针对评估的重大错报风险实施的直接用以发现认定层次重大错报的审计程序。注册会计师实施的实质性程序应当包括下列与财务报表编制完成阶段相关的审计程序：

(1)将财务报表与其所依据的会计记录进行核对或调节；

(2)检查财务报表编制过程中做出的重大会计分录和其他调整。

由于注册会计师对重大错报风险的评估是一种判断，可能无法充分识别所有的重大错报风险，并且由于内部控制存在固有局限性，无论评估的重大错报风险结果如何，注册会计师都应当针对所有重大的各类交易、账户余额、列报实施实质性程序，具体包括对各类交易、账户余额、列报的细节测试以及实质性分析程序。

2. 实质性程序的性质

实质性程序的性质，是指实质性程序的类型及其组合。实质性程序的两种基本类型包括细节测试和实质性分析程序。

(1)细节测试是对各类交易、账户余额、列报的具体细节进行测试，目的在于直接识别财务报表认定是否存在错报。它适用于对各类交易、账户余额及列报认定的测试，尤其是对存在或发生、计价认定的测试。

(2)实质性分析程序从技术特征上看仍然属于分析程序，主要是通过研究数据间的关系来评价信息，并将该技术方法用作实质性程序，即用以识别各类交易、账户余额、列报及相关认定是否存在错报。实质性分析程序通常更适用于在一段时间内存在可预期关系的大量交易。

3. 实质性程序的时间

1)实质性程序的时间和控制测试时间的对比分析

实质性程序的时间选择与控制测试的时间选择有共同点，也有很大差异，共同点在于两类程序都面临着对期末审计证据、期中审计证据和对以前审计获取的审计证据的选择。

两者的差异主要在于以下两点：

(1)在控制测试中，期中实施控制测试并获取期中关于控制运行有效性审计证据的做法更具有一种"常态"；而由于实质性程序的目的在于更直接地发现重大错报，在期中实施实质性程序时更需要考虑其成本效益的权衡，所以更多的会选择期末进行。

(2)在本期控制测试中拟信赖以前审计获取的有关控制运行有效性的审计证据，已经受到了很大的限制；而对于以前审计中通过实质性程序获取的审计证据，则采取了更加慎重的态度和更严格的限制。

2)考虑是否在期中实施实质性程序

在期中实施实质性程序，一方面消耗了审计资源，另一方面期中实施实质性程序获取的审计证据又不能直接作为期末财务报表认定的审计证据，注册会计师仍然需要消耗进一步的审计资源使期中审计证据能够合理延伸至期末。于是这两部分审计资源的总和是否能够显著小于完全在期末实施实质性程序所需消耗的审计资源，是注册会计师需要权衡的。

如果在期中实施了实质性程序，注册会计师应当针对剩余期间实施进一步的实质性程序，或将实质性程序和控制测试结合使用，以将期中测试得出的结论合理延伸至期末。如果拟将期中测试得出的结论延伸至期末，注册会计师应当考虑针对剩余期间仅实施实质性程序是否足够。如果认为实施实质性程序本身不充分，注册会计师还应测试剩余期间相关控制运行的有效性或针对期末实施实质性程序。

3）如何考虑以前审计获取的审计证据

只有当以前获取的审计证据及其相关事项未发生重大变动时（例如，以前审计通过实质性程序测试过的某项诉讼在本期没有任何实质性进展），以前获取的审计证据才可能用作本期的有效审计证据。但即便如此，如果拟利用以前审计中实施实质性程序获取的审计证据，注册会计师应当在本期实施审计程序，以确定这些审计证据是否具有持续相关性。

4. 实质性程序的范围

评估的认定层次重大错报风险和实施控制测试的结果是注册会计师在确定实质性程序的范围时的重要考虑因素。因此，在确定实质性程序的范围时，注册会计师应当考虑评估的认定层次重大错报风险和实施控制测试的结果。注册会计师评估的认定层次的重大错报风险越高，需要实施实质性程序的范围越广。如果对控制测试结果不满意，注册会计师应当考虑扩大实质性程序的范围。

在设计细节测试时，注册会计师除了从样本量的角度考虑测试范围外，还要考虑选样方法的有效性等因素。例如，从总体中选取大额或异常项目，而不是进行代表性抽样或分层抽样。

实质性分析程序的范围有两层含义。第一层含义是对什么层次上的数据进行分析。第二层含义是需要对什么幅度或性质的偏差展开进一步调查。实施分析程序可能发现偏差，但并非所有的偏差都值得展开进一步调查。可容忍或可接受的偏差（即预期偏差）越大，作为实质性分析程序一部分的进一步调查的范围就越小。于是确定适当的预期偏差幅度同样属于实质性分析程序的范畴。

任务 7.3 风险应对的实务应用——以销售与收款循环审计为例

7.3.1 销售与收款循环的内部控制和控制测试

1. 销售交易的内部控制

1）适当的职责分离

适当的职责分离有助于防止各种有意或无意的错误。为确保办理销售与收款业务的不相容岗位相互分离、制约和监督，一个企业有关销售与收款业务相关职责适当分离的基本要求通常包括：

（1）企业应当将办理销售、发货、收款三项业务的部门（或岗位）分别设立。

（2）企业在销售合同订立前，应当指定专门人员就销售价格、信用政策、发货及收款方式等具体事项与客户进行谈判。谈判人员至少应有两人以上，并与订立合同的人员相分离。

（3）编制销售发票通知单的人员与开具销售发票的人员应相互分离。

(4)销售人员应当避免接触销货现款。

(5)企业应收票据的取得和贴现必须经由保管票据以外的主管人员的书面批准。

2)恰当的授权审批

注册会计师应当关注以下四个关键点的审批程序：

(1)在销售发生之前，赊销已经正确审批；

(2)非经正当审批，不得发出货物；

(3)销售价格、销售条件、运费、折扣等必须经过审批；

(4)审批人应当根据销售与收款授权批准制度的规定，在授权范围内进行审批，不得超越审批权限。

前两项控制的目的在于防止企业因向虚构的或者无力支付货款的客户发货而蒙受损失；价格审批控制的目的在于保证销售交易按照企业定价政策规定的价格开票收款；对授权审批范围设定权限的目的则在于防止因审批人决策失误而造成严重损失。

3)充分的凭证和记录

只有具备充分的记录手续，才有可能实现其他各项控制目标。例如，企业在收到客户订购单后，就立即编制一份预先编号的一式多联的销售单，分别用于批准赊销、审批发货、记录发货数量以及向客户开具账单等。在这种制度下，只要定期清点销售发票，漏开账单的情形几乎就不会发生。相反，有的企业只在发货以后才开具账单，如果没有其他控制措施，漏开账单的情况就可能会发生。

4)凭证的预先编号

对凭证预先进行编号，旨在防止销售以后忘记向客户开具账单或登记入账，也可防止重复开具账单或重复记账。

5)按月寄出对账单

由不负责现金出纳和销售及应收账款记账的人员按月向客户寄发对账单，能促使客户在发现应付账款余额不正确后及时反馈有关信息。为了使这项控制更加有效，最好将账户余额中出现的所有核对不符的账项，指定一位不掌管货币资金也不记录主营业务收入和应收账款账目的主管人员处理。

6)内部核查程序

由内部审计人员或其他独立人员核查销售交易的处理和记录，是实现内部控制目标所不可缺少的一项控制措施。

2. 收款交易的内部控制

由于每个企业的性质、所处行业、规模以及内部控制健全程度等不同，而使得其与收款交易相关的内部控制内容有所不同，但以下与收款交易相关的内部控制内容通常应当共同遵循：

(1)企业应当按照《现金管理暂行条例》和《支付结算办法》等规定，及时办理销售收款业务。

(2)企业应将销售收入及时入账，不得账外设账，不得擅自坐支现金。销售人员应当避免接触销售现款。

(3)企业应当建立应收账款账龄分析制度和逾期应收账款催收制度。销售部门应当负责应收账款的催收，财会部门应当督促销售部门加紧催收。对催收无效的逾期应收账款可通过法律程序予以解决。

(4)企业应当按客户设置应收账款台账,及时登记每一客户应收账款余额增减变动情况和信用额度使用情况。

(5)企业对于可能成为坏账的应收账款应当报告有关决策机构,由其进行审查,确定是否确认为坏账。单位发生的各项坏账,应查明原因,明确责任,并在履行规定的审批程序后作出会计处理。

(6)企业注销的坏账应当进行备查登记,做到账销案存。已注销的坏账又收回时应当及时入账,防止形成账外款。

(7)企业应收票据的取得和贴现必须经由保管票据以外的主管人员的书面批准。单位应当有专人保管应收票据,对于即将到期的应收票据,应及时向付款人提示付款;已贴现票据应在备查簿中登记,以便日后追踪管理,并应制定逾期票据的冲销管理程序和逾期票据追踪监控制度。

(8)企业应当定期与往来客户通过函证等方式核对应收账款、应收票据、预收账款等往来款项。如有不符,应查明原因,及时处理。

3. 销售和收款循环实施的控制测试

风险的评估和风险应对是整个审计过程的核心,因此注册会计师通常以识别的重大错报风险为起点,选取拟测试的控制并实施控制测试。表 7-2 列示了通常情况下注册会计师对销售与收款循环实施的重要的控制测试。

表 7-2　销售与收款循环的风险、存在的控制及控制测试程序

可能发生错报的环节	相关的财务报表项目及认定	存在的内部控制(自动)	存在的内部控制(人工)	内部控制测试程序
(1)订单处理和赊销的信用控制				
可能向没有获得赊销授权或超出了其信用额度的赊销的客户赊销	收入:发生 应收账款:存在	订购单上的客户代码与应收账款主文档记录的代码一致。目前未偿付余额加上本次销售额在信用限额范围内。上述两项均满足才能生成销售单	对于不在主文档中的客户或是超过信用额度的客户订购单,需要经过适当授权批准,才可生成销售单	询问员工销售单的生成过程,检查是否所有生成的销售单均有对应的客户订购单为依据。检查系统中自动生成销售单的生成逻辑,是否确保满足了客户范围及其信用控制的要求。对于系统外授权审批的销售单,检查是否经过适当批准
(2)发运商品				
可能在没有批准发运凭证的情况下发出商品	收入:发生 应收账款:存在	当客户销售单在系统中获得发货批准时,系统自动生成连续编号的发运凭证	保安人员只有当附有经批准的销售单和发运凭证时才能放行	检查系统内发运凭证的生成逻辑以及发运凭证是否连续编号 询问并观察发运时保安人员的放行检查

续上表

可能发生错报的环节	相关的财务报表项目及认定	存在的内部控制（自动）	存在的内部控制（人工）	内部控制测试程序
(3)开具发票				
商品发运可能未开具销售发票或已开出发票没有发运凭证的支持	应收账款：存在、完整性、权利和义务 收入：发生、完整性	发货以后系统根据发运凭证及相关信息自动生成连续编号的销售发票。系统自动复核连续编号的发票和发运凭证的对应关系，并定期生成例外报告	复核例外报告并调查原因	检查系统生成发票的逻辑 检查例外报告及跟进情况
(4)记录赊销				
销售发票入账的会计期间可能不正确	收入：截止 应收账款：存在、完整性	系统根据销售发票的信息自动汇总生成当期销售入账记录	定期执行人工销售截止检查程序 向客户发送月末对账单，调查并解决客户质询的差异	检查系统中销售生成的逻辑 重新执行销售截止检查程序 检查客户质询信件并确定问题是否已得到解决

需要说明的是，表 7-2 既未包含销售与收款循环所有的内部控制和控制测试，也并不意味着审计实务应当按此执行。在审计工作中，注册会计师需要从实际出发，设计适合被审计单位具体情况的实用高效的控制测试计划。

"销售与收款循环控制测试过程"（见表 7-3）是注册会计师按销售与收款循环中关键的控制环节分别抽取相关凭证检查测试而形成的工作底稿，直接支持"销售与收款循环控制测试汇总表"中的控制测试的结论。

表 7-3　销售与收款循环控制测试过程

被审计单位：________ 项目：__销售与收款循环__ 编制：________ 日期：________		索引号：________ 财务报表截止日/期间：________ 复核：________ 日期：________		
1. 与销售有关的业务活动的控制				
主要业务活动	测试内容	测试项目 1	测试项目 2	……
销售	销售订单编号#（日期）			
	销售订单内容			
	是否复核顾客信用额度（是/否）			
	销售订单是否得到适当的审批（是/否）			
	销售发票是否经过复核			

续上表

主要业务活动	测试内容	测试项目 1	测试项目 2	……
销售	销售发票编号#(日期)			
	出运通知单编号#(日期)			
	销售订单、销售发票、出运通知单、送货单内容是否一致(是/否)			
	报关单编号#(日期)			
记录应收账款				
收款				

2. 与顾客承接有关业务活动的控制

是否编制顾客申请表(是/否)	是否编制新顾客基本情况表(是/否)	是否取得新顾客信用等级的评定报告(是/否)	是否经信用管理经理审批(是/否)	信用额度是否经适当审批(是/否)	是否根据经适当审批的文件建立新顾客档案(是/否)

3. 比较销售信息报告与相关文件(销售订单)是否相符

序号	选择的销售信息报告期间	应收账款记账员是否已复核销售信息报告(是/否)	销售订单是否连续编号(是/否)
1.			
2.			
……			

4. 与调整应收账款有关的业务活动的控制

序号	顾客名称	是否编制应收账款账龄报告(是/否)	应收账款调节表编号#(日期)	是否与支持文件相符(是/否)	是否经过恰当审批(是/否)	是否已调节应收账款(是/否)
1.						
2.						
……						

5. 与核销坏账与计提特别坏账准备有关的业务活动的控制

序号	顾客名称	坏账申请表编号#(日期)	是否与支持文件相符(是/否)	是否经过恰当审批(是/否)	是否已调节应收账款(是/否)
1.					
2.					
……					

6. 与计提坏账准备有关的业务活动的控制

主要业务活动	测试内容	测试项目 1	测试项目 2	……
计提坏账准备	董事会制订与计提坏账准备有关的会计估计(是/否)			
	年末销售经理编写应收账款可回收性分析(是/否)			
	如较原先估计数发生较大变化,会计主管编写会计估计变更建议(是/否)			

续上表

主要业务活动	测试内容	测试项目 1	测试项目 2	……
计提坏账准备	财务经理复核会计估计变更建议或减值调整建议（是/否）			
	董事会审核会计估计变更建议（是/否）			
	会计估计变更已进行恰当处理和列报(是/否)			
	记账凭证编号＃			

（注：该项控制活动发生的频率通常为一年一次，如果在穿行测试中已进行检查，可不再对该控制活动执行控制有效性执行测试。）

7. 与退货及索赔有关的业务活动的控制

序号	顾客名称	顾客投诉处理表编号＃（日期）	财务部是否注明货款结算情况（是/否）	生产经理是否确定质量责任（是/否）	技术经理是否确定质量责任（是/否）	是否经过恰当审批（是/否）	是否已调节应收账款（是/否）
1.							
2.							
……							

8. 与顾客档案更改有关的业务活动的控制

序号	更改申请表号码	更改申请表是否经过恰当审批（是/否）	是否包含在月度供应商信息更改报告中（是/否）	月度供应商信息更改报告是否经恰当复核（是/否）	更改申请表号码是否包含在编号记录表中（是/否）	编号记录表是否经复核（是/否）
1.						
2.						
……						

9. 与顾客档案及时维护有关的业务活动的控制

序号	顾客名称	档案编号	最近一次与公司发生交易的时间	是否已按照规定对顾客档案进行维护（是/否）
1.				
2.				
……				

【例 7-1】甲公司是 ABC 会计师事务所的常年审计客户，拥有乙公司和丙公司两家联营公司。甲公司主要从事建材的生产、销售以及建筑安装工程。A 注册会计师负责审计甲公司 2019 年度财务报表，拟于 2020 年 4 月 1 日出具审计报告。财务报表整体的重要性为 25 万元。

资料 1：A 注册会计师在审计工作底稿中记录了甲公司销售与收款循环的内部控制，部分内容摘录见表 7-4。

表 7-4 甲公司销售与收款循环的内部控制(部分)

序号	风险	控制
(1)	向客户提供过长信用期而增加坏账损失风险	客户的信用期由信用管理部审核批准。如长期客户临时申请延长信用期，由销售部经理批准

续上表

序号	风险	控制
(2)	已记账的收入未发生或不准确	财务人员将经批准的销售订单、客户签字确认的发运凭单及发票所载信息相互核对无误后，编制记账凭证（附上述单据），经财务部经理审核后入账
(3)	应收账款记录不准确	每季度末，财务部向客户寄送对账单。如客户未及时回复，销售人员需要跟进；如客户回复表明差异超过该客户欠款余额的5%。则进行调查

资料2：A注册会计师在审计工作底稿中记录了实施的控制测试和实质性程序及其结果，部分内容摘录见表7-5。

表7-5　控制测试和实质性程序及结果（部分）

序号	控制	控制测试和实质性程序及其结果
(1)	产品送达后，甲公司要求客户的经办人员在发运凭单上签字。财务部将客户签字确认的发运凭单作为收入确认的依据之一	A注册会计师对控制的预期偏差率为零，从收入明细账中抽取25笔交易，检查发运凭单是否经客户签字确认。经检查。有2张发运凭单未经客户签字 销售人员解释，这2批货物在运抵客户时，客户的经办人员出差。由于以往未发生过客户拒绝签收的情况，经财务部经理批准后确认收入 A注册会计师对上述客户的应收账款实施函证，回函结果表明不存在差异

要求：针对资料1第(1)至(3)项，假定不考虑其他条件，逐项指出资料1所列控制的设计是否存在缺陷。如认为存在缺陷，简要说明理由。针对资料2，假定这些控制的设计有效并得到执行，根据控制测试和实质性程序及其结果，逐项指出资料2所列控制运行是否有效。如认为运行无效，简要说明理由。

【答案】

事项序号	控制设计是否存在缺陷（是/否）	理　由
(1)	是	未实现职责分离目标/长期客户临时申请延长信用期，应经信用管理部审核/可能由于销售人员追求更大销售量而不恰当延长信用期，导致坏账损失风险
	否	抽取的25个样本中有2个样本没有经客户签字确认，该控制未得到一贯执行
(2)	否	
(3)	是	应调查所有差异/即使差异未超过甲公司对该客户应收账款余额的5%，也应当调查/也可能是重大的

7.3.2　销售与收款循环的实质性程序——以应收账款的实质性程序为例

资产负债表中的应收账款余额一般包括应收账款账面余额和相应的坏账准备两部分，应收账款是指企业因销售商品、提供劳务而形成的现时收款权利。由于企业的应收账款是在销售交易或提供劳务中产生的，所以应收账款的审计应结合销售交易的审计来进行。

1. 应收账款的审计目标

应收账款的审计目标一般包括：

(1)确定资产负债表中记录的应收账款是否存在。

(2)确定所有应当记录的应收账款是否均已记录。

(3)确定记录的应收账款是否由被审计单位拥有或控制。

(4)确定应收账款是否可收回，坏账准备的计提方法和比例是否恰当，计提是否充分。

(5)确定应收账款及其坏账准备是否已按照企业会计准则的规定在财务报表中做出恰当列报。

应收账款的审计目标与财务报表认定的关系见表 7-6。

表 7-6　应收账款的审计目标与财务报表认定的关系

应收账款的审计目标	财务报表认定				
	存在	完整性	权利和义务	计价和分摊	列报
A. 资产负债表中记录的应收账款是存在的	√				
B. 所有应当记录的应收账款均已记录		√			
C. 记录的应收账款由被审计单位拥有或控制			√		
D. 应收账款以恰当的金额包括在财务报表中，与之相关的计价调整已恰当记录				√	
E. 应收账款已按照企业会计准则的规定在财务报表中做出恰当列报					√

2. 应收账款主要的实质性程序

1)取得或编制应收账款明细表

(1)复核加计正确，并与总账数和明细账合计数核对相符；结合坏账准备科目与报表数核对是否相符。

(2)检查非记账本位币应收账款的折算汇率及折算是否正确。

(3)分析有贷方余额的项目，查明原因，必要时，建议做重分类调整。

2)分析与应收账款相关的财务指标

(1)复核应收账款借方累计发生额与主营业务收入是否配比，并将当期应收账款借方发生额占销售收入净额的百分比与管理层考核指标比较，如存在差异应查明原因。

(2)计算应收账款周转率、应收账款周转天数等指标，并与被审计单位上年度指标、同行业同期相关指标对比分析，检查是否存在重大异常。

3)检查应收账款账龄分析是否正确

注册会计师可以通过获取或编制应收账款账龄分析表来分析应收账款的账龄，以便了解应收账款的可收回性，还可以确定函证对象。编制应收账款账龄分析表时，可以选择重要的顾客及其余额列示，不重要的或余额较小的，可以汇总列示。表 7-7 为应收账款账龄分析表的一般格式。

如果应收账款账龄分析表由被审计单位编制，还要测试其计算的准确性，将应收账款账龄分析表中的合计数与应收账款总分类账余额进行比较，并调查重大调节项目。检查原始凭证，如销售发票、运输记录等，测试账龄核算的准确性。

表 7-7 应收账款账龄分析表

年 月 日　　　　　　　单位：

客户名称	期末余额	账龄			
		1年以内	1～2年	2～3年	3年以上
合计					

4)向债务人函证应收账款

函证应收账款的目的在于证实应收账款账户余额的真实性、正确性，防止或发现被审计单位及其有关人员在销售交易中发生的错误或舞弊行为。通过函证应收账款，可以比较有效地证明被询证者(即债务人)的存在和被审计单位记录的可靠性。

注册会计师应当考虑被审计单位的经营环境、内部控制的有效性、应收账款账户的性质、被询证者处理询证函的习惯做法及回函的可能性等，以确定应收账款的函证的范围、对象、方式和时间。

(1)函证的范围和对象。注册会计师应当对应收账款实施函证，除非有充分证据表明应收账款对被审计单位财务报表而言不是重要的，或者函证很可能是无效的，否则，注册会计师应当对应收账款进行函证。如果注册会计师不对应收账款进行函证，应当在工作底稿中说明理由。如果认为函证很有可能是无效的，审计人员应当实施替代审计程序，获取充分、适当的审计证据。

函证数量的多少、范围的影响因素主要有：

①应收账款在全部资产中的重要性。若应收账款在全部资产中所占的比重较大，则函证的范围应大一些。

②被审单位内部控制的强弱。如果被审单位的内部控制较为健全，则可以相应减少函证数量；反之，则相应扩大函证范围。

③以前期间的函证结果。如果以前期间函证中发现过重大差异，或者欠款纠纷较多，则函证范围应相应扩大一些。

一般情况下，审计人员应选择以下项目作为函证对象：大额或账龄较长的项目；与债务人发生纠纷的项目；重大的关联方项目；主要客户(包括关系密切的客户)项目；新增客户项目；交易频繁但期末余额较小甚至余额为零的项目；可能产生重大错报或舞弊的非正常的项目。

(2)函证的方式。注册会计师可采用积极的或消极的函证方式实施函证。

①积极函证方式。如果采用积极的函证方式，注册会计师要求被询证者在所有情况下均须回函，确认询证函所列示信息是否正确，或填列询证函要求的信息。询证函格式详见项目3。

②消极函证方式。如果采用消极的函证方式，注册会计师只要求被询证者仅在不同意询证函列示信息的情况下才予以回函。

在采用积极的函证方式时，只有注册会计师收到回函，才能为财务报表认定提供审计证据。若没有收到回函，可能是由于被询证者根本不存在，或是由于被询证者没有收到询证函，也可能是由于询证者没有理会询证函，因此，无法证明所函证信息是否正确。在采用消极函证方式时，如果收到回函，能够为财务报表认定提供说服力强的审计证据。未收到回函可能是因为被询证者已收到询证函且核对无误，也可能是因为被询证者根本就没有收到询证函。因此积极式询证函比消极式询证函提供的审计证据更可靠。

当同时存在下列情况时，审计人员可考虑采用消极的函证方式：重大错报风险评估为低水平；涉及大量余额较小的账户；预期不存在大量的错误；没有理由相信被询证者不认真对待函证。相反，当个别账户欠款金额较大或者有理由相信对欠款可能存在争议、差错时，最好采用积极式函证。

在审计实务中，审计人员也可将这两种方式结合使用。当应收账款的余额是由少量的大额应收账款和大量的小额应收账款构成时，审计人员可以对所有的或抽取的大额应收账款样本采用积极的函证方式，而对抽取的小额应收账款样本采用消极的函证方式。

(3)函证时间的选择。注册会计师通常以资产负债表日为截止日，在资产负债表日后适当时间内实施函证。如果重大错报风险评估为低水平，注册会计师可选择资产负债表日前适当日期为截止日实施函证，并对所函证项目自该截止日起至资产负债表日止的发生的变动实施其他实质性程序。

(4)函证的控制。注册会计师通常利用被审计单位提供的应收账款明细账户名称、地址等资料据以编制询证函，但注册会计师应当对函证的全过程保持控制，包括确定需要确认或填列的信息、选择适当的被询证者、设计询证函以及发出和收回询证函。

审计人员可通过函证结果汇总表的方式对询证的收回情况加以汇总。函证结果汇总表见表 7-8。

表 7-8 应收账款函证结果汇总表

被审计单位名称： 制表： 日期：

结账日： 年 月 日 复核： 日期：

询证函编号	债务人名称	债务人地址及联系方式	账面金额	函证方式	函证日期		回函日期	替代程序	确认余额	差异金额及说明	备注
					第一次	第二次					
合计											

(5)对回函不符事项的处理。对回函中出现的不符情况，注册会计师需要调查核实原因，确定其是否构成错报。导致回函不符事项的原因主要有以下几个：

①双方登记入账的时间不同。主要表现为：询证函发出时，债务人已经付款，而被审计单位尚未收到货款；询证函发出时，被审计单位的货物已经发出并已作销售记录，但货物仍在途中，债务人尚未收到货物；债务人由于某种原因将货物退回，而被审计单位尚未收到；

债务人对收到的货物的数量、质量及价格等方面有异议而全部或部分拒付货款等。

② 一方或双方记账错误导致的的不符事项。

③被审计单位舞弊导致的不符事项。

如果函证发现了不符事项，注册会计师应当考虑不符事项是否构成错报及其对财务报表可能产生的影响，并将结果形成审计工作底稿。如果不符事项构成错报，注册会计师应当重新考虑所实施审计程序的性质、时间安排和范围。

(6)对函证结果的总结和评价。注册会计师对函证结果可进行如下评价：

① 应重新考虑对内部控制的原有评价是否适当；控制测试的结果是否适当；分析程序的结果是否适当；相关的风险评价是否适当等。

② 如果函证结果表明没有审计差异，则可以合理地推论，全部应收账款总体是正确的。

③ 如果函证结果表明存在审计差异，注册会计师则应当估算应收账款总额中可能出现的累计差错是多少，估算未被选中进行函证的应收账款的累计差错是多少。为取得对应收账款累计差错更加准确的估计，也可以进一步扩大函证范围。

需要指出的是，即使应收账款得到了债务人的确认，也并不意味着债务人一定会付款。所以函证应收账款一般不适合作为对应收账款计价与分摊认定的适当的审计程序。

5)积极式函证未收到回函的处理(替代审计程序)

注册会计师应当考虑与被询证者联系，要求对方做出回应或再次寄发询证函。如果未能得到被询证者的回应，注册会计师应当实施替代审计程序：

(1)检查期后收款记录(银行进账单、汇款证明、银行存款日记账)但要注意日期是否在资产负债表日已存在。

(2)检查销售合同、销售单和发货凭证。但要注意被审计单位内部产生凭证的可靠性以及收入确认时点。

(3)检查被审计单位与客户之间的往来邮件。

6)检查坏账的确认和处理

在检查坏账的确认时，注册会计师应检查有无债务人破产或者死亡的，以及破产或遗产清偿后仍无法收回的，或者债务人长期未履行清偿义务的应收账款；在检查坏账的处理时，注册会计师应检查被审计单位坏账的处理是否经授权批准，有关会计处理是否正确。

7)确定应收账款的列报是否恰当

除了企业会计准则要求的披露之外，如果被审计单位为上市公司，注册会计师还要评价其披露是否符合证券监管部门的特别规定。

【例 7-2】为了测试 XYZ 公司销售其存储的海产品存货所形成的应收账款，A 注册会计师根据 XYZ 公司经销处提供的主要客户清单，随机抽取了 5 家客户进行积极式函证。函证结果显示：1 封询证函因无法投递而退回，1 封询证函未得到复函，其余 3 封均得到回函并核实无误。

要求：对于询证函被退回以及未得到复函的情形，请分别回答 A 注册会计师应当进一步实施哪些审计程序。

【答案】

(1)对于因无法投递而退回的信函应查明原因。对于地址错误的，找到正确地址再次发函，或实施替代审计程序；对于确实无真实地址的，应实施替代审计程序。

（2）对于没有得到回函的，注册会计师应当考虑与被询证者联系，要求对方做出回应或再次寄发询证函。如果未能得到被询证者的回应，注册会计师应当实施替代审计程序。

替代审计程序主要包括检查销售合同、销售订购单、销售发票副本及发运凭证等，以验证这些应收账款的真实性。

【例 7-3】 华兴公司采用应收账款年末余额的 3%计提坏账准备，“坏账准备——应收账款”账户年初贷方余额为 60 000 元，借方发生额为 30 000 元，另收回去年已注销的坏账的 15 000 元，其会计分录为

借：银行存款　　15 000

　　贷：其他应付款　　15 000

年末应收账款余额 700 000 元，会计人员计提坏账准备金，其会计分录为

借：资产减值损失　　21 000

　　贷：坏账准备——应收账款　　21 000

要求：指出存在的问题并提出调整建议。

【答案】

存在问题：

（1）收回已注销的坏账应增加坏账准备，该公司计入其他应付款为私设小金库或贪污舞弊提供了条件。

（2）年末公司应冲销坏账准备 24 000 元（60 000－30 000＋15 000－700 000×3%），该公司反而又提 21 000 元，虚增资产减值损失 45 000 元。

审计调整分录：

（1）调整其他应付款和应收账款

借：其他应付款　　15 000

　　贷：应收账款　　15 000

（2）调整坏账准备和资产减值损失

借：坏账准备——应收账款　　45 000

　　贷：资产减值损失　　45 000

同时调整财务报表的其他项目。

这里需要特别说明的是：审计调整分录由注册会计师编制，注册会计师把被审计单位提交的财务报表当作未结账对待，根据审计中发现的问题，建议被审计单位调整财务报表（常称之为“调表”，所以调整的科目一般使用报表的项目名称，如“存货”），而被审计单位除了调整财务报表之外，还应调整下期的相关会计账簿记录。这就会涉及会计账项的调整，即会计调整（常称之为“调账”）。

会计调整分录是由被审计单位编制，由于会计调整分录主要是针对上年的会计问题调整，而上年账簿已结账，不可能再增加相关记录，所以只能在下年度账簿中调整，但调整时不能直接利用注册会计师的审计调整分录，这样做可能会影响下年度账簿的恰当反映。

案 例 讨 论

当您和您的家人到永和豆浆店吃早点时，发现该店有一套特殊的控制方法。您先到点菜台点菜，服务小姐问您一共几位、坐哪一桌，点好菜后，她用电脑打印出一张清单，上面列出桌号、客人数、您点的各种菜的数量、价格以及最后的总金额。然后，您就可以坐在座位上，等待服务员将各种菜送过来供您和您的家人享用。后来，您想再加几个菜。结果，您又来到点菜台。服务小姐又打印出一张类似的清单，让您拿出原来的清单，将它们装订在一起交给您。当您和您的家人用餐完毕要离开时，您将两张清单交给收银台，收银台的服务小姐对清单进行复核后，加计出总金额，让您付款。

（资料来源：根据网络相关资料整理）

要求：

（1）永和豆浆店设立的控制措施属于何种类型？

（2）永和豆浆店的老板应如何评价该控制措施的效果？

（3）永和豆浆店设立这些控制措施，有哪些成本和收益？

技 能 训 练

一、单项选择题

1. 下列关于实质性程序的结果对控制测试结果的影响表述不正确的是（　　）。

   A. 如果通过实施实质性程序发现某项认定存在错报，注册会计师可以得出控制运行有效的结论

   B. 如果通过实施实质性程序未发现某项认定存在错报，这本身并不能说明与该认定有关的控制是有效运行的

   C. 如果通过实施实质性程序发现某项认定存在错报，注册会计师应当在评价相关控制的运行有效性时予以考虑

   D. 如果实施实质性程序发现被审计单位没有识别的重大错报，通常表明内部控制存在重大缺陷，注册会计师应当就这些缺陷与管理层和治理层进行沟通

2. 注册会计师的审计目标不同，针对相同的鉴证对象所收集的证据通常会不同。在实施风险评估程序以确定某项控制是否被执行时，注册会计师主要应当获取（　　）方面的证据。

   A. 控制在不同时点如何运行　　B. 控制以何种方式运行

   C. 控制是否存在，是否正在使用　　D. 控制是否得到一贯执行以及由谁执行

3. 进一步审计程序是相对于风险评估程序而言的，是指注册会计师针对评估的各类交易、账户余额和披露认定层次重大错报风险实施的审计程序，包括（　　）。

   A. 控制测试和实质性程序　　B. 风险评估程序和控制测试

   C. 风险评估程序和实质性程序　　D. 风险评估程序和分析程序

4. 下列有关控制测试目的的说法中，正确的是(　　)。
   A. 控制测试旨在评价内部控制在防止或发现并纠正认定层次重大错报方面的运行有效性
   B. 控制测试旨在发现认定层次发生错报的金额
   C. 控制测试旨在验证实质性程序结果的可靠性
   D. 控制测试旨在确定控制是否得到执行
5. 注册会计师 B 承接了丙公司 2019 年度财务报表审计业务，在评估后得知丙公司应收账款项目存在重大错报风险，注册会计师 B 拟对该项目的重大错报风险设计进一步审计程序。为使函证程序具有不可预见性，B 拟对函证程序采取以下措施。其中，你认为合理的是(　　)。
   A. 向重要审计客户甲寄发消极式询证函
   B. 向余额很小、甚至为零的客户乙寄发积极式询证函
   C. 要求债务人丁证实其截至当年 12 月 31 日的欠款金额
   D. 要求丙公司财务人员代收询证函并交给会计师事务所
6. 下列关于应收账款审计的说法中，不正确的是(　　)。
   A. 在任何情况下都要对应收账款函证
   B. 函证既可以是积极方式也可以是消极方式
   C. 通过函证应收账款可以证明应收账款的存在
   D. 如果以前期间函证发现过重大差异，那么可以增加函证的数量
7. 下列审计程序中，证实应收账款存在认定最佳的审计程序是(　　)。
   A. 检查销售文件以确定是否采用连续编号的销售单
   B. 从应收账款明细账追查至销售合同、销售发票、出库单等原始凭证
   C. 抽取发运凭证、销售合同等凭证追查至应收账款明细账
   D. 向销售客户进行函证
8. 在对询证函的以下处理方法中，正确的是(　　)。
   A. 在粘封询证函时进行统一编号
   B. 寄发询证函，并将重要的询证函复制给被审计单位进行催收货款
   C. 有 10 封询证函直接交给被审计单位的业务员，由其到被询证单位盖章后取回
   D. 有 10 封询证函要求被询证单位传真至被审计单位，并将原件盖章后寄至会计师事务所
9. 关于注册会计师的审计过程，下列说法中错误的是(　　)。
   A. 风险导向审计要求注册会计师在审计过程中，以重大错报风险的识别、评估和应对作为工作主线
   B. 计划审计工作不是审计业务的一个孤立阶段，而是一个持续的、不断修正的过程，贯穿于整个审计过程的始终
   C. 注册会计师实施风险评估程序的主要工作包括：了解被审计单位及其环境、对控制运行有效性进行测试、识别和评估重大错报风险
   D. 注册会计师应当运用职业判断，针对财务报表层次的重大错报风险确定总体应对措施，针对认定层次的重大错报风险确定进一步审计程序

10. 注册会计师执行的下列审计程序中，属于细节测试的是（　　）。
   A. 分析各个月份销售费用总额及主要项目金额占主营业务收入的比率，并与上一年度进行比较，判断变动的合理性
   B. 观察被审计单位验收入库流程，重点观察验收程序是否规范，验收标准是否明确
   C. 检查被审计单位的大额费用支出是否经过具有恰当权限的人员审批
   D. 根据审定的当期应纳营业税的主营业务收入，按规定的税率，分项计算、复核本期应纳营业税税额

二、多项选择题

1. 下列关于审计程序的说法中，正确的是（　　）。
   A. 在评估认定层次重大错报风险时，预期控制的运行是有效的，注册会计师应当实施控制测试以支持评估结果
   B. 在某些情况下，仅通过控制测试就可提供认定层次充分、适当的审计证据
   C. 注册会计师可以通过实施风险评估程序获取充分、适当的审计证据，作为发表审计意见的基础
   D. 无论评估的重大错报风险结果如何，注册会计师均应当针对所有重大的各类交易、账户余额、列报实施实质性程序，以获取充分、适当的审计证据
2. 在实施控制测试时，注册会计师主要应当获取（　　）方面的证据。
   A. 控制在不同时点如何运行　　B. 控制是否得到一贯执行
   C. 控制是否得到执行　　D. 控制由谁执行及以何种方式运行
3. 当存在下列（　　）情形时，注册会计师应当实施控制测试。
   A. 对风险的评估预期控制的运行是有效的
   B. 对风险的评估预期控制的运行是合理的
   C. 内部控制存在固有局限性
   D. 仅实施实质性程序不足以提供充分、适当的审计证据
4. 注册会计师针对评估的财务报表层次的重大错报风险，应当实施的总体应对措施有（　　）。
   A. 选择不被管理层预见或事先了解的进一步审计程序
   B. 分派更有经验或具有特殊技能的注册会计师，或利用专家的工作
   C. 提供更多的督导
   D. 对拟实施审计程序的性质、时间和范围作出总体修改
5. 控制测试程序的类型包括（　　）。
   A. 询问和观察　　B. 分析程序
   C. 检查　　D. 穿行测试和重新执行
6. 下列程序中，（　　）是每次审计时必须实施的。
   A. 风险评估程序　　B. 实质性程序
   C. 穿行测试　　D. 控制测试
7. 下列有关注册会计师是否实施应收账款函证程序的说法中，错误的是（　　）。
   A. 对上市公司财务报表执行审计时，注册会计师应当实施应收账款函证程序
   B. 对小型企业财务报表执行审计时，注册会计师可以不实施应收账款函证程序

C. 如果有充分证据表明函证很可能无效,注册会计师可以不实施应收账款函证程序

D. 如果在收入确认方面不存在由于舞弊导致的重大错报风险,注册会计师可以不实施应收账款函证程序

8. 在确定函证时间时,以下方案中,可以选取的是(　　)。

A. 因 J 公司重大错报风险低,在预审时函证

B. 在年终对存货监盘的同时,对应收款项进行函证

C. 项目小组进驻审计现场后,立即进行函证

D. 为减少函证回函差异,在执行其他审计程序后函证

9. 注册会计师认为被审计单位的控制环境存在严重缺陷,在对拟实施审计程序的性质、时间和范围做出总体修改时,下列做法中不恰当的有(　　)。

A. 在期中实施更多的审计程序

B. 主要依赖实质性程序获取审计证据

C. 主要依赖控制测试获取审计证据

D. 增加实质性程序的样本量

10. F 注册会计师拟对 A 公司的货币资金实施实质性程序。以下审计程序中,属于实质性程序的有(　　)。

A. 检查银行预留印鉴的保管情况

B. 检查银行存款余额调节表中未达账项在资产负债表日后的进账情况

C. 检查现金交易中是否存在应通过银行办理转账支付的项目

D. 检查外币银行存款年末余额是否按年末汇率折合为记账本位币金额

三、判断题

1. 在有些情况下,注册会计师通过实施控制测试,以获取内部控制运行有效性的审计证据,从而代替实质性程序。(　　)

2. 无论注册会计师对重大错报风险的评估结果如何,都应当对所有重大的各类交易、账户余额、列报设计和实施实质性程序。(　　)

3. 注册会计师可以将分析程序直接作为实质性程序,以收集与账户余额、各类交易和列报相关的各类特殊认定的证据。(　　)

4. 注册会计师对企业应收账款账龄进行分析的目的在于取得应收账款可收回性及坏账准备充分性方面的证据。(　　)

5. 应收账款询证函可以由注册会计师亲自寄发,也可以由被审计单位寄发。(　　)

四、简答题

1. 注册会计师针对评估的财务报表层次重大错报风险采取的总体应对措施有哪些?

2. 当评估的财务报表层次重大错报风险属于高风险水平时对拟实施进一步审计程序的总体方案有何影响?

五、实务题

诚信会计师事务所的注册会计师王强与 2019 年 2 月 5 日至 2 月 12 日对远达股份有限公司销售与收款循环的内部控制进行了了解和测试,并在相关的审计工作底稿中做了如下记录,摘录如下:

(1)远达股份有限公司发出时,销售部填制一式四联的出库单。仓库发出产品后,将第一联出库单留存登记产成品卡片,第二联交销售部留存,第三、四联交会计人员登记库存商品总账和明细账。

(2)会计人员负责开具销售发票,在开具发票之前,先取得仓库的发货记录和销售商品价目表,然后填写发票的数量、单价和金额。

要求:根据上述摘录,请代注册会计师王强指出远达股份有限公司在销售与收款循环内部控制方面的缺陷,并提出改进建议。

项目8 进行审计抽样

学习目标

了解审计抽样的概念及基本原理；理解统计抽样与非统计抽样的含义与区分；掌握样本的设计选取及抽样结果的评价。

学习重点

样本的设计选择及抽样结果的评价。

任务8.1 审计抽样的基本概念

8.1.1 审计抽样的含义

审计抽样是指注册会计师对具有审计相关性的总体中低于百分之百的项目实施审计程序，使所有抽样单元都有被选取的机会，为注册会计师针对整个总体得出结论提供合理基础。审计抽样能够使注册会计师获取和评价有关所选取项目某一特征的审计证据，已形成或有助于形成有关总体的结论。

审计抽样应当同时具备三个基本特征：

(1)对具有审计相关性的总体中低于百分之百的项目实施审计程序。

(2)所有抽样单元都有被选取的机会。

(3)可以根据样本项目的测试结果推断出有关抽样总体的结论。

审计抽样并非在所有审计程序中都可使用，注册会计师拟实施的审计程序将对运用审计抽样产生重要影响。风险评估程序通常不涉及审计抽样；当控制的运行留下轨迹时，注册会计师可以考虑使用审计抽样实施控制测试；实质性程序包括对各类交易、账户余额、披露的细节测试以及实质性分析程序。在实施细节测试时，注册会计师可以使用审计抽样的方法获取审计证据；在实施实质性分析程序时，注册会计师的目的不是根据样本项目的测试结果推断有关总体的结论，此时不宜使用审计抽样。

8.1.2 审计抽样的种类

根据审计抽样决策依据的方法不同，审计抽样可以分为两大类：统计抽样与非统计抽样(判断抽样)。

1. 统计抽样

统计抽样方法是概率论和数理统计方法与审计相结合的产物,它是按照随机原则进行样本的选取,使用数理统计方法确定样本量,对样本进行评估并对总体进行推断的一种审计方法。其具备两个基本特征:

(1)随机选取样本。

(2)运用概率论评价样本结果和计量抽样风险。

2. 非统计抽样

非统计抽样也称为判断抽样,一般是由审计人员根据专业判断来确定样本量、选取样本和对样本结果进行评估。因此,审计人员可能不知不觉地将个人的“偏见”应用在样本的选取中,而使样本不能客观地反映总体的真实情况。

究竟选用哪种抽样方法,主要取决于审计人员对成本效果方面的考虑。非统计抽样可能比统计抽样花费的成本要小,但统计抽样的效果则可能比非统计抽样要好。可见,无论是统计抽样还是非统计抽样,都要求审计人员在设计、执行抽样计划和评价抽样结果中合理运用专业判断。

统计抽样和非统计抽样的比较见表 8-1。

表 8-1 统计抽样和非统计抽样的比较

类型 比较内容	统计抽样	非统计抽样
优点	1. 客观地计量和精确地控制抽样风险 2. 高效设计样本 3. 计量已获得的审计证据的充分性 4. 能定量评价样本的结果	1. 操作简单,使用成本低 2. 适合定性分析
缺点	1. 需要特殊的专业技能,增加培训注册会计师的成本 2. 单个样本项目要符合统计要求,增加了额外费用	无法精确地测定出抽样风险
相同点	1. 在设计、实施和评价样本时都离不开职业判断 2. 对选取的样本项目实施的审计程序通常与使用的抽样方法无关	

8.1.3 抽样风险和非抽样风险

在获取审计证据时,注册会计师应当运用职业判断,评估重大错报风险,并设计进一步审计程序,以确保将审计风险降至可接受的低水平。在使用审计抽样时,审计风险既可能受到抽样风险的影响,又可能受到非抽样风险的影响。

1. 抽样风险

抽样风险是指注册会计师根据样本得出的结论,可能不同于如果对整个总体实施与样本相同的审计程序得出的结论的风险。抽样风险是抽样技术所固有的,它是因测试的样本量不足而引起的。抽样风险的类型可见表 8-2。

表 8-2　抽样风险的类型

审计测试	抽样风险种类	对审计工作的影响
控制测试	信赖过度风险	效果
	信赖不足风险	效率
细节测试	误受风险	效果
	误拒风险	效率

注:两种测试中的非抽样风险对审计效率、审计效果都有影响

审计人员在进行控制测试时,关注的抽样风险包括:

(1)信赖过度风险是指推断的控制有效性高于其实际有效性的风险。信赖过度风险与审计的效果有关,对于注册会计师而已,信赖过度风险更容易导致其发表不恰当的审计意见,应予以关注。

(2)信赖不足风险是指推断的控制有效性低于其实际有效性的风险。信赖不足风险与审计的效率有关,当注册会计师评估的控制有效性低于其实际有效性,评估的重大错报风险水平高于实际水平,注册会计师可能会增加不必要的审计程序,在这种情况下审计效率可能降低。

审计人员进行细节测试时,关注的抽样风险包括:

(1)误受风险是指注册会计师推断某一重大错报不存在而实际上存在的风险。在这时,注册会计师通常会停止对该账面金额继续进行测试并根据样本结果得出账面金额无重大错报的结论,误受风险会影响审计效果,容易导致注册会计师发表不恰当的审计意见。

(2)误拒风险是指注册会计师推断某一重大错报存在而实际上不存在的风险。在这时,注册会计师会扩大细节测试的范围并考虑获取其他审计证据,但最终注册会计师会得出恰当的结论,只是误拒风险会降低审计效率。

只要使用了审计抽样,抽样风险总会存在。对特定样本而言,抽样风险与样本规模反方向变动:样本规模越小,抽样风险越大;样本规模越大,抽样风险越小。无论是控制测试还是细节测试,注册会计师都可以通过扩大样本规模降低审计风险,如果对总体中的所有项目都实施检查,就不存在抽样风险,此时审计风险完全由非抽样风险产生。

2. 非抽样风险

非抽样风险是指注册会计师由于任何与抽样风险无关的原因而得出错误结论的可能性。注册会计师即使对某类交易或账户余额的所有项目实施审计程序,也可能仍未能发现重大错报或控制失效。

非抽样风险对审计效率和审计效果都有一定的影响。虽然在任何一种抽样方法中注册会计师都不能量化非抽样风险,但非抽样风险是由人为因素造成的,因而可以通过采取适当的质量控制政策和程序,加强工作改进、督导和复核,将非抽样风险降至可接受的水平。

任务 8.2　审计抽样的运用

注册会计师使用审计抽样方法主要分为三个阶段进行。第一阶段是样本设计,目的是

根据测试的目标和抽样总体，制定选取样本的计划；第二阶段是样本选取，目的是按照适当的方法从相应的抽样总体中选取所需的样本，并对其实施检查，以确定是否存在误差；第三阶段是样本结果评价，目的是根据对误差的性质和原因的分析，将样本结果推断至总体，形成对总体的结论。

8.2.1 样本的设计

样本设计是指审计人员在具体计划指导下，围绕样本的性质、样本数量、抽样方法及抽样工作质量要求等方面所进行的规划工作，设计样本时需要考虑以下因素：

1. 测试目标

审计抽样必须紧紧围绕测试目标展开。一般而言，控制测试是为了获取关于某项控制的设计和运行是否有效的证据，而细节测试的目标是确定某类交易或账户余额的金额是否正确获取与存在的错报有关的证据。

2. 确定审计对象总体

审计对象总体是指注册会计师从中选取样本并期望据此得出结论的整个数据集合。注册会计师在界定总体时，应当确保总体的相关性和完整性。相关性是指确定的审计总体必须与具体审计目标直接相关；完整性是指审计对象总体必须包括被审计经济业务或资料的全部项目。

3. 确定样本量

样本量是指计划从总体中抽取的样本的项目个数。在审计抽样中，样本量过小就不能反映出总体特征，而样本量过大则会加大审计成本，失去抽样的意义。因此，确定样本量也十分重要。统计抽样样本量的确定主要受以下因素影响：

(1)总体容量。总体容量越小，抽样所需的样本量越小。

(2)总体项目差异。总体项目差异与抽样的样本量为正方向，总体项目差异越大，抽取的样本量越大，反之越小。

(3)审计结论的精确限度。精确限度是指统计抽样所做出的审计结论与总体实际情况之间所允许的误差范围。审计结论的精确限度与样本量成反向关系，精确限度越低，所需的样本量越大。

(4)审计结论的可靠性程度。审计结论的可靠性程度与样本量成反向关系。要求的审计结论可靠性程度越高，所需的样本量就越大，反之则越小。

使用统计抽样方法时，注册会计师必须对影响样本规模的因素进行量化，并利用根据统计公式开发的专门的计算机程序或专门的样本量表来确定样本规模。在非统计抽样中，注册会计师可以只对影响样本规模的因素进行定性的估计，并运用职业判断确定样本规模。

8.2.2 样本的选取

样本选取是审计抽样技术的重要环节，是解决样本单位所设计的样本“如何抽”的问题。审计人员在选取样本时，应使审计对象总体内所有的项目均有被选取的机会，使样本能够代表总体，从而保证抽样结果所推断出的总体特征具有合理性和可靠性。

样本选取的方法可以分为随机选样法和非随机选样法。在统计抽样中，注册会计师必须使用适当的随机选样方法，如简单随机选样法或系统选样法。在非统计抽样中对样本选取的方法没有限制，但注册会计师更喜欢使用非随机选样的方法，因为这种选样方法不是以精确的数学概率为基础，样本的代表性比较难以确定，需要更多审计人员的职业判断，如随意选样法。

现阶段，常用的选取样本的基本方法包括简单随机选样法、系统选样法、随意选样法和分层选样法。

1. 简单随机选样法

简单随机选样法，是指对审计对象总体中的所有项目，按随机原则选取样本，总体中的每一项目都有均等的机会被选中。这种方法在统计抽样和非统计抽样中均适用。在简单随机抽样中，通常利用随机数表选取样本项目。随机数表是指一个由多个随机数(0～9)随机排列成多行多列的数表，见表 8-3，利用随机数表选样的步骤为：

(1)对总体项目进行编号，使被审计总体各项目与随机数表建立一一对应关系。一般情况下，编号可以利用总体项目中原有的编号，如凭证号、支票号、发票号等。

(2)在随机数表上确定选取的起点和路线，选取的起点和路线都可任意选择。从起点开始，按选定路线依次查找，符合总体项目编号要求的数字，即为选中的号码，与此号码相对应的的总体项目即为样本项目，一直到选足所需的样本量为止。

表 8-3　随机数表(部分列示)

序号	1	2	3	4	5
1	1049	2235	3319	1025	2231
2	2316	3630	0941	2830	2516
3	0850	0012	1546	3543	0947
4	3618	3250	1120	1246	2543
5	2348	1025	3329	2349	0238
6	3539	0102	1469	4013	0342
7	3608	3115	1548	2812	3320
8	0638	1810	3812	3249	2258
9	1246	3640	2550	0245	3648
10	0537	0344	0826	2229	3723

假定审计人员从一本共 40 页、每页 50 行，共有 2 000 个记录的应收账款明细表中选择 10 个样本：

(1)审计人员可采用 4 位数字编号，前两位数字由 01 到 40 的整数组成，表示该记录在明细表中的页数。后两位数字由 01 到 50 的整数组成，表示该记录的行数。这样，编号 0245 就表示第 2 页第 45 行。

(2)确定第 1 列第 1 行数字为起点，选号路线为从上至下、从左到右依次进行。按照这样的选号路线选出的 10 个号码为：1049、3630、1546、1246、0238、4013、1548、1810、1246、0537。将选取的号码与其对应的应收账款明细账户作为选定额样本进行审查。

利用随机数表选取样本虽然简单但很费时，实际工作中可以运用计算机取得随机样本，不但可以节约时间，还能减少审计人员选取随机数时发生错误的可能性，而且可以通过计算机程序进行自动记录。

2. 系统选样法

系统选样亦称等距选样。使用系统选样法时，审计人员首先计算抽样间距，然后从第一个间距中选择一个随机起点，以随机起点作为开端，按照计算的抽样间距等距离地顺序抽取样本。抽样间距按下式计算：

抽样间距＝总体容量 /样本量

举例：如果销售发票的总体范围是 652～3151，设定的样本量是 125，那么选样间距为 20[(3151＋1－652)÷125]。注册会计师必须从 0 到 19 中选取一个随机数作为抽样起点。如果随机选择的数码是 9，那么第一个样本项目是发票号码为 661(652＋9)的那一张，其余的 124 个项目是 681(661＋20)，701(681＋20)……依此类推直至第 3141 号。

系统选样法使用方便，比其他选样方法节省时间，并可用于无限总体。对总体中的项目不需要编号，注册会计师只要简单数出每一个间距即可。但这种方法要求总体必须是随机排列的，否则容易发生较大的偏差，造成非随机的、不具代表性的样本。如果测试项目的特征在总体内的分布具有某种规律性，则选择的样本的代表性就可能较差。所以，系统选样可以在非统计抽样中使用，在总体随机分布时也可适用于统计抽样。

3. 随意选样法

随意选样法是指注册会计师不带任何偏见的选取样本，即注册会计师不考虑样本项目的性质、金额大小、外观或其他特征而选取总体项目。任意选样的主要缺点是很难完全无偏见地选取样本项目，由于文化背景和所受训练等不同每个注册会计师都可能无意识地带有某种偏好。

随意选样仅适用于非统计抽样。在使用统计抽样时，运用随意选样是不恰当的，因为注册会计师无法量化选取样本的概率。

4. 分层选样法

分层选样法指按照一定的标准将总体划分为若干层次或类型，然后再对各层次或各类型的项目分别进行随机选样。严格地讲，分层选样法并非一种独立的样本选择方法，它必须结合简单随机选样法等方法使用。

假定审计人员在对某单位应收账款审计中，运用函证程序，根据重要性原则，审计人员按余额大小把应收账款明细账分为三层，各层选样方法见表 8-4，则函证样本选取为：

表 8-4 金额分层表

层　次	特　征	选 样 方 法
第一层	余额大于 50 000 元	100%肯定式函证
第二层	余额在 10 000—50 000 元之间	随机选取 10%肯定式函证
第三层	余额小于 10 000 元	随机选取 5%否定式函证

第一层金额大，相对重要的项目 100%肯定式函证；第二层金额相对较大，选取 10%肯定式函证；第三层相对金额较小，选取 5%否定式函证。最后，审计人员根据以上三层选取样本的结果进行综合分析，就可以做出总体判断。

8.2.3　样本结果的评价

1. 分析样本误差

审计人员在分析误差时，应根据预先确定的构成误差的条件，分析误差的特征和形成的原因，以及对测试目标和其他审计事项的影响。无论是统计抽样还是非统计抽样，对样本结果的定性评估和定量评估一样重要，即使样本的统计评价结果在可接受的范围内，审计人员也应对样本中的所有误差进行定性分析。

2. 推断总体误差

审计人员应根据抽样中发现的误差，采用适当的方法，推断审计对象总体误差。当总体划分为几个层次时，应先对每一层次分别做出推断，然后将推断结果加以汇总。

实施控制测试时，审计人员将样本中发现的偏差数量除以样本规模，就计算出样本偏差率。样本的偏差率就是对整个总体偏差率的最佳估计。在实施细节测试时，审计人员应当根据样本中发现的误差金额推断总体误差金额，并考虑推断误差对特定审计目标及审计其他方面的影响。

3. 重估抽样风险

审计人员应将总体误差与可容忍误差进行比较：

(1)推断的总体误差不超过可容忍误差，经重估后的抽样风险可以接受。

(2)推断的总体误差超过可容忍误差，经重估后的抽样风险不能接受，应增加样本量或执行替代审计程序。

(3)推断的总体误差接近可容忍误差，应考虑是否增加样本量或执行替代审计程序。

4. 形成审计结论

形成审计结论是审计抽样的最终目的。在控制测试中，将样本中发现的偏差数量除以样本规模，就计算出样本偏差率。样本偏差率就是注册会计师对总体偏差率的最佳估计，直接将样本偏差率(总体偏差率)与可容忍偏差率比较即可，但同时必须考虑抽样风险：

(1)如果估计的总体偏差率上限低于可容忍偏差率，则总体可以接受。审计人员可以对总体做出结论，样本结果支持计划评估的控制有效性，从而支持计划的重大错报风险评估水平。

(2)如果估计的总体偏差率上限大于或等于可容忍偏差率，则总体不能接受。这时审计人员对总体做出结论，样本结果不支持计划评估的控制有效性，从而不支持计划的重大错报风险评估水平。审计人员应当修正重大错报风险评估水平，并增加实质性程序的数量。审计人员也可以对影响重大错报风险评估水平的其他控制进行测试，以支持计划的重大错报风险评估水平。

(3)如果估计的总体偏差率上限低于但接近可容忍偏差率，审计人员应当结合其他审计程序的结果，考虑是否接受总体，并考虑是否需要扩大测试范围，以进一步证实计划评估的控制有效性和重大错报风险水平。

可容忍偏差率和计划评估的控制有效性之间的关系见表 8-5。

表 8-5 可容忍偏差率与计划评估的控制有效性之间的关系

计划评估的控制有效性	可容忍偏差率(近似值%)
高	3～7
中	6～12
低	11～20
最低	不进行控制测试

注:可容忍偏差率是指注册会计师设定的偏离规定的内部控制的比率。

在细节测试中,审计人员利用计算机程序或数学公式计算出总体错报上限,再将已更正的错报从推断的总体错报中减掉,调整后的推断总体错报上限与可容忍错报比较,也要考虑抽样风险:

(1)如果计算的总体错报上限低于可容忍错报,则总体可以接受。这时,审计人员对总体做出结论,所测试的交易或账户余额不存在重大错报。

(2)如果计算的总体错报上限大于或等于可容忍错报,则总体不能接受。这时审计人员对总体做出结论,所测试的交易或账户余额存在重大错报。在评价财务报表整体是否存在重大错报时,注册会计师应将该类交易或账户余额的错报与其他审计证据一起考虑,通常,审计人员会建议被审计单位对错报进行调查,且在必要时调整账面记录。

案 例 讨 论

A 注册会计师负责审计甲公司 2018 年度财务报表。在针对销售费用的发生认定实施细节测试时,A 注册会计师决定采用实施统计抽样,相关事项如下:

(1)A 注册会计师将抽样单元界定为销售费用总额中的每个货币单元。

(2)A 注册会计师将总体分成两层,并且每层的均值大致相等。

(3)A 注册会计师在确定样本规模时不考虑销售费用账户的可容忍错报。

(4)A 注册会计师采用系统选样的方式选取样本项目进行检查。

(5)在对选中的一个样本项目进行检查时,A 注册会计师发现所附发票丢失,于是另选一个样本项目代替。

要求:针对上述(1) 至(5) 项,逐项指出 A 注册会计师的做法是否存在不当之处。如未在不当之处,简要说明理由。

技 能 训 练

一、单项选择题

1. 对审计工作的效率和效果都有一定影响的是(　　)。

A. 误拒风险　　B. 非抽样风险

C. 误受风险　　D. 信赖过度风险

2. 若审计人员采用系统抽样方法，从 3 000 张编号为 0001 至 3000 的销售发票中，抽取 150 张进行审计，随机确定的抽样起点为 0024，则抽取到的第四个样本编号为(　　)。

A. 0424　　B. 0054　　C. 0064　　D. 0084

3. 关于抽样风险和非抽样风险的理解，以下表述中，不正确的是(　　)。

A. 抽样风险与样本规模呈反方向变动，注册会计师可以通过扩大样本规模降低抽样风险

B. 通过采取适当的质量控制政策和程序可以将非抽样风险降至可接受的水平

C. 抽样风险和非抽样风险均不能量化

D. 非抽样风险对审计效率和效果均有影响

4. 下列有关抽样风险的说法中，错误的是(　　)。

A. 在使用非统计抽样中，注册会计师可以对抽样风险进行定性的评价和控制

B. 如果注册会计师对总体中的所有项目都实施检查，就不存在抽样风险

C. 注册会计师未能恰当地定义误差将导致抽样风险

D. 无论是控制测试还是细节测试，注册会计师都可以通过扩大样本规模降低抽样风险

5. (　　)指按照一定的标准将总体划分为若干层次或类型，然后再对各层次或各类型的项目分别进行随机选样。

A. 分层选样　　B. 系统选样

C. 随机数表选样　　D. 任意选样

6. 样本结果的评价不包括哪项内容？(　　)

A. 分析样本误差　　B. 形成审计结论

C. 推断总体误差　　D. 确定样本规模

二、多项选择题

1. 在控制测试中所发生的抽样风险的类型有(　　)。

A. 信赖不足风险　　B. 信赖过度风险

C. 误拒风险　　D. 误受风险

2. (　　)既可以在统计抽样中使用，又可以在非统计抽样中使用。

A. 随机数选样　　B. 任意选样　　C. 系统选样　　D. 分层选样

3. 审计人员应当特别关注的，可能导致不正确审计结论的两种风险是(　　)。

A. 信赖过度风险　　B. 误拒风险

C. 误受风险　　D. 信赖不足风险

4. 样本选取的方法包括(　　)。

A. 随机数表选样　　B. 系统选样

C. 分层选样　　D. 任意选样

5. 审计抽样的基本特征包括(　　)。

A. 对某类交易或账户余额中低于百分之百的项目实施审计程序

B. 所有抽样单元都有被选取的机会

C. 审计抽样只能应用于实质性程序

D. 可以根据样本项目的测试结果推断出有关抽样总体的结论。

6. 下列各项审计程序中，通常不采用审计抽样的有(　　)。

A. 风险评估程序　　B. 控制测试

C. 实质性分析程序　　D. 细节测试

三、判断题

1. 审计抽样是指审计人员对某类交易或账户余额中低于100%的项目实施审计程序，使所有抽样单元都有被选取的机会。(　　)

2. 可接受的信赖过度风险与样本规模反向变动。注册会计师愿意接受的信赖过度风险越低，样本规模通常越大。(　　)

3. 如果审计人员推断的总体误差接近可容忍误差，应增加样本量或执行替代审计程序。(　　)

4. 注册会计师可以通过扩大样本规模降低非抽样风险。(　　)

5. 在分析样本误差时，注册会计师应当对所有误差进行定性评估。(　　)

6. 细节测试中如果调整后的总体错报远远低于可容忍错报，注册会计师可以接受被测试的总体。(　　)

四、简答题

1. 什么是抽样风险？什么是非抽样风险？它们对审计工作有何影响？

2. 在选择样本时，有哪几种主要选样方法？它们都适用于哪些审计情况？

项目9 出具审计报告

学习目标

通过本章的学习，掌握审计报告的概念和类型；掌握审计报告的基本内容；理解并熟练掌握如何出具不同意见类型的审计报告。

学习重点

不同意见类型审计报告的应用。

任务9.1 审计报告概述

9.1.1 审计报告的概念

审计报告是指注册会计师根据审计准则的规定，在执行审计工作的基础上，对被审计单位财务报表发表审计意见的书面文件。注册会计师应当在审计报告中清楚地表达对财务报表的意见，并对出具的审计报告负责。此外，注册会计师还应当将已审计的财务报表附于审计报告后，以便于财务报表使用者正确理解和使用审计报告，并防止被审计单位替换、更改已审计的财务报表。

各方利益人对财务报表和审计报告的责任如图9-1所示。

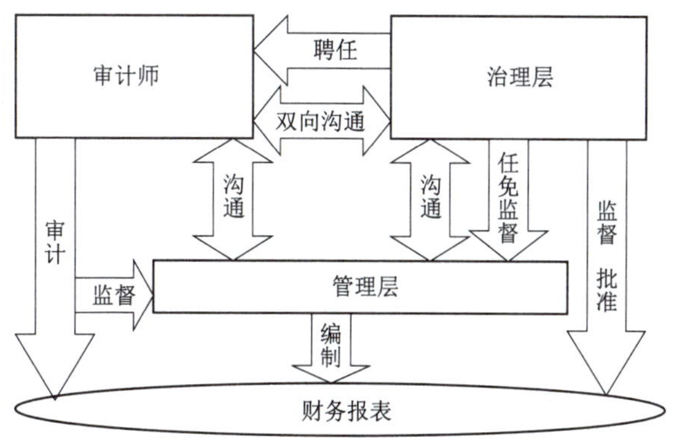

图9-1 各方利益人对财务报表和审计报表的责任

9.1.2 审计报告的作用

注册会计师签发的审计报告,主要具有鉴证、保护和证明三方面的作用。

1. 鉴证作用

注册会计师签发的审计报告,不同于政府审计和内部审计的审计报告,它是以超然独立的第三者身份,对被审计单位财务报表合法性、公允性发表意见。这种意见,具有鉴证作用,得到了政府及其各部门和社会各界的普遍认可。政府有关部门,如财政部门、税务部门等了解、掌握企业财务状况和经营成果的主要依据是企业提供的财务报表。财务报表是否合法、公允,主要依据注册会计师的审计报告做出判断。

2. 保护作用

注册会计师通过审计,可以对被审计单位财务报表出具不同类型审计意见的审计报告,以提高或降低财务报表信息使用者的信赖程度,能够在一定程度上对被审计单位的财产、债权人和股东的权益及企业利害关系人的利益起到保护作用。如投资者为了减少投资风险,在进行投资之前,必须要查阅被投资企业的财务报表和注册会计师的审计报告,了解被投资企业的经营情况和财务状况。

3. 证明作用

审计报告是对注册会计师审计任务完成情况及其结果所作的总结,它可以表明审计工作的质量并明确注册会计师的审计责任。因此,审计报告可以对审计工作质量和注册会计师的审计责任起到证明作用。例如,注册会计师是否实施了必要的审计程序,是否以审计工作底稿为依据发表审计意见,发表的审计意见是否与被审计单位的实际情况相一致,审计工作质量是否符合要求。

9.1.3 审计报告的类型

1. 按使用目的分类

1)公布目的的审计报告

公布目的的审计报告,一般用于对企业股东、投资者、债权人等非特定利益关系人公布的附送财务报表的审计报告。

2)非公布目的的审计报告

非公布目的的审计报告,一般是用于经营管理、合并或业务转让、融通资金等特定目的而实施审计的审计报告。这种审计报告是送给特定使用者的,如经营者、合并或业务转让的关系人、提供信用的金融机构等。

2. 按性质分类

1)无保留意见审计报告

无保留意见审计报告指注册会计师认为财务报表在所有重大方面按照适用的财务报告编制基础编制并实现公允反映发表审计意见而形成的报告。

2)非无保留意见的审计报告

非无保留意见审计报告指无保留意见以外的其他审计报告,具体包括保留意见审计报告、否定意见审计报告或无法表示意见审计报告。

当存在下列情形之一时,注册会计师应当按照《中国注册会计师审计准则第 1502

号——在审计报告中发表非无保留意见》的规定，在审计报告中发表非无保留意见：

(1)根据获取的审计证据，得出财务报表整体存在重大错报的结论；

(2)无法获取充分、适当的审计证据，不能得出财务报表整体不存在重大错报的结论。

9.1.4 审计报告的基本内容

审计报告的基本内容一般包括审计的内容、审计的责任、管理层的责任、审计的结论和意见、审计报告日期和签发报告单位等内容。但是，不同类型的审计报告的具体内容和格式也不完全相同。这里以财务报表审计中常见的无保留意见审计报告为例做详细介绍。

1. 标题

审计报告的标题应当统一规范为“审计报告”。

2. 收件人

审计报告的收件人是指注册会计师按照业务约定书的要求致送审计报告的对象，一般是指审计业务的委托人。注册会计师应当与委托人在业务约定书中约定致送审计报告的对象，以防止在此问题上发生分歧或审计报告被委托人滥用。

3. 审计意见

审计意见部分由两部分构成。第一部分指出已审财务报表，应当包括以下几个方面：

(1)指出被审计单位的名称；

(2)说明财务报表已经审计；

(3)指出构成整套财务报表的每一张报表的名称；

(4)提及财务报表附注；

(5)指明构成整套财务报表的每一张报表的日期或涵盖的期间。

第二部分应当说明注册会计师发表的审计意见。如果财务报表发表无保留意见，除非法律法规另有规定，审计意见应当使用“我们认为，财务报表在所有重大方面按照适用的财务报告编制基础(如企业会计准则等)的规定编制，公允反映了……”的措辞。审计意见应当说明，财务报表在所有重大方面按照适用的财务报告编制基础编制，公允反映了被审计单位的财务状况、经营成果和现金流量。

4. 形成审计意见的基础

审计报告应当包含标题为“形成审计意见的基础”的部分。该部分提供关于审计意见的重要背景，应当紧接在审计意见部分之后，并包括下列方面：

(1)说明注册会计师按照审计准则的规定执行了审计工作。

(2)提及审计报告中用于描述审计准则规定的注册会计师责任的部分。

(3)声明注册会计师按照与审计相关的职业道德要求独立于被审计单位，并履行了职业道德方面的其他责任。声明中应当指明适用的职业道德要求，如《中国注册会计师职业道德守则》。

(4)说明注册会计师是否相信获取的审计证据是充分、适当的，为发表审计意见提供了基础。

5. 关键审计事项

《中国注册会计师审计准则第1504号——在审计报告中沟通关键审计事项》要求注册

会计师在上市实体整套通用目的财务报表审计报告中增加关键审计事项部分，用于沟通关键审计事项。关键审计事项，是指注册会计师根据职业判断认为对当期财务报表审计最为重要的事项。

为达到突出关键审计事项的目的，注册会计师应当在审计报告中单设一部分，以“关键审计事项”为标题，并在该部分使用恰当的子标题逐项描述关键审计事项。

关键审计事项部分的引言应当同时说明下列事项：

(1)关键审计事项是注册会计师根据职业判断，认为对本期财务报表审计最为重要的事项。

(2)关键审计事项的应对以对财务报表整体进行审计并形成审计意见为背景，注册会计师对财务报表整体形成审计意见，而不对关键审计事项单独发表意见。

为帮助财务报表使用者了解注册会计师确定的关键审计事项，注册会计师应当在审计报告中逐项描述每一关键审计事项，具体可以描述下列要素：

(1)审计应对措施或审计方法中，与该事项最为相关或对评估的重大错报风险最有针对性的方面；

(2)对已实施审计程序的简要概述；

(3)实施审计程序的结果；

(4)对该事项给出的主要看法。

除非法律法规禁止公开披露某事项，或者在极其罕见的情况下，如果合理预期在审计报告中沟通某事项造成的负面后果超过产生的公众利益方面的益处，注册会计师确定不应在审计报告中沟通该事项。

需要注意的是，对某项关键审计事项的描述是否充分属于职业判断问题。对关键审计事项进行描述的目的在于提供一种简明、不偏颇的解释，以使预期使用者能够了解为何该事项是对审计最为重要的事项之一，以及这些事项是如何在审计中加以应对的。注册会计师以一种简明且可理解的形式提供有用的信息，而不应成为被审计单位原始信息的提供者。

6. 管理层对财务报表的责任

审计报告应当包含标题为“管理层对财务报表的责任”的部分。管理层对财务报表的责任部分应当说明管理层应对下列方面负责：

(1)按照适用的财务报告编制基础的规定编制财务报表，使其实现公允反映，并设计、执行和维护必要的内部控制，以使财务报表不存在由于舞弊或错误导致的重大错报；

(2)评估被审计单位的持续经营能力和使用持续经营假设是否适当，并披露与持续经营相关的事项(如适用)。对管理层评估责任的说明应当包括描述在任何情况下使用持续经营假设是适当的。

7. 注册会计师对财务报表审计的责任

审计报告应当包含标题为“注册会计师对财务报表审计的责任”部分。其中应当包括下列内容：

(1)说明注册会计师的目标是对财务报表整体是否不存在由于舞弊或错误导致的重大错报获取合理保证，并出具包含审计意见的审计报告。

(2)说明合理保证是高水平的保证,但按照审计准则执行的审计并不能保证一定会发现存在的重大错报。

(3)说明错报可能由于舞弊或错误导致。在说明错报可能由于舞弊或错误导致时,注册会计师应当从下列两种做法中选取一种:①描述如果合理预期错报单独或汇总起来可能影响财务报表使用者依据财务报表做出的经济决策,则通常认为错报是重大的;②根据适用的财务报告编制基础,提供关于重要性的定义和描述。

注册会计师对财务报表审计的责任部分还应当包括下列内容:

(1)说明在按照审计准则执行审计工作的过程中,注册会计师运用职业判断,并保持职业怀疑。

(2)通过说明注册会计师的责任,对审计工作进行描述。这些责任包括:①识别和评估由于舞弊或错误导致的财务报表重大错报风险,设计和实施审计程序以应对这些风险,并获取充分、适当的审计证据,作为发表审计意见的基础。②了解与审计相关的内部控制,以设计恰当的审计程序,但目的并非对内部控制的有效性发表意见。当注册会计师有责任在财务报表审计的同时对内部控制的有效性发表意见时,应当略去上述"目的并非对内部控制的有效性发表意见"的表述。③评价管理层选用会计政策的恰当性和做出会计估计及相关披露的合理性。④对管理层使用持续经营假设的恰当性得出结论。同时,根据获取的审计证据,就可能导致对被审计单位持续经营能力产生重大疑虑的事项或情况是否存在重大不确定性得出结论。⑤评价财务报表的总体列报、结构和内容(包括披露),并评价财务报表是否公允反映相关交易和事项。

注册会计师对财务报表审计的责任部分还应当包括下列内容:

(1)说明注册会计师与治理层就计划的审计范围、时间安排和重大审计发现等事项进行沟通,包括沟通注册会计师在审计中识别的值得关注的内部控制缺陷。

(2)对于上市实体财务报表审计,指出注册会计师已遵守与独立性相关的职业道德要求向治理层提供声明,并与治理层沟通可能被合理认为影响注册会计师独立性的所有关系和其他事项,以及相关的防范措施(如适用)。

(3)对于上市实体财务报表审计,以及决定按照《中国注册会计师审计准则第1504号——在审计报告中沟通关键审计事项》的规定沟通关键审计事项的其他情况,说明注册会计师从已与治理层沟通的事项中确定哪些事项对本期财务报表审计最为重要,因而构成关键审计事项。

8. 按照相关法律法规的要求报告的事项(如适用)

除审计准则规定的注册会计师对财务报表出具审计报告的责任外,相关法律法规可能对注册会计师设定了其他报告责任。例如,如果注册会计师在财务报表审计中注意到某些事项,可能被要求对这些事项予以报告。此外,注册会计师可能被要求实施额外的规定的程序并予以报告,或对特定事项(会计账簿和记录的适当性)发表意见。这些责任是注册会计师按照审计准则对财务报表出具审计报告的责任的补充。

9. 注册会计师的签名和盖章

审计报告应当由项目合伙人和另一名负责该项目的注册会计师签名和盖章,明确法律责任。

10. 会计师事务所的名称、地址及盖章

审计报告应当载明会计师事务所的名称和地址，并加盖会计师事务所的公章。

注册会计师在审计报告中载明会计师事务所地址时，标明会计师事务所所在的城市即可。在实务中，审计报告通常载于会计师事务所统一印刷的、标有该所详细通信地址的信笺上，因此无须在审计报告中注明详细地址。

11. 审计报告日期

审计报告应当注明报告日期。审计报告的日期不应早于注册会计师获取充分、适当的审计证据（包括管理层认可对财务报表的责任且已批准财务报表的证据），并在此基础上对财务报表形成审计意见的日期。

注册会计师在正式签署审计报告前，通常把审计报告草稿和已审计财务报表草稿一同提交给管理层；如果管理层批准并签署已审计财务报表，注册会计师即可签署审计报告；注册会计师签署审计报告的日期通常与管理层签署已审计财务报表的日期为同一天，或晚于管理层签署已审计财务报表的日期。

审计报告参考格式见范例 9-1。

范例 9-1（无保留意见的审计报告）

审 计 报 告

ABC 股份有限公司全体股东：

一、对财务报表出具的审计报告

（一）审计意见

我们审计了 ABC 股份有限公司（以下简称 ABC 公司）财务报表，包括 20×9 年 12 月 31 日的资产负债表，20×9 年度的利润表、现金流量表、股东权益变动表以及相关财务报表附注。

我们认为，后附的财务报表在所有重大方面按照企业会计准则的规定编制，公允反映了 ABC 公司 20×9 年 12 月 31 日的财务状况以及 20×9 年度的经营成果和现金流量。

（二）形成审计意见的基础

我们按照中国注册会计师审计准则的规定执行了审计工作。审计报告的“注册会计师对财务报表审计的责任”部分进一步阐述了我们在这些准则下的责任。按照中国注册会计师职业道德守则，我们独立于 ABC 公司，并履行了职业道德方面的其他责任。我们相信我们获取的审计证据是充分、适当的，为发表审计意见提供了基础。

（三）关键审计事项

关键审计事项是根据我们的职业判断，认为对本期财务报表审计最为重要的事项。这些事项是在对财务报表整体进行审计并形成意见的背景下进行处理的，我们不对这些事项提供单独的意见。

[按照《中国注册会计师执业准则第 1504 号——在审计报告中沟通关键审计事项》的规定描述每一关键审计事项。]

（四）管理层和治理层对财务报表的责任

管理层负责按照企业会计准则的规定编制财务报表，使其实现公允反映，并设计、执行和维护必要的内部控制，以使财务报表不存在由于舞弊或错误导致的重大错报。

在编制财务报表时，管理层负责评估ABC公司的持续经营能力，披露与持续经营相关的事项(如适用)，并运用持续经营假设，除非计划清算ABC公司、停止营运或别无其他现实的选择。

治理层负责监督ABC公司的财务报告过程。

(五)注册会计师对财务报表审计的责任

我们的目标是对财务报表整体是否不存在由于舞弊或错误导致的重大错报获取合理保证，并出具包含审计意见的审计报告。合理保证是高水平的保证，但并不能保证按照审计准则执行的审计在某一重大错报存在时总能发现。错报可能由于舞弊或错误导致，如果合理预期错报单独或汇总起来可能影响财务报表使用者依据财务报表做出的经济决策，则通常认为错报是重大的。

在按照审计准则执行审计的过程中，我们运用了职业判断，保持了职业怀疑。我们同时：

(1)识别和评估由于舞弊或错误导致的财务报表重大错报风险；对这些风险有针对性地设计和实施审计程序；获取充分、适当的审计证据，作为发表审计意见的基础。由于舞弊可能涉及串通、伪造、故意遗漏、虚假陈述或凌驾于内部控制之上，未能发现由于舞弊导致的重大错报的风险高于未能发现由于错误导致的重大错报的风险。

(2)了解与审计相关的内部控制，以设计恰当的审计程序，但目的并非对内部控制的有效性发表意见。

(3)评价管理层选用会计政策的恰当性和作出会计估计及相关披露的合理性。

(4)对管理层使用持续经营假设的恰当性得出结论。同时，根据获取的审计证据，就可能导致对ABC公司持续经营能力产生重大疑虑的事项或情况是否存在重大不确定性得出结论。如果我们得出结论认为存在重大不确定性，审计准则要求我们在审计报告中提请报表使用者注意财务报表中的相关披露；如果披露不充分，我们应当发表非无保留意见。我们的结论基于审计报告日可获得的信息。然而，未来的事项或情况可能导致ABC公司不能持续经营。

(5)评价财务报表的总体列报、结构和内容(包括披露)，并评价财务报表是否公允反映相关交易和事项。

我们与治理层就计划的审计范围、时间安排和重大审计发现(包括我们在审计中识别的值得关注的内部控制缺陷)等事项进行沟通。

我们还就遵守关于独立性的相关职业道德要求向治理层提供声明，并就可能被合理认为影响我们独立性的所有关系和其他事项，以及相关的防范措施(如适用)与治理层进行沟通。

从与治理层沟通的事项中，我们确定哪些事项对本期财务报表审计最为重要，因而构成关键审计事项。我们在审计报告中描述这些事项，除非法律法规禁止公开披露这些事项，或在极其罕见的情形下，如果合理预期在审计报告中沟通某事项造成的负面后果超过在公众利益方面产生的益处，我们确定不应在审计报告中沟通该事项。

二、按照相关法律法规的要求报告的事项

[本部分的格式和内容，取决于法律法规对其他报告责任的性质的规定。法律法规规

范的事项(其他报告责任)应当在本部分处理,除非其他报告责任与审计准则所要求的报告责任涉及相同的主题。如果涉及相同的主题,其他报告责任可以在审计准则所要求的同一报告要素部分中列示。当其他报告责任和审计准则规定的报告责任涉及同一主题,并且审计报告中的措辞能够将其他报告责任与审计准则规定的责任予以清楚的区分(如差异存在)时,允许将两者合并列示(即包含在"对财务报表出具的审计报告"部分中,并使用适当的副标题)。]

××会计师事务所　　　　　　　　　　　　中国注册会计师:×××
(盖章)　　　　　　　　　　　　　　　　(签名并盖章)

中国注册会计师:×××
(签名并盖章)

中国××市　　　　　　　　　　　　　　　二○×○年×月×日

任务 9.2　非无保留意见审计报告

非无保留意见,是对财务报表发表的保留意见、否定意见或无法表示意见。当存在下列情形之一时,注册会计师应当按照《中国注册会计师审计准则第 1502 号——在审计报告中发表非无保留意见》的规定,在审计报告中发表非无保留意见:

(1)根据获取的审计证据,得出财务报表整体存在重大错报的结论;

(2)无法获取充分、适当的审计证据,不能得出财务报表整体不存在重大错报的结论。

表 9-1 列示了注册会计师对导致发表非无保留意见的事项的性质和这些事项对财务报表产生或可能产生影响的广泛性作出判断,以及注册会计师的判断对审计意见类型的影响。

表 9-1　判断对审计意见的影响

导致发生非无保留意见的事项的性质	这些事项对财务报表产生或可能产生影响的广泛性	
	重大但不具有广泛性	重大且具有广泛性
财务报表存在重大错报	保留意见	否定意见
无法获取充分、适当的审计证据	保留意见	无法表示意见

9.2.1　保留意见审计报告

1. 出具保留意见审计报告的情形

如果注册会计师认为财务报表整体是公允的,但还存在下列情形之一,注册会计师应当出具保留意见的审计报告:

(1)在获取充分、适当的审计证据后,注册会计师认为错报单独或汇总起来对财务报表影响重大,但不具有广泛性。

(2)注册会计师无法获取充分、适当的审计证据以作为形成审计意见的基础,但认为未发现的错报(如存在)对财务报表可能产生的影响重大,但不具有广泛性。

2. 专业术语

当出具保留意见的审计报告时,注册会计师应当对审计意见段使用恰当的标题,如"形成保留意见的基础”，并修改形成保留意见的基础的描述，以说明：注册会计师相信，注册会计师已获取的审计证据是充分、适当的，为发表保留意见提供了基础。

当由于财务报表存在重大错报而出具保留意见的审计报告时，注册会计师应当根据适用的财务报告编制基础在审计意见段中说明：注册会计师认为，除了形成保留意见的基础部分所述事项产生的影响外，财务报表在所有重大方面按照适用的财务报告编制基础编制，并实现公允反映。

当无法获取充分、适当的审计证据而导致出具保留意见的审计报告时，注册会计师应当在审计意见段中使用“除……可能产生的影响外”等措辞。

3. 出具保留意见前的考虑

只有当注册会计师认为财务报表就整体而言是公允的，但还存在对财务报表产生重大影响的错报时，才能出具保留意见的审计报告。如果注册会计师认为所报告的情形对财务报表产生的影响极为严重，则应出具否定意见或无法表示意见的审计报告。因此，保留意见的审计报告被视为注册会计师在不能出具无保留意见的审计报告情况下最不严厉的审计报告。

如果会计政策的选用、会计估计的做出或财务报表的披露不符合适用的会计准则和相关会计制度的规定，注册会计师在判断其影响是否重大时，应当考虑该影响所涉及的金额或性质并与确定的重要性水平进行比较。

注册会计师因审计范围受到限制而出具保留意见的审计报告，取决于无法实施的审计程序对形成审计意见的重要性。注册会计师在判断重要性时，应当考虑有关事项潜在影响的性质和范围以及在财务报表中的重要程度。只有当未发现的错报（如存在）对财务报表可能产生的影响重大但不具有广泛性时，才能发表保留意见。范例9-2列示了由于财务报表存在错报而出具保留意见的审计报告。

范例9-2（保留意见）

审 计 报 告

ABC股份有限公司全体股东：

一、对财务报表出具的审计报告

（一）保留意见

我们审计了ABC股份有限公司（以下简称ABC公司）财务报表，包括20×9年12月31日的资产负债表，20×9年度的利润表、现金流量表、股东权益变动表以及相关财务报表附注。

我们认为，除“形成保留意见的基础”部分所述事项产生的影响外，后附的财务报表在所有重大方面按照企业会计准则的规定编制，公允反映了ABC公司20×9年12月31日的财务状况以及20×9年度的经营成果和现金流量。

（二）形成保留意见的基础

ABC公司20×9年12月31日资产负债表中存货的列示金额为X元。管理层根据成本对存货进行计量，而没有根据成本与可变现净值孰低的原则进行计量，这不符合企业会计准则的规定。ABC公司的会计记录显示，如果管理层以成本与可变现净值孰低来计量存货，存货列示金额将减少 X 元。相应地，资产减值损失将增加 X 元，所得税、净利润和股东权益将分别减少 X 元、X 元和 X 元。

我们按照中国注册会计师审计准则的规定执行了审计工作。审计报告的“注册会计师对财务报表审计的责任”部分进一步阐述了我们在这些准则下的责任。按照中国注册会计师职业道德守则，我们独立于 ABC 公司，并履行了职业道德方面的其他责任。我们相信，我们获取的审计证据是充分、适当的，为发表保留意见提供了基础。

（三）关键审计事项

关键审计事项是根据我们的职业判断，认为对本期财务报表审计最为重要的事项。这些事项是在对财务报表整体进行审计并形成意见的背景下进行处理的，我们不对这些事项提供单独的意见。除“形成保留意见的基础”部分所述事项外，我们确定下列事项是需要在审计报告中沟通的关键审计事项。

[按照《中国注册会计师审计准则第 1504 号——在审计报告中沟通关键审计事项》的规定描述每一关键审计事项。]

（四）管理层和治理层对财务报表的责任

[按照《中国注册会计师审计准则第 1501 号——对财务报表形成审计意见和出具审计报告》的规定报告，参见范例 9-1。]

（五）注册会计师对财务报表审计的责任

[按照《中国注册会计师审计准则第 1501 号——对财务报表形成审计意见和出具审计报告》的规定报告，参见范例 9-1。]

二、按照相关法律法规的要求报告的事项

[按照《中国注册会计师审计准则第 1501 号——对财务报表形成审计意见和出具审计报告》的规定报告，参见范例 9-1。]

××会计师事务所
（盖章）

中国注册会计师：×××
（签名并盖章）

中国注册会计师：×××
（签名并盖章）

中国××市

二〇×〇年×月×日

9.2.2 否定意见审计报告

1. 出具否定意见审计报告的情形

在获取充分、适当的审计证据后，如果认为错报单独或汇总起来对财务报表的影响重大且具有广泛性，注册会计师应当出具否定意见的审计报告。

2. 专业术语

当出具否定意见的审计报告时，注册会计师应当对审计意见段使用恰当的标题，如：“形成否定意见的基础”。这样能够使财务报表使用者清楚注册会计师发表了否定意见。并修改对形成否定意见的基础描述，以说明：注册会计师相信，注册会计师已获取的审计证据是充分、适当的，为发表审计意见提供了基础。同时，还应当在审计意见段中说明：注册会计师认为，由于形成否定意见的基础部分所述事项的重要性，财务报表没有在所有重大方面按照适用的财务报告编制基础编制，未能实现公允反映。

3. 出具否定意见前的考虑

应当指出的是，只有当注册会计师认为财务报表存在重大错报会误导使用者，以致财务报表的编制不符合适用的会计准则和相关会计制度的规定，未能从整体上公允反映被审计单位的财务状况、经营成果和现金流量时，才出具否定意见的审计报告。范例 9-3 列示了由于财务报表存在错报而出具否定意见的审计报告。

范例 9-3（否定意见）

审 计 报 告

ABC 股份有限公司全体股东：

一、对财务报表出具的审计报告

（一）否定意见

我们审计了 ABC 股份有限公司（以下简称 ABC 公司）财务报表，包括 20×9 年 12 月 31 日的资产负债表，20×9 年度的利润表、现金流量表、股东权益变动表以及相关财务报表附注。

我们认为，由于“形成否定意见的基础”部分所述事项的重要性，ABC 公司财务报表没有在所有重大方面按照适用的财务报告编制基础编制，未能公允反映 ABC 公司 20×9 年 12 月 31 日的财务状况以及 20×9 年度的经营成果和现金流量。

（二）形成否定意见的基础

ABC 公司 20×9 年 12 月 31 日资产负债表中存货的列示金额为 X 元。管理层根据成本对存货进行计量，而没有根据成本与可变现净值孰低的原则进行计量，这不符合企业会计准则的规定。ABC 公司的会计记录显示，如果管理层以成本与可变现净值孰低来计量存货，存货列示金额将减少 X 元。相应地，资产减值损失将增加 X 元，所得税、净利润和股东权益将分别减少 X 元、X 元和 X 元。这一事项的存在对财务报表影响重大，且具有广泛性。

我们按照中国注册会计师审计准则的规定执行了审计工作。审计报告的“注册会计师对财务报表审计的责任”部分进一步阐述了我们在这些准则下的责任。按照中国注册会计师职业道德守则，我们独立于 ABC 公司，并履行了职业道德方面的其他责任。我们相信，我们获取的审计证据是充分、适当的，为发表否定意见提供了基础。

（三）关键审计事项

关键审计事项是根据我们的职业判断，认为对本期财务报表审计最为重要的事项。这些事项是在对财务报表整体进行审计并形成意见的背景下进行处理的，我们不对这些事项提供单独的意见。除“形成否定意见的基础”部分所述事项外，我们确定下列事项是需要在审计报告中沟通的关键审计事项。

[按照《中国注册会计师审计准则第 1504 号——在审计报告中沟通关键审计事项》的规定描述每一关键审计事项。]

（四）管理层和治理层对财务报表的责任

[按照《中国注册会计师审计准则第 1501 号——对财务报表形成审计意见和出具审计报告》的规定报告，参见范例 9-1。]

（五）注册会计师对财务报表审计的责任

[按照《中国注册会计师审计准则第 1501 号——对财务报表形成审计意见和出具审计

报告》的规定报告,参见范例 9-1。]

二、按照相关法律法规的要求报告的事项

[按照《中国注册会计师审计准则第 1501 号——对财务报表形成审计意见和出具审计报告》的规定报告,参见范例 9-1。]

××会计师事务所　　　　　　　　　　　　　中国注册会计师:×××
（盖章）　　　　　　　　　　　　　　　　（签名并盖章）

中国注册会计师:×××
（签名并盖章）

中国××市　　　　　　　　　　　　　　　二〇×〇年×月×日

9.2.3 无法表示意见审计报告

1. 出具无法表示意见审计报告的情形

如果无法获取充分、适当的审计证据以作为形成审计意见的基础,但认为未发现的错报对财务报表可能产生的影响重大且具有广泛性,注册会计师应当出具无法表示意见的审计报告。

可见,无法表示意见是由于审计人员在审计过程中因未搜集到足够的审计证据,无法对被审计单位的财务报表发表确切的审计意见所表示的一种不作评价的意见。

2. 专业术语

当注册会计师对财务报表发表无法表示意见时,审计报告中不应当包括描述注册会计师责任的部分和说明注册会计师是否已获取充分、适当的审计证据以作为形成审计意见的基础部分。

《中国注册会计师审计准则 1501 号——对财务报表形成审计意见和出具审计报告》的规定在审计报告中对注册会计师责任作出的表述进行修改,仅包括下列内容:

(1)注册会计师的责任是按照中国注册会计师审计准则的规定,对被审计单位财务报表执行审计工作,以出具审计报告。

(2)但由于形成无法表示意见的基础部分所述的事项,注册会计师无法获取充分、适当的审计证据以作为发表审计意见的基础。

(3)关于注册会计师在独立性和职业道德方面的其他责任的声明。

3. 出具无法表示意见前的考虑

只有当审计范围受到委托人、被审计单位或客观环境的严重限制可能产生的影响非常重大和广泛,不能获取充分、适当的审计证据,以至于无法确定财务报表的合法性与公允性时,注册会计师才应当出具无法表示意见的审计报告。无法表示意见不同于否定意见,它通常仅仅适用于注册会计师不能获取充分、适当的审计证据。如果注册会计师发表否定意见,必须获得充分、适当的审计证据。无论是无法表示意见还是否定意见,都只有在非常严重的情形下采用。参考格式见范例 9-4。

范例 9-4(无法表示意见)

审 计 报 告

ABC 股份有限公司全体股东:

一、对财务报表出具的审计报告

（一）无法表示意见

我们接受委托，审计ABC股份有限公司（以下简称ABC公司）财务报表，包括20×9年12月31日的资产负债表，20×9年度的利润表、现金流量表、股东权益变动表以及相关财务报表附注。

我们不对后附的ABC公司财务报表发表审计意见。由于“形成无法表示意见的基础”部分所述事项的重要性，我们无法获取充分、适当的审计证据以作为对财务报表发表审计意见的基础。

（二）形成无法表示意见的基础

我们于20×0年1月接受ABC公司的审计委托，因而未能对ABC公司20×9年初金额为X元的存货和年末金额为X元的存货实施监盘程序。此外，我们也无法实施替代审计程序获取充分、适当的审计证据。并且ABC公司与20×9年9月采用新的应收账款电算化系统，由于存在系统缺陷导致应收账款出现大量错误。截至报告日，管理层仍在纠正系统缺陷并更正错误，我们也无法实施替代审计程序，以对截至20×9年12月31日的应收账款总额X元获取充分、适当的审计证据。因此，我们无法确定是否有必要对存货、应收账款以及财务报表其他项目作出调整，也无法确定应调整的金额。

（三）管理层和治理层对财务报表的责任

［按照《中国注册会计师审计准则第1501号——对财务报表形成审计意见和出具审计报告》的规定报告，参见范例9-1。］

（四）注册会计师对财务报表审计的责任

我们的责任是按照中国注册会计师审计准则的规定，对ABC公司的财务报表执行审计工作，以出具审计报告。但由于“形成无法表示意见的基础”部分所述的事项，我们无法获取充分、适当的审计证据以作为发表审计意见的基础。

按照中国注册会计师职业道德守则，我们独立于ABC公司，并履行了职业道德方面的其他责任。

二、对其他法律

［按照《中国注册会计师审计准则第1501号——对财务报表形成审计意见和出具审计报告》的规定报告，参见范例9-1。］

××会计师事务所　　　　　　　　　　中国注册会计师：×××
（盖章）　　　　　　　　　　　　　　（签名并盖章）

中国注册会计师：×××
（签名并盖章）

中国××市　　　　　　　　　　　　　二〇×〇年×月×日

【例9-1】以下是针对三个被审计单位，注册会计师提请调整而被审计单位表示不再调整的事项。假设除了题述中描述的问题其他情况均正常，请指出注册会计师分别应当出具何种意见类型的审计报告？

1. 甲公司：该公司2019年固定资产折旧方法由原来的加速折旧法变更为平均年限法，这一折旧方法的变更并没有充分的变更理由，折旧方法的变更导致2019年度固定资产少提折旧 5 万元，该公司当年实现利润 30 万元，资产总额为 2 000 万元。

2. 乙公司：该公司 2019 年固定资产折旧方法由原先的加速折旧法变更为平均年限法，这一折旧方法的变更并没有充分的变更理由，折旧方法的变更导致 2019 年度固定资产少提折旧 10 万元(其中管理部门 9 万元、生产车间 1 万元)，该公司当年实现利润 8 万元，资产总额为 2 000 万元。

【答案】

1. 保留意见。理由一：甲公司当年利润 30 万元，而 5 万元的错报并不影响利润的表达方向；理由二：甲公司资产总额 2 000 万元，按照资产总额 0.5%～1%的比例确定该公司报表层次的重要性水平应为 10～20 万元，5 万元的错报加上注册会计师尚未发现的错报汇总数超过重要性水平的概率不高。基于以上两点原因不至于出具否定意见的审计报告，出具保留意见的审计报告较为恰当。

2. 否定意见。理由一：乙公司当年利润 8 万元，而直接计入当期损益的管理部门折旧额 9 万元足以改变该公司利润表达方向；理由二：乙公司资产总额 2 000 万元，按照资产总额 0.5%～1%的比例确定该公司报表层次的重要性水平应为 10～20 万元，10 万元的错报加上注册会计师尚未发现的错报汇总数超过重要性水平的概率很高。基于以上两点原因出具否定意见的审计报告较为恰当。

任务 9.3 在审计报告中增加强调事项段和其他事项段

9.3.1 强调事项段

1. 强调事项段的含义

审计报告的强调事项段是指审计报告中含有的一个段落，该段落提及已在财务报表中恰当列报和披露的事项，根据注册会计师的职业判断，该事项对财务报表使用者理解财务报表至关重要。

2. 增加强调事项段的情形

如果认为有必要提醒财务报表使用者关注已在财务报表中列报和披露，且根据职业判断认为对财务报表使用者理解财务报表至关重要的事项，在同时满足下列条件时，注册会计师应当在审计报告中增加强调事项段：

(1)按照《中国注册会计师审计准则第 1502 号——在审计报告中发表非无保留意见》的规定，该事项不会导致注册会计师发表非无保留意见。

(2)当《中国注册会计师审计准则第 1504 号——在审计报告中沟通关键审计事项》适用时，该事项未被确定为在审计报告中沟通的关键审计事项。

某些审计准则对特定情况下在审计报告中增加强调事项段提出具体要求。这些情形包括：

(1)法律法规规定的财务报告编制基础不可接受，但其是由法律或法规作出的规定。

(2)提醒财务报表使用者注意财务报表按照特殊目的编制基础编制。

(3)注册会计师在审计报告日后知悉了某些事实(即期后事项)，并且出具了新的审计报告和修改了审计报告。

除上述审计准则要求增加强调事项段的情形外，注册会计师可能认为需要增加强调事项段的情形举例如下：

(1)异常诉讼和监管行为的未来结果存在不确定性。

(2)提前应用(在允许的情况下)对财务报表有广泛影响的新会计准则。

(3)存在已经或持续对被审计单位财务状况产生重大影响的特大灾难。

3. 在审计报告中增加强调事项段时注册会计师应采取的措施

如果在审计报告中增加强调事项段，注册会计师应当采取下列措施：

(1)将强调事项段作为单独的一部分置于审计报告中，并使用包含“强调事项”这一术语的适当标题。

(2)明确提及被强调事项以及相关披露的位置，以便能够在财务报表中找到对该事项的详细描述。强调事项段应当仅提及已在财务报表中列报或披露的信息。

(3)指出审计意见没有因该强调事项段而改变。

带强调事项段的审计报告参考格式见范例 9-5。

范例 9-5(带强调事项段的保留意见审计报告)

审 计 报 告

ABC 股份有限公司全体股东：

一、对财务报表出具的审计报告

(一)保留意见

我们审计了 ABC 股份有限公司(以下简称 ABC 公司)财务报表，包括 20×9 年 12 月 31 日的资产负债表，20×9 年度的利润表、现金流量表、股东权益变动表以及相关财务报表附注。

我们认为，除“形成保留意见的基础”部分所述事项产生的影响外，后附的财务报表在所有重大方面按照企业会计准则的规定编制，公允反映了 ABC 公司 20×9 年 12 月 31 日的财务状况以及 20×9 年度的经营成果和现金流量。

(二)形成保留意见的基础

ABC 公司 20×9 年 12 月 31 日资产负债表中列示的以公允价值计量且其变动计入当期损益的金融资产为 X 元，管理层对这些金融资产未按照公允价值进行后续计量，而是按照其历史成本进行计量，这不符合企业会计准则的规定。如果按照公允价值进行后续计量，ABC 公司 20×9 年度利润表中公允价值变动损益将减少 X 元，20×9 年 12 月 31 日资产负债表中以公允价值计量且其变动计入当期损益的金融资产将减少 X 元。相应地，所得税、净利润和股东权益将分别减少 X 元、X 元和 X 元。

我们按照中国注册会计师审计准则的规定执行了审计工作。审计报告的“注册会计师对财务报表审计的责任”部分进一步阐述了我们在这些准则下的责任。按照中国注册会计师职业道德守则，我们独立于 ABC 公司，并履行了职业道德方面的其他责任。我们相信，我们获取的审计证据是充分、适当的，为发表保留意见提供了基础。

(三)强调事项——火灾的影响

我们提醒财务报表使用者关注，财务报表附注 X 描述了火灾对 ABC 公司的生产设备造成的影响。本段内容不影响已发表的审计意见。

（四）管理层和治理层对财务报表的责任

[按照《中国注册会计师审计准则第 1501 号——对财务报表形成审计意见和出具审计报告》的规定报告，参见范例 9-1。]

（五）注册会计师对财务报表审计的责任

[按照《中国注册会计师审计准则第 1501 号——对财务报表形成审计意见和出具审计报告》的规定报告，参见范例 9-1。]

二、按照相关法律法规的要求报告的事项

[按照《中国注册会计师审计准则第 1501 号——对财务报表形成审计意见和出具审计报告》的规定报告，参见范例 9-1。]

××会计师事务所　　　　　　　　　　　　　中国注册会计师：×××
（盖章）　　　　　　　　　　　　　　　　　（签名并盖章）

中国注册会计师：×××
（签名并盖章）

中国××市　　　　　　　　　　　　　　　　二〇×〇年×月×日

【例 9-2】 注册会计师在审计天翔公司 2019 年度财务报表时发现以下情况：天翔公司在 2018 年 6 月份为新华公司 1 年期银行借款 2 000 万元提供担保，因新华公司不能及时偿还，银行于 2019 年 11 月向法院提出诉讼，要求天翔公司承担连带清偿责任。2019 年 12 月 31 日，天翔公司在咨询律师后，根据新华公司的财务状况，计提了 1 000 万元的预计负债。对上述预计负债，天翔公司已在财务报表附注中进行了适当披露。截至审计工作完成日，法院尚未对该项诉讼做出判决。

要求：假定上述情况对天翔公司 2019 年度财务报表产生的影响重大，在不考虑其他因素影响的前提下，请针对上述情况，判断注册会计师应对 2019 年度财务报表出具何种类型的审计报告，并简要说明理由。

【答案】

针对题述中的情况，注册会计师应当出具无保留意见审计报告。因为天翔公司对法院尚未判决的担保诉讼已根据律师的意见计提了预计负债，且已在财务报表附注中做了适当的披露。天翔公司的处理符合会计准则和企业会计制度要求，但因该事项对财务报表产生的影响重大，故注册会计师应在审计报告中增加强调事项段披露该事项。

9.3.2 其他事项段

1. 其他事项段的含义

其他事项段是指审计报告中含有的一个段落，该段落提及未在财务报表中列报或披露的事项，根据注册会计师的职业判断，该事项与财务报表使用者理解审计工作、注册会计师的责任或审计报告相关。

2. 需要增加其他事项段的情形

如果认为有必要沟通虽然未在财务报表中列报或披露，但根据职业判断认为与财务报表使用者理解审计工作、注册会计师的责任或审计报告相关的事项，在同时满足下列条件时，注册会计师应当在审计报告中增加其他事项段：

（1）未被法律法规禁止；

（2）当《中国注册会计师审计准则第 1504 号——在审计报告中沟通关键审计事项》适用

时，该事项未被确定为在审计报告中沟通的关键审计事项。

9.3.3 与治理层的沟通

如果拟在审计报告中增加强调事项段或其他事项段，注册会计师应当就该事项和拟使用的措辞与治理层沟通。

与治理层的沟通能使治理层了解注册会计师拟在审计报告中所强调的特定事项的性质，并在必要时为治理层提供向注册会计师做出进一步澄清的机会。当然，当审计报告中针对某一特定事项增加其他事项段在连续审计业务中重复出现时，注册会计师可能认为没有必要在每次审计业务中重复沟通。

案 例 讨 论

中国证券市场第一份保留意见审计报告

1993 年 1 月 10 日，中国注册会计师对上海延中实业股份有限公司(股票代码 600601)出具了中国证券市场第一份保留意见的审计报告，该报告出现在中国证监会文献资料中。但随后该报告被改为标准无保留意见，上海延中实业股份有限公司修改后的 1992 年年报披露："我公司于 1993 年 3 月 6 日在《上海证券报》第五版刊登的 1992 年年度报告书中，发现有些差错、笔误，现经上海中惠会计师事务所注册会计师邬展通先生校核，以此年度报告书为准"。

关于上海延中实业股份有限公司一九九二年度财务报表的查账报告

沪惠报【98】第 002 号

上海延中实业股份有限公司：

本注册会计师根据你单位同意的沪惠委字【92】第 111 号委托书要求，对你单位 1992 年 12 月 31 日的资产负债表和到该日截止的本年利润表进行了检查验证，其中资产负债表中的期初数和利润表中的上期数等比较资料，已由本注册会计师检查验证。在检查验证中，我们根据有关法律、行政法规、财务会计制度《注册会计师检查验证财务报表规则(试行)》的规定，结合你单位的具体情况，实施了检查内部管理制度遵守情况和数据记录真实情况等必要的查账验证程序。

经查验，你单位未能将应合并的报表合并及固定资产折旧记录不完整。

我们认为，除上述问题外，你单位的上述财务报表符合《股份制试点企业会计制度》，恰当地反映了你单位本年度末财务状况及本年度经营成果和资金变动情况，有关会计事项处理方法、财务报表的分类编制方法因为自 1992 年 7 月起改为股份制试点企业会计制度而有所变化，特此说明。

上海中惠会计师事务所

注册会计师：邬展通

1993 年 1 月 10 日

(根据网络相关案例整理)

要求：(1)分析第一份保留意见的审计报告在什么情况下会转变为无保留意见的审计报告？

(2)分析注册会计师第一份保留意见审计报告所列示的保留事项是否适当？若不适当，应当如何在审计报告中反映？

技 能 训 练

一、单项选择题

1. 在对某上市公司的财务报表审计时，注册会计师发现该公司因产品质量问题而被起诉，索赔金额巨大。截至资产负债表日，法院尚未作出最终判决。根据律师意见，该公司很可能败诉，但具体赔偿金额尚无法确定。对该项诉讼，该公司没有在财务报表中作出恰当披露，且拒绝接受注册会计师的调整建议。单独考虑此事项，注册会计师应当出具的审计意见类型为(　　)。

   A. 不带强调事项段的无保留意见

   B. 带强调事项段的无保留意见

   C. 视其重要程度，发表保留意见或否定意见

   D. 视其重要程度，发表保留意见或无法表示意见

2. 审计报告的收件人应该是(　　)。

   A. 审计业务的委托人　　B. 社会公众

   C. 被审计单位的治理层　　D. 被审计单位管理层

3. B公司从事剧毒化学物质的生产和销售。在对其财务报表审计时，注册会计师发现该公司存货占公司总资产的10%，但因该存货的特殊性质，无法实施监盘程序。对该存货的数量，除管理层保证存货数量的声明外，注册会计师无法获取其他审计证据。单独考虑此事项的影响，注册会计师应当出具的审计意见类型是(　　)。

   A. 不带强调事项段的无保留意见

   B. 带强调事项段的无保留意见

   C. 视其重要程度，发表保留意见或否定意见

   D. 视其重要程度，发表保留意见或无法表示意见

4. 下列情形中，注册会计师应在审计报告中增加强调事项段的是(　　)。

   A. 被审计单位存在重大的未决诉讼，已在财务报表中作出了的正确的会计处理和恰当的披露

   B. 被审计单位针对存在的重大或有负债，拒绝在财务报表中作出恰当披露

   C. 被审期间取得的100万元营业收入在审计报告日前被退回，被审计单位已按照相关会计准则调整了财务报表，并进行了恰当披露

   D. 审计报告日前，被审计单位存放辅料的一间小型仓库失火，将会给企业带来一定损失，但不会对持续经营构成影响，同时已在财务报表附注中进行了披露

5. 强调事项段是在(　　)之后增加的对重大事项予以强调的段落。

   A. 引言段　　B. 管理层对财务报表的责任段

   C. 注册会计师的责任段　　D. 审计意见段

6. 如果被审计单位财务报表就其整体而言是公允的，但因审计范围受到重要的局部限制，无法按照审计准则的要求取得应有的审计证据时，注册会计师应发表(　　)。

   A. 带强调事项段的无保留意见　　B. 保留意见

   C. 无法表示意见　　D. 否定意见

7. 管理层对财务报表的责任段应当说明，按照适用的会计准则和相关会计制度的规定编制财务报表是管理层的责任，下列说法中不属于管理层责任的是(　　)。

A. 做出合理的会计估计

B. 监督被审计单位建立和维护内部控制

C. 设计、实施和维护与财务报表编制相关的内部控制，以使财务报表不存在由于舞弊或错误而导致的重大错报

D. 选择和运用恰当的会计政策

8. 以下关于审计报告的叙述中，正确的是(　　)。

A. 审计报告应该由两位注册会计师签名盖章，但其中一名必须是主任会计师

B. 注册会计师如果出具非无保留意见的审计报告时，应在意见段之前增加说明段

C. 审计报告的日期是指编写完审计报告的日期

D. 审计报告的收件人是指被审计单位

9. 如果在审计报告日后至财务报表对外报出日前，注册会计师发现已审计财务报表与其他信息存在重大不一致，经进一步审查，需要修改被审计单位财务报表，且被审计单位同意修改，则注册会计师应当(　　)。

A. 与被审计单位管理层讨论

B. 直接增加补充审计报告

C. 在实施必要审计程序的基础上针对修改后的财务报表重新出具审计报告

D. 不用再进行任何处理

二、多项选择题

1. 审计报告分为标准审计报告和非标准审计报告。非无保留意见审计报告包括(　　)。

A. 否定意见的审计报告

B. 带强调事项段的无保留意见审计报告

C. 无法表示意见的审计报告

D. 带强调事项段的保留意见审计报告

2. 在审计报告中，下列属于管理层对财务报表的责任段的内容有(　　)。

A. 在实施审计工作的基础上对财务报表发表审计意见

B. 已获取的审计证据是充分、适当的，为其发表审计意见提供了基础

C. 设计、实施和维护与财务报表编制相关的内部控制，以使财务报表不存在由于舞弊或错误而导致的重大错报

D. 做出合理的会计估计

3. 下列情况中，注册会计师不能出具无保留意见的审计报告的有(　　)。

A. 审计范围受到限制

B. 财务报表未按会计准则编制

C. 审计人员不独立

D. 被审计单位不允许审计人员对存货进行监盘

4. 在审计报告中，注册会计师对财务报表审计的责任段应当说明的内容有(　　)。

A. 我们的目标是对财务报表整体是否不存在由于舞弊或错误导致的重大错报获取合理保证，并出具包含审计意见的审计报告

B. 在按照审计准则执行审计的过程中，我们运用了职业判断，保持了职业怀疑

C. 按照企业会计准则的规定编制财务报表，并使其实现公允反映

D. 注册会计师审计的目的同时包括对内部控制的有效性发表审计意见

5. 当存在下列情形时，注册会计师应当出具否定意见审计报告的有(　　)。

A. 财务报表没有按照适用的会计准则和相关会计制度的规定编制

B. 未能在所有重大方面公允反映被审计单位的财务状况、经营成果和现金流量

C. 财务报表未能揭示被审计单位的发展前景

D. 被审计单位持续经营能力存在重大疑虑

6. 遇到下列(　　　)情况时，注册会计师可能对A公司的财务报表出具无法表示意见的审计报告。

A. 在存在疑虑的情况下，注册会计师不能就A公司持续经营假设的合理性获取必要的审计证据

B. 未能就影响A公司财务报表公允反映的重大关联方交易事项获取充分、适当的审计证据

C. A公司财务报表整体上没有按照企业会计准则进行编制

D. A公司管理层拒绝向注册会计师出具管理层声明书

7. 下列属于标准无保留意见的审计报告应该包括的基本内容有(　　　)。

A. 财务报表批准报出日

B. 注册会计师的责任段

C. 注册会计师的签名和盖章

D. 强调事项段

8. 下列情况中，注册会计师应当发表保留意见或无法表示意见的有(　　　)。

A. 因审计范围受到被审计单位限制，注册会计师无法就可能存在的对财务报表产生重大影响的错误与舞弊，获取充分、适当的审计证据

B. 因审计范围受到被审计单位限制，注册会计师无法就对财务报表可能产生重大影响的违反或可能违反法规行为，获取充分适当的审计证据

C. 注册会计师无法确定已发现的错误与舞弊对财务报表的影响程度

D. 被审计单位管理层拒绝就对财务报表具有重大影响的事项，提供必要的书面声明，或拒绝就重要的口头声明予以书面确认

9. 以下关于审计报告的叙述中，不正确的有(　　　)。

A. 审计报告的收件人是指被审计单位

B. 注册会计师如果出现非保留意见的审计报告时，应在意见段之前增加说明段

C. 审计报告的日期是指完成外勤审计工作日期

D. 审计报告内容中应包括附件已审计财务报表，而不能有其他资料

10. 注册会计师接受委托对A上市公司2018年的财务报表实施了审计，并出具了无保留意见的审计报告，2020年继续接受委托对2019年的财务报表实施审计，2020年在出具报告前，发现2018年报表中有重大错报，注册会计师建议修改2018年的报表，A公司修改了2018年的报表，并对2019年期初数据进行了修改，该事项对

2019的数据不产生重大影响,注册会计师的处理恰当的有(　　)。

A. 在2019年的审计报告中提及2008年该错报的影响

B. 对2018年的财务报表重新出具带强调事项段的无保留意见报告

C. 对2019年的财务报表出具标准无保留意见报告

D. 对2019年的财务报表出具带强调事项段的无保留意见报告

三、判断题

1. 注册会计师审计后认为,被审计单位财务报表存在应调整而被审计单位未予调整的重要事项,则注册会计师只能发表保留意见。(　　)
2. 审计报告的收件人是指注册会计师按照业务约定书的要求致送审计报告的对象,即管理层。(　　)
3. 无保留意见审计报告就是标准审计报告。(　　)
4. 审计报告的强调事项段是指注册会计师在审计意见段之前增加的对重大事项予以强调的段落。(　　)
5. 无法表示意见意味着注册会计师无法接受委托。(　　)
6. 强调事项段不仅仅用于提醒财务报表使用者关注,并且影响已发表的审计意见。(　　)

四、简答题

1. 简述审计报告的作用与类型。
2. 简述出具非无保留审计意见审计报告的适用条件并解释其中的专业术语。

五、实务题

甲注册会计师作为Z会计师事务所审计项目负责人,在审计以下单位2019年度财务报表时分别遇到以下情况:

(1)C公司在2019年度向其控股股东M公司以市场价格销售产品5 000万元,以成本加成价格(公允价格)购入原材料3 000万元,上述销售和采购分别占C公司当年销货、购货的比例为30%和40%,C公司已在财务报表附注中进行了适当披露。

(2)甲注册会计师在审计时,发现D公司应在2019年6月确认的一项销售费用200万元没有进行确认。D公司在编制2019年度财务报表时,未对此项会计差错进行任何处理。D公司2019年度利润总额为180万元。

(3)E公司于2019年末更换了大股东,并成立了新的董事会,继任法定代表人以刚上任、不了解以前年度情况为由,拒绝签署2019年度已审财务报表和提供管理层声明书。原法定代表人以不再继续履行职责为由,也拒绝签署2019年度已审计财务报表和提供的管理层声明书。

要求:假定上述情况对各被审计单位2019年度财务报表的影响都是重要的(各个事项相互独立),且对于各事项被审计单位均拒绝接受甲注册会计师提出的审计处理建议(如有)。在不考虑其他因素影响的前提下,请分别针对上述3种情况,判断甲注册会计师应对2019年度财务报表出具何种类型的审计报告,简要说明理由,并写出审计意见段。

参考文献

[1] 中国注册会计师协会. 中国注册会计师执业准则应用指南(2020)[M]. 上海:立信会计出版社,2020.

[2] 财政部注册会计师考试委员会办公室. 审计[M]. 北京:中国财政经济出版社,2019.

[3]《审计专业技术资格考试辅导教材》编写组. 审计理论与实务[M]. 北京:中国时代经济出版社,2019 .

[4] 邓芳,王娜. 基础审计[M]. 南京:南京大学出版社,2015.

[5] 胡中艾. 审计学[M]. 大连:东北财经大学出版社,2017.

[6] 高翠莲. 审计基础与实务[M]. 北京:高等教育出版社,2018.